埋地管涵-土相互作用及管涵结构横纵向受力特性研究

主 编 申文明 胡增辉 赵宁宁 王书文
　　　 谭满生 黄江华 郭剑锋 唐晓武

中国建材工业出版社

图书在版编目（CIP）数据

埋地管涵-土相互作用及管涵结构横纵向受力特性研究/申文明等主编． -- 北京：中国建材工业出版社，2022.1

ISBN 978-7-5160-3409-5

Ⅰ. ①埋… Ⅱ. ①申… Ⅲ. ①埋地管道 - 管涵 - 结构 - 受力性能 - 研究 Ⅳ. ①U173.9

中国版本图书馆 CIP 数据核字（2021）第 254808 号

埋地管涵-土相互作用及管涵结构横纵向受力特性研究
Maidi Guanhan-Tu Xianghu Zuoyong ji Guanhan Jiegou HengZongxiang Shouli Texing Yanjiu
主编 申文明 胡增辉 赵宁宁 王书文 谭满生 黄江华 郭剑锋 唐晓武

出版发行：中国建材工业出版社
地　　址：北京市海淀区三里河路 1 号
邮　　编：100044
经　　销：全国各地新华书店
印　　刷：北京雁林吉兆印刷有限公司
开　　本：787mm×1092mm　1/16
印　　张：11.5
字　　数：270 千字
版　　次：2022 年 1 月第 1 版
印　　次：2022 年 1 月第 1 次
定　　价：69.80 元

本社网址：www.jccbs.com，微信公众号：zgjcgycbs
请选用正版图书，采购、销售盗版图书属违法行为
版权专有，盗版必究。本社法律顾问：北京天驰君泰律师事务所，张杰律师
举报信箱：zhangjie@tiantailaw.com　　举报电话：（010）68343948
本书如有印装质量问题，由我社市场营销部负责调换，联系电话：（010）88386906

本书编写委员会

主　编　　申文明　胡增辉　赵宁宁　王书文
　　　　　　谭满生　黄江华　郭剑锋　唐晓武

副主编　（排名不分先后）

吴　勇	余　忠	刘志明	刘新科
韩三琪	石　雷	吴　伟	邱　波
叶　挺	鲍春林	羊逸君	杨金刚
叶　如	朱益龙	景　浩	包晓红
何　山	陈金铭	吴　强	杨新应
陈　杰	姜　勇	周志勇	何洪涛
韩全良	舒开波	徐乃芳	张晓乐
孙　浩	张　军	楼可城	赖世华
刘　钧	汪　锋	刘　伟	梁克鹏
李　达	余文举	汪　辉	朴松浩
王小刚	王晨竹	陈　焘	林　强
王建勋	曾宗强	梁万金	涂智溢
李文武	费忠君	张　喜	潘　涛
雷　明	闫　涛	赵　华	于峰泉

前 言

随着我国公路交通事业的快速发展，横穿高速公路的埋地管涵数量日益增多，新的管涵结构形式也不断涌现，预制装配式埋地管涵就是其中具有代表性的一种。由于其具有受力合理、标准化设计、工厂化预制、装配式拼装、施工便捷、经济效益明显等优点，预制装配式埋地管涵结构形式必将得到广泛应用和推广。国内对预制装配式埋地管涵的研究和应用起步较晚，目前还没有针对装配式管涵设计施工相对成熟的分析方法和设计理论，本书提出埋地管涵-土相互作用理论及管涵结构横纵向受力特性，相信对类似工程具有较强的借鉴价值。

本书首先开展大比例原比尺的埋地管涵-土物理模型试验，基于试验现象和数据修正马斯顿理论，提出了浅埋式埋地管涵的土压力计算方法和计算公式。采用数值分析方法研究了管涵土压力各因素对其的影响规律。其次针对模型试验的管涵结构内力采用不同方法进行计算分析，对交通荷载下的管涵受力特性进行研究。作为管涵纵向受力分析的基础，阐述多层结构软土模型以及土体各向异性和结构性在模型中的数值实现。基于Pasternak地基模型，建立了考虑地基差异沉降的埋地管涵纵向力学理论模型。最后将研究成果综合应用于六（安）武（汉）高速公路的埋地管涵结构设计。

本书得到了浙江华东测绘与工程安全技术有限公司的大力支持，再次表示感谢。

由于作者水平有限，书中难免有不妥之处，恳请读者批评指正。

编 者
2021 年 10 月

目 录

1 绪论 ……………………………………………………………… 1
   1.1 研究背景及意义 ……………………………………………… 1
   1.2 研究现状 ……………………………………………………… 2
   1.3 本书的主要工作及技术路线 ………………………………… 12

2 管-土相互作用物理模型试验 …………………………………… 14
   2.1 引言 …………………………………………………………… 14
   2.2 试验方案 ……………………………………………………… 15
   2.3 试验过程 ……………………………………………………… 20
   2.4 试验结果分析 ………………………………………………… 26
   2.5 小结 …………………………………………………………… 51

3 管涵土压力理论及影响因素分析 ………………………………… 53
   3.1 引言 …………………………………………………………… 53
   3.2 浅埋管涵土压力理论模型 …………………………………… 54
   3.3 管涵土压力影响因素分析 …………………………………… 61
   3.4 小结 …………………………………………………………… 83

4 管涵结构横向受力变形特性 ……………………………………… 85
   4.1 引言 …………………………………………………………… 85
   4.2 管涵结构内力和变形 ………………………………………… 86
   4.3 交通荷载下管涵结构受力变形特性 ………………………… 88
   4.4 地震荷载下多孔联拱管涵结构受力特性 …………………… 100
   4.5 小结 …………………………………………………………… 111

5 多层结构软土本构模型的推广 ... 113

- 5.1 引言 ... 113
- 5.2 多层结构软土模型 ... 115
- 5.3 各向异性特征在多层结构软土模型中的实现 ... 121
- 5.4 结构性损伤特征在多层结构软土模型中的实现 ... 123
- 5.5 模型验证和应用 ... 126
- 5.6 小结 ... 134

6 管涵结构纵向受力变形特性 ... 136

- 6.1 引言 ... 136
- 6.2 理论模型 ... 136
- 6.3 公式推导 ... 137
- 6.4 纵向力学要素分析 ... 139
- 6.5 埋地管涵的安全性判别方法 ... 143
- 6.6 小结 ... 144

7 工程应用 ... 146

- 7.1 工程概况 ... 146
- 7.2 装配式管涵结构设计 ... 149
- 7.3 交通荷载下不同尺寸的管涵受力特性 ... 150
- 7.4 小结 ... 164

8 结论和展望 ... 165

- 8.1 本书主要工作 ... 165
- 8.2 主要结论 ... 165
- 8.3 下一步工作的建议 ... 167

参考文献 ... 168

1 绪 论

1.1 研究背景及意义

20世纪90年代以前，我国修建的高速公路较少，横穿高速公路的埋地管涵数量不大。长期以来，交通科研设计人员对埋地管涵的重视和研究不够，横穿高速公路的埋地管涵结构形式和施工方式单一，大多采用传统的现场浇筑圆管涵和箱涵。首先，现场浇筑的圆管涵和箱涵等埋地管涵构筑物，具有施工周期长，成本造价高和施工质量难以控制等缺点；其次，圆管涵和箱涵的结构形式决定了其跨径不宜太大，结构受力不均，不能充分发挥混凝土材料受压的力学性能。这些缺点严重阻碍或制约了现浇圆管涵和箱涵在高速公路工程中的进一步推广应用。

近年来，我国公路交通事业进入一个快速发展的新时期，横穿高速公路的埋地管涵数量日益增多。新的管涵结构形式也在不断涌现，预制装配式钢筋混凝土埋地管涵就是其中的一种。从实践情况看，其优越性很多，经济效益显著：(1) 地面预制，强度易于保证，可制作高强度混凝土管片；(2) 自重轻，结构精巧；(3) 与同类现浇混凝土构件相比，节省材料，能够降低工程造价；(4) 现场拼装简单，结构拼装后直接进行回填，回填后便可交付使用，施工速度快；(5) 适合工厂化生产，工程质量便于控制，克服了在野外施工的种种弊端。

施工构件工厂化是技术发展的必然趋势，是提高工程质量和修建速度、降低成本的主要方法。目前，许多国家已把构件工厂化作为技术发展的一个重要标志。工厂化程度越高，表明技术水平也越高。施工构件工厂化在地下工程的体现主要就是装配式衬砌以及装配式管涵。

随着国家对高速公路网的长远规划和大规模投资建设，装配式埋地管涵结构在高速公路等基础设施领域中将有广泛的应用前景。由于装配式钢筋混凝土管涵埋置于土中，它的设计要比地面结构和普通的地下结构复杂得多，目前国内还没有相应的设计规范和施工规范可供技术人员参考，可借鉴的工程经验较少，设计和施工方法还处于摸索阶段。本课题的研究正是在这样的工程背景下展开，针对六（安）武（汉）高速公路安徽段工程中的装配式埋地管涵设计、施工中的一些关键技术问题进行模型试验、理论研究、数值模拟。利用室内外试验为本研究提供合理的计算参数，用物理模型试验再现现场实际工程现象、解释物理机制、推断地下结构受力变化过程、总结土与结构的变形特性规律和分析不利受力产生的后果，在此基础上建立合理的、能够反映实际土与结构相互作用规律的分析模型，发展相应的数值分析方法。为推广应用装配式埋地管涵结构提供技术支持，为装配式埋地管涵设计提供理论依据。

1.2 研究现状

1.2.1 管涵土压力计算理论

管涵作为一种填埋式结构物，按照管涵敷设的方式，可分为下列三种基本类型：（1）沟埋式管涵：如图1.1所示，管涵埋置于开挖的沟槽中，管涵以上及两侧用土回填；（2）上埋式管涵：如图1.2所示，管涵直接敷设在原有地基上，或敷设于浅沟中，然后在管涵上部及两侧填土。土坝下的管涵大多属于此类。（3）隧道式管涵：在原有地基中或土体中开挖后构筑的管涵。

沟埋式管涵和上埋式管涵统称为填埋式管涵。填埋式管涵土压力的大小取决于管-土相互作用特性（顾安全，1981），管周土体对管涵而言既是作用荷载，又是传递荷载的介质。管涵结构物与土体之间相互作用、相互协调。因此研究管涵结构物受力特性时一般需考虑下列因素：（1）管周土体的物理力学性质，包括土体的压缩性、强度等；（2）沟槽断面与管径的相对几何尺寸比、结构物断面形状与尺寸。沟槽断面形式（矩形槽、梯形槽等）和沟槽尺寸与管径的相对比值不同，对管周土体应力的影响也不同；矩形、马蹄形结构物与圆形结构物受力状态显然不相同；（3）管涵和管周土体的相对刚度。相同的填土和地基条件下，混凝土管与钢管刚度不同，在管顶所产生的土压强度也有明显差异；同一条管涵，由于回填土性质不同，或同一种填料，但压实程度不同，均会引起管壁上土压强度的变化；（4）施工与构造。施工质量的优劣，将直接影响管涵土压的状态，如回填土的密实程度、回填土的填筑顺序等；构造上，设计者出于某种考虑，造成管周填土的空间几何形状的不规则与填土的多样性，都会使得管涵土压力分布趋于复杂化。

国内外许多学者从不同角度分析管涵土压力大小，提出了不同的管涵土压力计算方法。目前，计算管涵土压力的计算方法近20种，归纳起来可分为六大类（钱家欢等，1996；魏红卫等，2003，2005；李永刚等，2003）：(1) 散体极限平衡法，以马斯顿理论为代表的散体极限平衡计算方法；(2) "土柱"法，即假定土压力与填土高度成比例的计算方法；(3) 弹性理论法，即从变形条件出发，以弹性理论解为基础的计算方法；(4) 压力集中系数法；(5) "卸荷拱"法；(6) 有限元等数值计算方法。

第一类方法：以马斯顿理论为代表的散体极限平衡法

马斯顿（Marston 1913）首次发表了上埋式管涵土压力计算理论一文，开创了埋地管涵土压力计算方法的先河，此公式即为现在公认的马斯顿公式。图1.1表示在地基中开挖一条宽度为 B 的沟，土体表面无作用荷载。回填土压缩下沉与沟壁之间发生摩擦，一部分填土重量将传至两侧的沟壁上，使得填土的重量减小，这种现象称为填土中的"土拱效应"。假定（1）管顶填土和两侧填土在变形过程中，两侧填土下沉的下沉量相等，并且大于管顶部分填土的下沉量；(2) 内外土柱的分界为垂直平面，在土体沉陷变形过程中，内外土柱通过其分界面做相对运动，并产生剪切力 τ；(3) 外内土柱间的相对运动，用极限状态表示。在填土深度处取一厚度为 dz 的土层，土层重量 $dW = \gamma B dz$，侧向土压力 $\sigma_h = K\sigma_z$，沟壁抗剪强度 $\tau_f = \sigma_h \tan\phi$。根据竖向力的平衡条件有

$$\gamma B dz + B\sigma_z - B(\sigma_z + d\sigma_z) - 2K\sigma_z \tan\phi dz = 0 \quad (1.1)$$

式中，γ 为填土重度；ϕ 为填土与沟壁之间内摩擦角；K 为土压力系数，马斯顿采用主动土压力系数。

根据边界条件 $z = 0$ 时，$\sigma_z = 0$，可以得到

$$\sigma_z = \frac{\gamma B}{2K\tan\phi}(1 - e^{-2K\frac{z}{B}\tan\phi}) \quad (1.2)$$

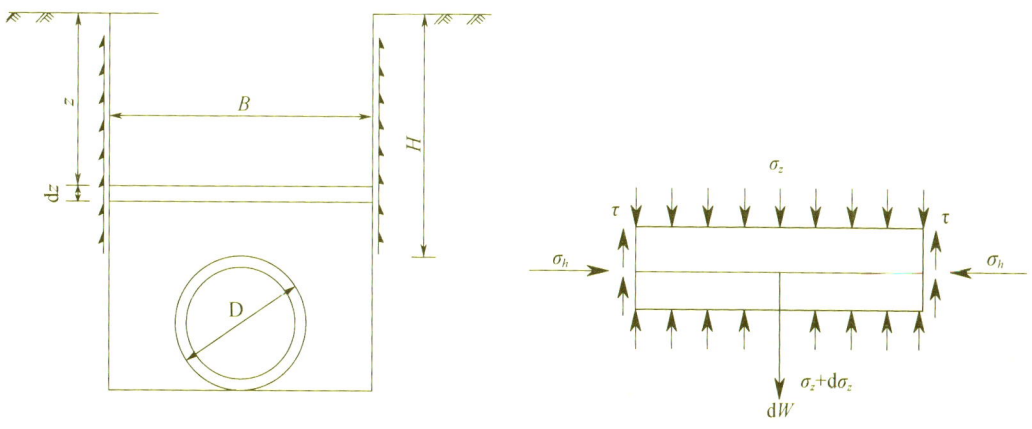

图1.1 沟埋式管涵土压力计算

管涵顶部 $z=H$ 处的土压力分布为

$$\sigma_z = \frac{\gamma B}{2K\tan\phi}(1-e^{-2K\frac{H}{B}\tan\phi}) \tag{1.3}$$

作用于管涵侧壁的水平土压力为

$$\sigma_x = K\sigma_z = \frac{\gamma B}{2\tan\phi}(1-e^{-2K\frac{z}{B}\tan\phi}) \tag{1.4}$$

如图 1.2 所示,填土厚度 H 较小时,马斯顿假定上埋式管涵上部土柱与管周土体发生相对位移的滑动面为竖直平面 aa'、bb'。采用与沟埋式管涵类似的推导方法,可以得到作用在上埋式管涵顶部竖直土压力和作用在管涵侧壁的水平土压力分布公式分别为

$$\sigma_z = \frac{\gamma D}{2K\tan\phi}(e^{2K\frac{H}{D}\tan\phi}-1) \tag{1.5}$$

$$\sigma_x = K\sigma_z = \frac{\gamma D}{2\tan\phi}(e^{2K\frac{z}{D}\tan\phi}-1) \tag{1.6}$$

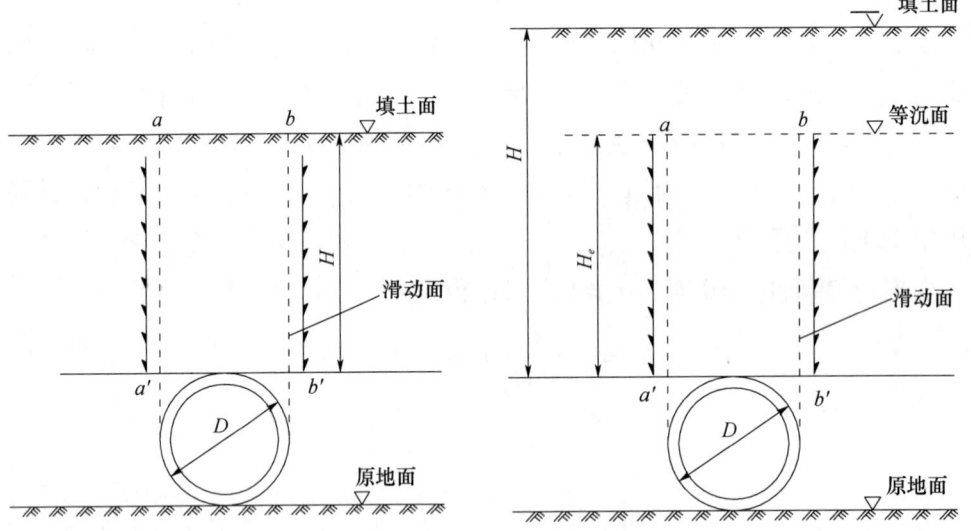

图 1.2　上埋式管涵土压力计算

当填土厚度 H 较大时,土层某一深度内管涵顶上的填土与周围的填土相对沉降很小,可以忽略不计,该深度处称为等沉面。等沉面下方产生相对位移,上方土柱内外无相对位移,等沉面高度为 H_e,则作用于管涵上的竖直土压力和水平土压力分别为

$$\sigma_z = \frac{\gamma D}{2K\tan\phi}(e^{2K\frac{H_e}{D}\tan\phi}-1) + \gamma(H-H_e)e^{2K\frac{H_e}{D}\tan\phi} \tag{1.7}$$

$$\sigma_x = K\sigma_z = \frac{\gamma D}{2\tan\phi}(e^{2K\frac{z}{D}\tan\phi}-1) + \gamma K(H-H_e)e^{2K\frac{z}{D}\tan\phi} \tag{1.8}$$

等沉面高度 H_e 可按下式计算

$$e^{2K\frac{H_e}{D}\tan\phi} - 2K\tan\phi\frac{H_e}{D} - 1 = 2Kmr\tan\phi \qquad (1.9)$$

式中，m 为管涵高度和宽度的比值；r 为试验系数，称为沉降比值，代表管涵的刚度。

马斯顿首先揭示了上埋式管-土作用机理，即管涵本身与其两侧回填土刚度的差异引起管顶土压力的变化。因此，马斯顿理论是后来很多学者发展管涵土压力计算方法的基础。但是，管涵土压力影响因素很多且复杂，马斯顿理论及公式对诸多因素考虑不全面，且其假定及推理也存在一定问题：(1) 马斯顿理论是基于散体极限平衡条件的土柱滑动面假设，与连续介质的土体变形矛盾，且假定管顶土柱两侧存在垂直滑动面，但实际上由于管涵的存在，导致填土不均匀变形发生在管顶填土的一定范围内，且逐步向宽度和高度方向扩展；(2) 管顶平面内土柱上竖向土压力分布为一直线，没有考虑管顶土压力的"土拱效应"和集中效应；(3) 马斯顿的"等沉面"高度 H_e 计算公式可以看出，H_e 与填高 H 无关，但事实上是，随着填高 H 的增加，H_e 也将增加；(4) 土柱间摩擦力在马斯顿理论中采用了内土柱对外土柱的附加摩擦力，但进一步分析可知，管涵顶部内外土柱发生沉降过程中，应是外土柱相对内土柱滑动面自上而下滑动，应该取外土柱对内土柱的附加摩擦力较为合理，且应该考虑土体黏聚力的影响。

后来，国内外很多学者对马斯顿理论进行完善和修正。Spangler通过大量的试验研究，进一步充实和阐述了马斯顿理论。苏联学者克列恩对弹性理论公式计算结果和松散体极限平衡理论计算结果比较分析，提出了上埋式管涵土压力集中系数，同时著有《地下管计算》和《散粒体结构力学》，详细研究了散粒体中埋地管涵土压力计算方法，考虑了拱效应的影响，对管涵土压力计算理论具有重要的指导意义。浙江大学曾国熙教授对马斯顿理论进行修正，考虑土体黏聚力影响的同时将滑动面上的摩阻力表示为外土柱对内土柱的主动侧向力进行计算推导出涵顶垂直土压力的计算公式。折学森利用室内模型试验分析研究沟谷地形对管涵受力的影响，提出沟谷地形中管涵土压力计算公式，验证了沟谷地形对管涵受力的减荷影响。田文铎利用极限平衡理论推导了刚柔性管道的土压力计算公式。刘全林假定滑动面的破坏形状，提出土压力计算模型和计算公式。同时冯忠居、王秉勇、杨锡武、李永刚等人也对管涵受力进行了大量的理论和实践工作。美国AASHTO路桥标准规范考虑不同的安装类型和情况后，根据马斯顿理论来确定管涵土压力。

第二类方法:"土柱"法

此种方法是取管涵顶部土柱重量作为土压力,假定管顶土压力与填土高度呈线性关系,其缺点很明显,就是没有考虑管-土刚度的差异,对管周土体应力重分布加以否定,同时忽略了沟槽边界条件的存在,与实际情况有较大差距。目前,我国的公路规范采用此类方法。

第三类方法:弹性理论法

此种计算方法是以耶梅里杨诺夫的理论公式为代表。它是将回填土视为弹性体,按照弹性力学平面问题的平衡微分方程求解的,计算原理如图1.3所示。这种方法考虑了管涵和土体刚度的影响、管涵宽度的影响,沟槽相对宽度的影响,以及回填土下沉时槽中填土所产生的滑动面的影响等。但耶梅里杨诺夫最初建立的公式,仅考虑了胸腔土未夯实的情形。对于胸腔土夯实情形,由克列恩对耶氏公式进行修正而得。从实际应用来看,耶氏公式的计算较接近实际,但因公式中包含的参数太多,计算复杂,所以给实际应用和推广带来了一定的困难。

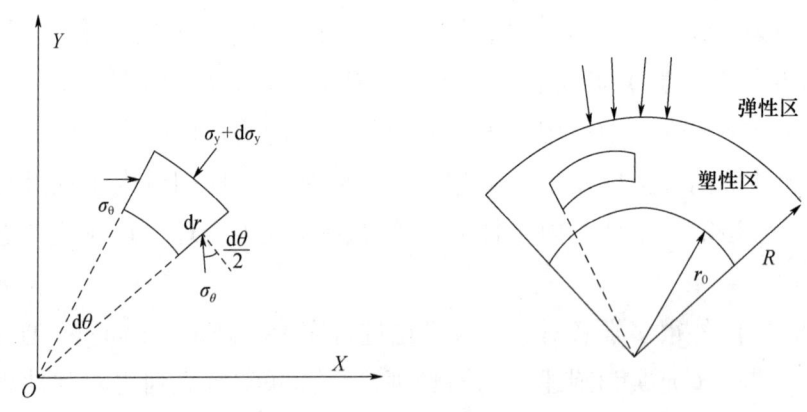

图1.3 弹性理论法的计算原理图

长安大学的顾安全教授正是基于此原理,进一步简化计算,建立了涵顶垂直土压力计算公式,可称为顾安全公式。顾教授后来开展大量的现场和室内试验工作,对其公式进行修正和完善,同时对沟谷地形埋设管涵,各种减荷措施等情况下的管涵土压力不断开展研究工作,其研究成果丰富,现已成为我国某些部门制定规范的依据。

第四类方法:压力集中系数法

以埋地管涵上部土体的自重应力乘以修正系数值 K_s,这种方法考虑了土-结构相互作用,表达式比较简明,工程设计人员乐于接受,我国水利、电力及铁路等规范均采用此方法。但是,由于压力集中系数不可能同时反映管涵土压力诸多因素的影响,因而用该种方法计算显得粗略。

第五类方法:"卸荷拱"法

该方法是依据普氏卸荷拱理论,作用于卸荷拱上的主要荷载为上面的散粒体重量,当管涵埋深很大,由沉降产生的滑动面不可能贯穿填埋土体的整个厚度,而是达到一定高度后彼此连接,在管涵上方形成一个封闭区,在封闭区上方形成自然卸荷拱。卸荷拱区域内的土体重量即为作用于管涵上的垂直土压力,该方法的计算力学模型如图 1.4 所示。

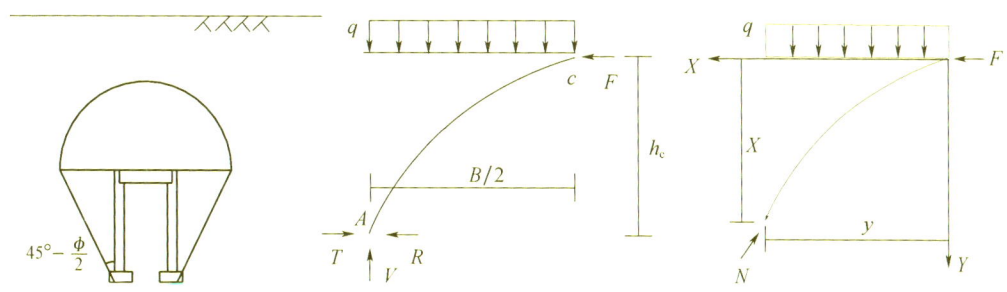

图 1.4　卸荷拱计算理论的力学模型

卸荷拱理论是隧道、矿山坑道支护设计与受力分析采用的基本理论。地下洞室能够采用卸荷拱理论的前提在于地下洞室的开挖是一个卸载过程,而埋地管涵往往是先进行敷设管涵后回填土体,是通过加载形成岩土体的过程,其受力与空间形成过程与隧道正好相反。松散回填土经压密后要形成卸荷拱需具备两个条件:(1) 管涵顶部填土高度达到一定值;(2) 管顶平面内外土柱间沉降差达到一定值。一般回填土在施工工况下,满足填土高度,但沉降差不能满足,虽存在一定的拱效应,但形成不了完整的卸荷拱。

第六类方法:有限元等数值计算方法

随着计算机的不断发展,有限元作为一种研究手段,具有计算速度快、适应性强等优点,分析研究管涵土压力逐渐得到推广应用。该方法采用有限元或边界元计算埋地管涵周围土压力大小和分布,建立刚度矩阵,从而求解位移和应力。不少学者(Li li, 2008; Kim, 2005; 李小山, 2003; 张妹为, 2001) 已运用有限元软件分析上埋式管涵土压力的分布和大小。有限元也有其缺点,计算结果的准确性依赖于计算软件的优劣、计算参数的选取以及本构计算模型的确定等因素。

从上文中可以看出,管涵土压力计算理论是在不断完整和发展中,采用多种研究手段分析管涵土压力是必要的。从试验角度出发获取第一手数据资料,而后基于试验结果完善计算模型和理论,通过数值建模对比理论模型,从而进行数值模型的推广研究,这一研究思路是合理且可行的。本书正是运用这样的研究思路针对管涵土压力进行展开研究。

1.2.2 管涵结构计算理论

20世纪20年代以来，地下结构设计计算理论得到了迅速发展，世界各国对地下结构的设计计算理论进行了系统的研究，发表了大量的研究论著。目前学术界和工程界有关管涵结构设计计算方法概括起来，可分为三大类：荷载结构法、地层结构法和经验比拟法。

（1）荷载结构法，是先把管涵结构从周围填土中隔离开来，把土压力作为外荷载施加于结构上，管涵基础反力采用某种假设分布形式，然后采用结构力学或材料力学的方法，计算管涵的内力。克列恩以刚性垫层作为管涵的支承部分，按照温克尔的假设，确定在管周土压力作用下刚性垫层的支点反力变化曲线，根据弹性中心法求解三次超静定圆环结构，从而进行结构内力分析。Heger对装配式圆管的受力性能进行了大量的试验及理论研究，大部分研究成果已被美国混凝土管协会采用。国内应用比较广泛的是北京市市政工程设计院对于刚性座垫上圆涵管的计算方法，该方法假设混凝土垫层与管体紧密结合，考虑垫层与管体的联合扰曲工作，根据弹性中心法求解三次超静定变截面圆环结构。由于假设管体与垫层接触面紧密结合，则仅垫层下面土壤反力的分布曲线与管道内力分析有关，而支承接触面上支点反力将变为结构内部反应的计算问题。荷载结构法忽略了结构与土的相对压缩变形，人为将管涵结构与土分开计算，实践证明管涵的实际内力与设计计算值有差距。但这种方法受力简单，便于计算，在工程设计中应用较为广泛。

（2）地层结构法，强调结构与土体的相互作用，将结构与土体视为完整的受力体，满足两者接触部分的变形协调关系，该分析方法更能反映结构的真实受力状态。Kim et al.应用有限元方法分析研究了深埋混凝土箱涵与填土的相互作用机理，得出不同埋设方式下以及土体和涵洞结构参数对涵土相互作用的影响。蒯行成等采用两种不同设计尺寸的管涵，取管涵和周围土体作为整体模型，考虑土-结相互作用，采用有限单元法对管涵进行应力分析，计算结果定量地揭示了涵台墙身刚度以及填土性质对拱券应力的影响。成国保等利用有限元方法，计算分析了管涵结构与土体的共同作用，计算结果为管涵的应用提供了理论依据。李静静等通过对装配式管涵的建模与有限元分析，得出管涵在不同填土高度、不同汽车荷载等级作用下的最大内力单元，以及每延米主筋配筋面积，并与其他形式的管涵进行比较，总结出一些装配式管涵的设计方法和计算特征。颜丹青采用有限元系统分析了装配式管涵结构的静力力学特性和动力抗震响应。地层结构分析方法的模型最为合理，但理论计算较为复杂，目前仅有小部分问题取得了解析解，一部分为各种简化条件下的近似解，而大部分问题为数值解，该方法仅用于管涵结构的研究，尚未推广应用于相关规范。

（3）经验比拟法，是通过实测确定管涵结构径向位移和支护反力的特征关系曲线，由此来确定管涵结构的承载力，并进行截面设计。该方法可以提供直观的数据，常受到现场人员的欢迎。但经验比拟法的原理还不完善，存在很多问题难以解决。如管-土的响应曲线目前仍较难获得，故该方法仍只能停留在定性的描述阶段。

1.2.3 管-土相互作用研究

管-土相互作用研究一直是交通科研和设计人员关心的课题。国内外很多学者采用了各种研究手段，诸如理论分析、模型或现场试验、数值分析等来分析管-土相互作用，揭示管-土作用机理。

现场监测方面有以下研究成果：Gilley et al. 阐述了车辆荷载作用下外径1.83m 的预应力混凝土埋地管涵的现场测试试验。Sargand et al. 为验证管涵设计方案开展填土荷载和移动车辆荷载共同作用下的波纹管涵现场试验，研究表明 AASHTO 规范管-土相互作用系数的取值对于波纹管涵是保守的。Abdel-Karim et al. 阐述了箱涵在填载和车载条件下的大比尺现场试验，详细讨论了结构响应，试验数据表明 AASHTO 规范的管-土作用系数取值 1.75 是合理的，与填高没有关系。Yang 现场测试了高速公路填方路堤下作用于混凝土箱涵的土压力，发现填方高度是决定箱涵垂直和水平土压力大小的关键因素。McGrath et al. 详细描述混凝土、塑性、波纹金属三种类型管涵的现场模型试验，详细监测了填土过程中的土体行为和管-土作用。Bennett et al. 现场监测高填方下混凝土箱涵的管-土响应，表明管-土作用系数与箱涵的高宽比 H/B 是无关的。Arockiasamy et al. 现场测试柔性管在动荷载作用下的响应，基于试验结果给出了管体竖向变形和覆土厚度的最小值的建议值。Kawabata et al. 介绍了直径 3.5m、厚度 26mm 的埋地钢管的现场试验，发现埋管的受力特性受填土回填方式和外荷载加载方式的影响较大。Sargand et al. 详细介绍在美国俄亥俄（Ohio）州开展的高速公路埋地钢管现场试验，钢管直径 6.4m，填土高度 22.9m，研究结果表明在施工结束时管涵顶部竖向土压力从 184kPa 变化到 250kPa，大约为填土自重的 42%。Sezen et al. 开展了四个埋地管涵在静力和动力荷载作用下的现场试验，结果发现管涵的结构响应受到填土高度和填土的物理特性的影响显著。李祝龙结合波纹钢管现场试验，得到了钢管随着波形和位置、管径等变化而变化的应力-应变规律。

除现场试验外，也有学者开展模型试验来研究管-土相互作用。模型试验由于可以较好地控制边界条件和进行量测，弥补了现场试验中一些不确定因素带来的影响。Dasgupta & Sengupta 进行了砂土回填下方形箱涵的室内模型试验，详细测试箱涵不同断面的变形、作用土压力和应变，试验发现管-土作用系数对于合理评估箱涵顶板和底板内力是十分重要的。Kunechki 开展了 2.99m（宽）× 2.40m（高）的波纹钢管的大比尺模型试验，详细测试外荷载下管涵的结构响应。杨锡武进行了高填方涵洞的室内模型试验，提出了高填方非线性土压力的计算方法。

同时，不少学者也采用数值分析的方法来研究填载和车载下埋地管涵的工作机理。Selig & Packard 采用二维平面应变的有限元模型模拟分析回填过程中的埋地管涵响应，并和已有的研究成果进行了对比。Kitane & McGrath 进行管-土相互作用的二维数值分析，发现动载下随填高变化的土体刚度变化对土体行为的影响是主要的。El-Sawy 建立两个埋地钢管的三维有限元模型，详细对比了已有文献的研究成果，结果表明三维有限元分析很好地模拟了试验数据。Kim et al. 应用有限元方法分析了深埋混凝土箱涵与填土的相互作用机理，得出了不同埋设方式下土体和涵洞结构参数对涵土相互作用的影响。冯忠居采用有限元方法对大型沟埋式蛋型管道土压力的分布进行了非线性分析，并与现场实测结果比较分析，吻合较好。谭冬莲运用实测结果修正有限元结果的方法，提出了上埋式圆管涵管顶竖向土压力计算公式，并与各国规范计算结果进行了比较，表明给出的计算公式系数确定可靠。李俊伟等采用自编二维有限元程序，模拟管道基坑开挖、洞体浇筑及管道上覆土分层回填连续施工过程，提出计算区域内土体在不同施工阶段变形和应力变化的一般规律。邓国华等用有限单元法对填埋式涵洞的土压力进行了分析，得到洞顶垂直土压力系数随填高增大而逐渐增大，并趋于一个稳定值，同时认为填土与涵洞存在竖向沉降差，垂直土压力系数为 1.2~1.35。

从上述文献可以看出，已有的研究多数集中于箱涵和圆形管涵，对装配式马蹄形的混凝土埋地管涵与土体相互作用的特性进行的研究相对较少，此类管涵的模型试验还未见报道。

1.2.4 软黏土的结构性特性

埋地管涵对地基不均匀沉降非常敏感，高速公路埋地管涵开裂事故原因可归结为：（1）管涵本身强度不足；（2）车辆荷载作用下路面产生不均匀沉降；（3）地基不均匀沉降。所以，如何评价地基不均匀沉降，特别是软黏土地基的沉降和不均匀沉降，是进行埋地管涵纵向受力分析的基础。

软黏土往往具有较高的灵敏度、较强的结构性，同时结构性损伤后很难得到恢复，因此结构性土的结构性损伤问题是最受关注的，现有的研究也基本围绕着土的结构性展开，通过单元体试验与现场试验，研究结构性对土体压缩特性和强度的影响。Saye 对 Storz 高速公路地基的沉降观测资料的分析表明：在同样的预压荷载下，地基沉降与土体的扰动程度成正比，排水板间距 1.0m 的处理区比间距 1.6m 处理区多沉降 40%。浙江大学岩土工程研究所对温州软弱地基扰动后的沉降情况分析表明，排水板施工引起的地基平均扰动度为 30%，最终沉降较不扰动情况增大 25%。Mesri、Nagaraj et al.、蒋明镜、Chung、李俊连、刘用海等众多国内外学者通过对各地结构性软土的压缩试验，得到普遍规律：原状结构性软土的压缩性受结构强度的影响，当应力水平低于结构屈服应力，土的压缩性较小，大于结构屈服应力则压缩性显著增大；土体受扰动后，结构强度降低，土的压缩性增大；当土的结构性完全丧失，压缩曲线为重塑土压缩曲线。施建勇通过研究认为砂井施工会导致软土十字板强度下降 20%~50%。王立忠等根据现场试验，指出排水板的施工使温州软土的强度下降 50% 左右。刘吉福等通过深圳高速公路软基处理现场试验得到，塑料排水板施工 3~4d 后的地基土强度为天然地基强度的 43%~67%，施工 28d 后地基强度基本没有恢复。艾英钵研究了排水板施工前后软黏土地基孔隙水压力增长和消散的规律，并且从软黏土地基的有效应力变化和结构扰动等方面分析了土体强度损失及恢复过程，结果表明排水板施工引起了软土强度损失 23%~40%。洪振舜、沈水龙、Takehito、殷杰等研究了高灵敏性海相沉积 Ariake 和连云港原状土与重塑土的力学性质以及控制不排水抗剪强度的因素，并由以往多种软黏土重塑土的不排水抗剪强度资料得出重塑土的不排水抗剪强度和灵敏度预测表达式。关云飞等研究了水泥搅拌桩施工时，水泥浆的注入和叶片的搅拌对周围土体应力状态、孔隙水压力等的扰动情况。邓永锋等基于圆孔扩张理论，提出了一种水泥土搅拌桩施工扰动的评价方法。刘维正等研究了太湖湖沼相结构性土的压缩特性，并提出采用结构破损指数来刻画压缩过程中的结构破损速率。

上述学者大多从室内试验或现场试验角度来评价软黏土的结构性，针对软土本构计算模型进行研究相对较少。王常明等通过三轴固结不排水剪切试验，分析了黄石、漳州、青岛等地结构性土固结不排水剪切过程中的剪应力、孔隙水压力与轴向应变的关系特点，构建了一种描述结构性土固结不排水剪性状的本构关系。刘恩龙等在大量的结构性土强度试验资料的基础上，分析了结构性土的强度变化规律和机理，基于考虑结构性岩土材料破损机理的二元介质模型概念，建立了结构性土的强度准则。Galavi & Schweiger 认为天然黏土的各向异性可以通过峰值剪切强度参数和先期固结应力来体现，同时结构性损伤可以通过降低先期固结应力从而降低土体结构强度的办法来模拟。Galavi 通过定义平均胶结力与极限胶结力来考虑土的结构性、通过定义结构强度降低比例系数与拉伸强度降低比例系数来考虑土的结构性损伤，提出了实现结构性土应变软化分析的多层结构软黏土模型。

1.3 本书的主要工作及技术路线

针对装配式埋地管涵在我国高速公路工程中的应用不断增多，而国内对多管节装配式埋地管涵应用技术的研究尚为空白，其结构设计计算目前尚无设计规范供设计人员参考。装配式埋地管涵结构的受力和变形性状研究涉及地下工程、岩土工程、结构工程以及结构力学、弹塑性力学、土力学等学科是一项多学科的交叉研究课题。由于课题涉及内容相当广泛，影响因素多而复杂，单纯采用理论分析方法进行研究难度较大。本书采用物理模型试验、理论分析与数值分析的研究方法系统研究埋地管涵-土横纵向受力特性。本书的技术路线如图 1.5 所示。首先，开展埋地管涵-土相互作用的大型物理模型试验。其次，基于试验数据提出上埋式管涵土压力计算理论并对管涵土压力影响因素进行研究。然后，建立数值模型分析交通荷载和地震荷载下的管涵横向结构受力特性。再次，针对软土各项异性和结构性两大特征在软土本构计算模型的数值实现进行阐述并应用于乐清电厂工程中。最后，建立双参数地基埋地管涵-土纵向受力分析模型并对纵向力学要素进行研究。具体内容包括：

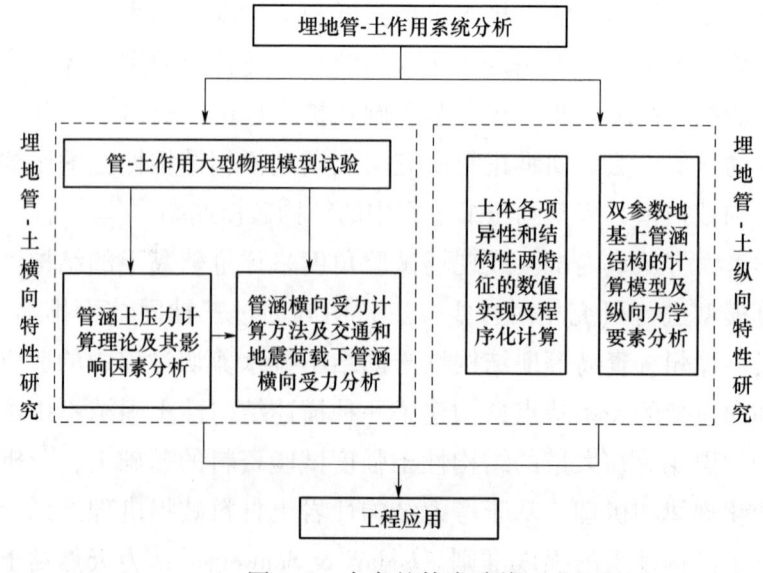

图 1.5 本书的技术路线

（1）进行装配式埋地管涵-土相互作用的大型模型试验，详细阐述试验方案、过程及成果，对管周土压力及管涵结构的受力特性进行分析研究。

（2）基于试验现象和成果，对马斯顿理论进行修正，提出了上埋式管涵土压力计算模型和公式，并对理论公式和试验结果进行对比。接着，采用有限元分析方法研究填土特性、地基土特性、管涵几何尺寸、管涵刚度、碾压荷载、埋设地形等因素对管涵土压力的影响程度和规律。

（3）针对模型试验的装配式管涵内力和变形进行分析，建模分析交通荷载下和地震荷载下管涵结构的受力特性。

（4）详细阐述多层结构软土本构模型框架，针对软土的各向异性和结构性两特性在多层结构软土计算模型中的数值实现进行描述，通过动态链接库的编辑方式，将其集成到岩土工程专业有限元软件 PLAXIS 中，实现考虑结构性软土各向异性和结构性损伤的程序化计算，最后应用于典型结构性软土的工程项目。

（5）建立双参数地基上的埋地管涵-土纵向力学计算模型，并对埋地管涵的纵向力学要素进行分析研究，得到其分布规律，指出埋地管涵的安全性判别方法。

（6）将上述研究成果应用于六（安）武（汉）高速公路工程实例。

2 管-土相互作用物理模型试验

2.1 引言

构件预制化是地下工程设计和施工技术发展的必然趋势，具有质量便于控制、建造速度快、成本低等优点，是一个国家地下工程技术发展水平的重要标志之一。国内外的文献研究结果表明，采用预制装配式管涵可以缩短高速公路的建设周期，提高高速公路的路基质量，延长高速公路的使用寿命，降低投资成本，具有广泛的应用前景。国内对预制装配式管涵的研究和应用相对起步较晚，目前还没有针对装配式管涵设计和施工的相对成熟的分析方法和设计理论。

六武高速公路（安徽六安至湖北武汉）安徽段实施的装配式大跨径管涵结构尺寸为 3.5m×2.5m，净高 2m，断面如图 2.1 所示（过水面积为 4.93m²）。管涵每节长 3m，由两块预制的边板、一块预制的顶板和一块现浇底板组成，边板、顶板和底板均采用 C30 混凝土，现场施工时必须保证边板和顶板精确吊装就位后方可进行底板的浇筑和养护，底板达到设计强度后进行管涵两侧对称填土及管涵顶部填土。

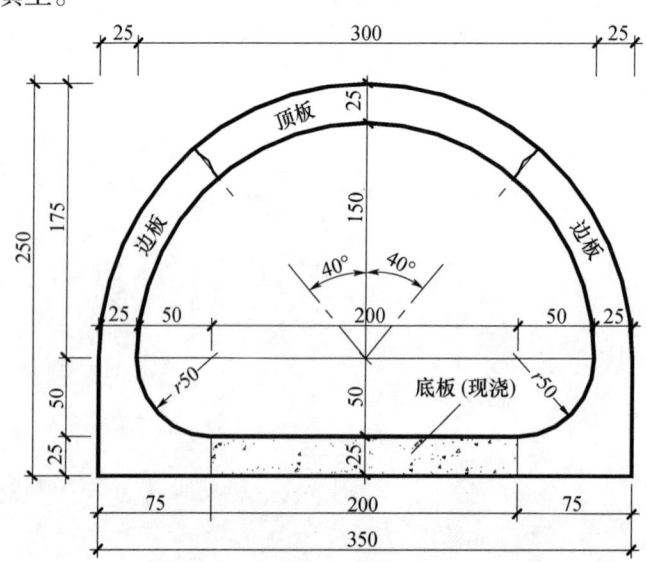

图 2.1 装配式管涵断面（单位：cm）

为揭示埋地管涵-土相互作用机理,按照施工现场的管涵结构形式开展了原比尺的管-土相互作用物理模型试验。本章首先介绍了物理模型试验方案,然后具体阐述试验过程,包括管涵的拼装、传感器的埋设以及加载方式等,最后对试验成果进行分析研究。

2.2 试验方案

2.2.1 方案概述

预制装配式管涵结构的物理模型试验在浙江大学自行研制的大型物理模型槽内进行。物理模型根据 3.5m×2.5m、净高 2m 的结构形式按 1∶1 建造。每个物理模型含三个环段,如图 2.2 所示。在管涵外侧模拟实际施工过程进行逐层填土,完毕后在地表施加静力和动力荷载模拟长期的路面交通荷载。

每个物理模型的测试分两个阶段:

(1) 施工过程模拟阶段:在填土过程中,随着上覆土层厚度的增加和碾压施工机械的作用,管涵结构的受力状态也在逐渐变化,试验过程中对管涵结构受力和土压力变化进行跟踪测量。

(2) 服役期模拟阶段:在施工完毕后,为了模拟实际预制装配式混凝土管涵结构在上部路面交通荷载作用下的工作性状以及管涵结构的存在对高速公路本身的影响,通过施加循环荷载来量测土体动应力变化规律以及分析研究由此产生的土与结构相互作用对管涵结构受力和变形等工作性状的变化。

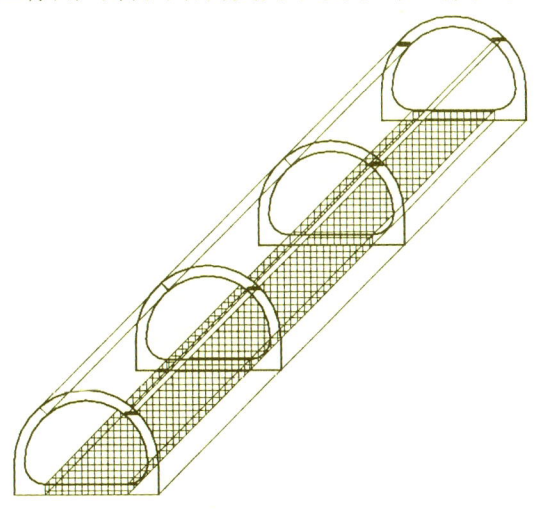

图 2.2　模型试验中的环段管节

测点数量统计如表 2.1 所示，具体的埋设布置详见 2.2.3 节。

表 2.1　模型试验测试仪器统计表

序号	仪器	单位	数量	编号	说明
1	钢筋应力计	支	10	Gz01～Gz10	轴向
2	钢筋应力计	支	6	Gt01～Gt06	环向
3	土压力盒	只	90	T01～T90	—
4	应变计	支	21	Yb01～Yb21	—
5	混凝土应变片	个	21	Yp01～Yp21	轴向
6	混凝土应变片	个	21	Yp22～Yp41	环向
7	收敛计	个	3	S01～S03	—

2.2.2　模型试验设备

浙江大学岩土工程研究所建立专门用于模拟地下结构物在不同地质条件和不同荷载作用下工作特性的大型物理模型槽，具有可以模拟现场荷载的加载设备和控制水位的管网系统，拥有完备的测试手段，包括土压力盒、孔压探头、位移测量设备、数据采集系统等（图 2.3 和图 2.4），为管-土作用的物理模型试验提供了良好的平台。

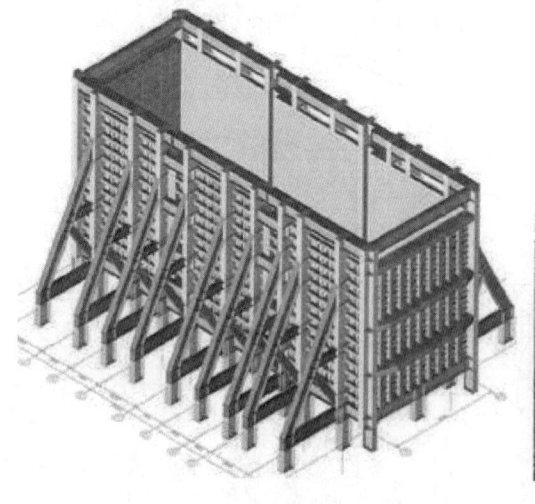

图 2.3　大型物理模型槽示意

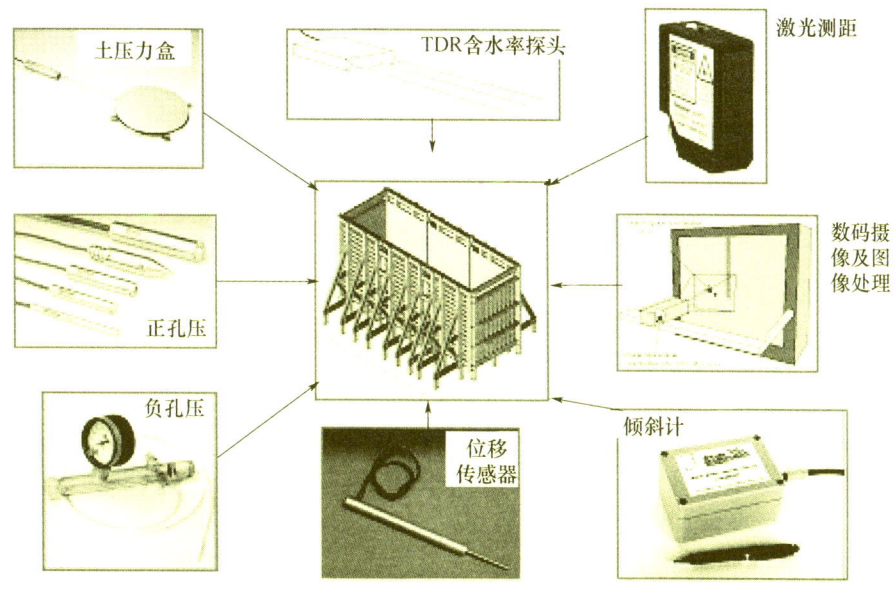

图 2.4 配套的测试设备

大尺寸模型槽内部尺寸：长 15m，宽 5m，高 6m，是目前国内最大的单体物理模型试验装置。沿长度方向分割成可三个 5m 的试验区域，本模型试验在其中的两个区域中进行。本模型试验之前在模型槽内壁进行光滑处理，使得边界条件对试验结果的影响作用最小化。

2.2.3 测点传感器埋设布置

在本模型试验的每个试验工况中都采用两个环段进行试验，对于预制装配式管涵的应变、管片内钢筋轴力、管涵结构周围土压力、土体沉降等量的监测在单一环段上取若干典型界面进行，而对于管涵结构的变形是同时测量相邻两个环段的变形，以确定填土和上覆荷载作用下环段之间连接部位的张开程度。

（1）钢筋轴力

钢筋轴力监测的目的是及时掌握管涵结构在施工和运行过程中结构轴力的变化情况，当内力超出设计最大值时，及时采取有效措施，以避免管涵结构因内力过大，超过材料的极限强度而导致破坏，引起管涵结构局部破坏甚至造成路面坍塌等事故。钢筋应力计在管片预制过程中预先焊接固定在钢筋上，分纵向和横向两种埋设方式。纵向埋设，即在管涵方向的纵向主筋上安装钢筋应力计，本次试验仅在一节环段安装，在该环段内布置 10 个钢筋应力计，具体布置如图 2.5 所示；环向方向埋设取两个典型断面，在两块边板和一块顶板的钢筋上各安装

2个钢筋应力计。在一个环段内总共安装钢筋应力计 10 + 3 × 2 = 16（个）。

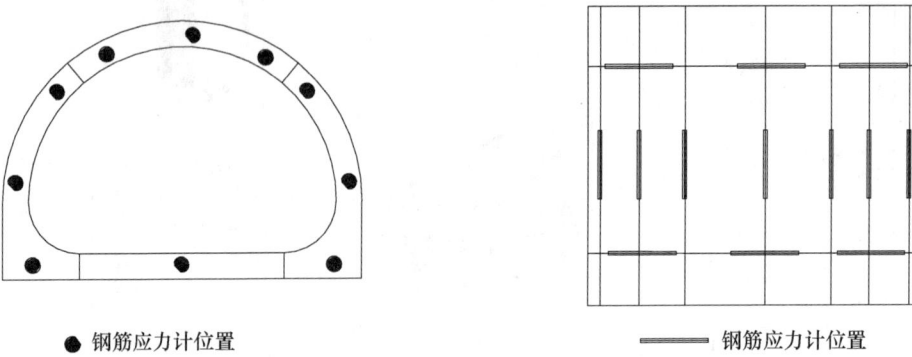

图 2.5　钢筋应力计分布位置

（2）地基土压力

为了了解上部回填覆土荷载以及碾压荷载对装配式管涵受力的影响，在管涵底部和管涵结构周围埋设土压力盒，分析上部荷载的传递过程。每个环段环向设置两个监测断面，分别为沿轴线方向的两端和环段中点处，详细布置如图2.6所示，共计埋设压力盒90个。

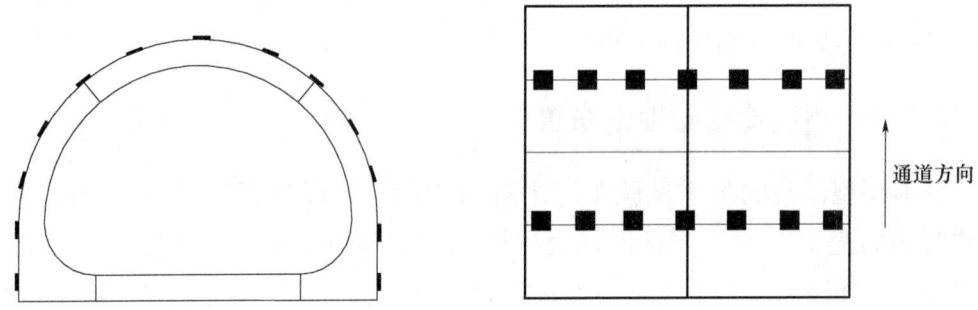

图 2.6　压力盒的埋设布置

（3）管型通道结构应变

通过监测施工和运行过程中管涵结构的应变情况，可以避免管涵结构局部受力过大超过材料的极限强度，导致结构的破坏。装配式管涵的一个环段取三个典型的监测断面，在接近边界处设置两个监测断面，沿轴线方向中点处设置一个监测断面。每个预制构件的拼接处内外表面各布置一个测点。管涵内表面的每个测点布置环向和轴向两个方向的应变片，则每环段管涵布置 7 × 3 × 2 = 42（个）应变片。管涵的外表面测点将采用预埋混凝土应变计的方式进行监测。共计 7 × 3 = 21（个）混凝土应变计，详细布置如图 2.7 所示。

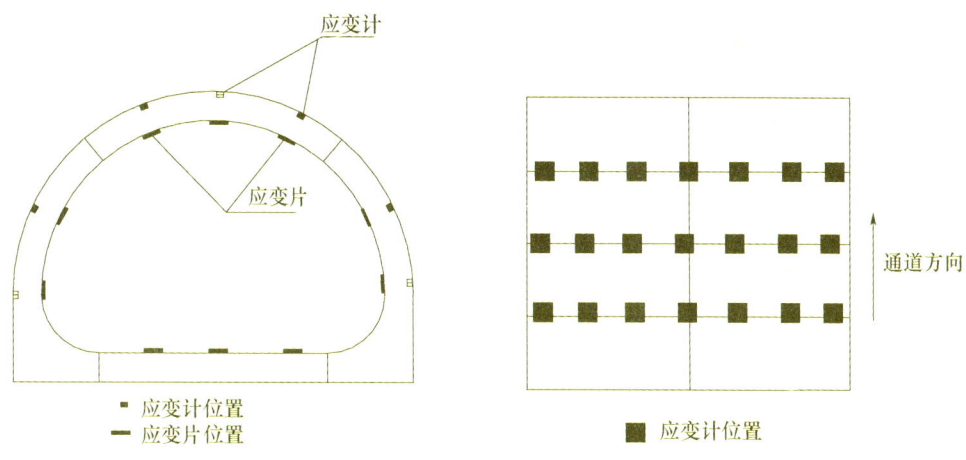

图 2.7　应变计和应变片布置

(4) 管型通道位移变形

管涵位移的监测结果可以直接地反映管涵结构在施工和工作期所受外加荷载作用下的变形情况，能作为管涵结构受力变形的警戒指标。采用收敛计对装配式管涵在施工过程和服役期的变形进行监测，每个管片取两个监测截面，分别在每个管片两端接近边缘侧。测点选择在管涵内部表面，收敛计的具体布置如图 2.8 所示。同时在相邻环段之间的相邻测点上布置收敛计以监测相邻环段之间不均匀沉降产生的管缝张开。共用收敛计 3 个。

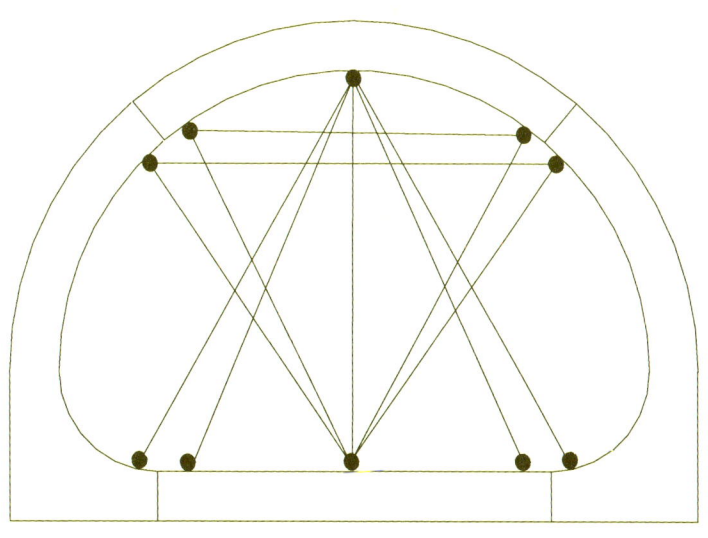

图 2.8　收敛计的布置

2.3 试验过程

2.3.1 试验概述

物理模型试验开展了碎石、粉土、黏土三种填土工况下装配式管涵结构的受力和变形试验。模型试验持续时间较长，每组试验过程中均开展填筑和加载试验，如图 2.9 所示。

图 2.9　模型试验过程

2.3.2 管涵结构的拼装

为方便后续三节管涵的顺利拼装，首先根据模型试验场地制定管涵吊装方案，而后调派两辆重型卡车将 9 节预制管片从安徽六安的施工现场载运至浙大 400 号模型槽前。拼装管涵结构前预先在模型槽内填筑 35cm 厚的碎石垫层，埋设土压力盒，然后浇筑 15cm 厚的混凝土垫层，养护一周，如图 2.10 所示。

管片的吊装采取先边板后顶板的吊装顺序。从模型槽的里边向槽门方向一环一环拼装，如图 2.11～图 2.12 所示。特别指出的是，由于管片预制时尺寸存在误差，尤其顶板和边板之间的铰接处，带来顶板和边板之间拼装不准确，可能导致管涵结构应力测试的不准确性。

整体管涵结构的吊装和拼装工作都是在施工方技术代表的指导和试验人员的共同协作下较为顺利地完成。

图 2.10　垫层浇筑、养护过程

图 2.11　边板吊装过程

图 2.12 顶板吊装过程

2.3.3 传感器的埋设

首先在安徽六安的施工场地上预制的 2 节环段内依据试验方案埋设了钢筋应力计和混凝土应变计，后经重型卡车载运至浙大 400 号模型槽前。

待边板和顶板拼装就位后，开始底板的现浇。底板焊接钢筋，浇筑混凝土，养护一周。同时埋设钢筋应力计、混凝土应变计，如图 2.13 所示。整体管涵结构安装完毕后，在管涵内部安装测缝计、收敛计、百分表等量测设备，而后在边板两侧按照施工顺序对称填筑土体，分层碾实，同时埋设土压力盒等量测设备。

2.3.4 加载方式

整个模型试验过程中加载方式主要包括三种：（1）填筑加载，即回填材料的分层填筑；（2）静力加载，即填筑至管顶以上一定位置采用模型槽配套设备静力加载；（3）动力加载，即填筑至管顶以上一定位置采用模型槽激振器的动力加载。

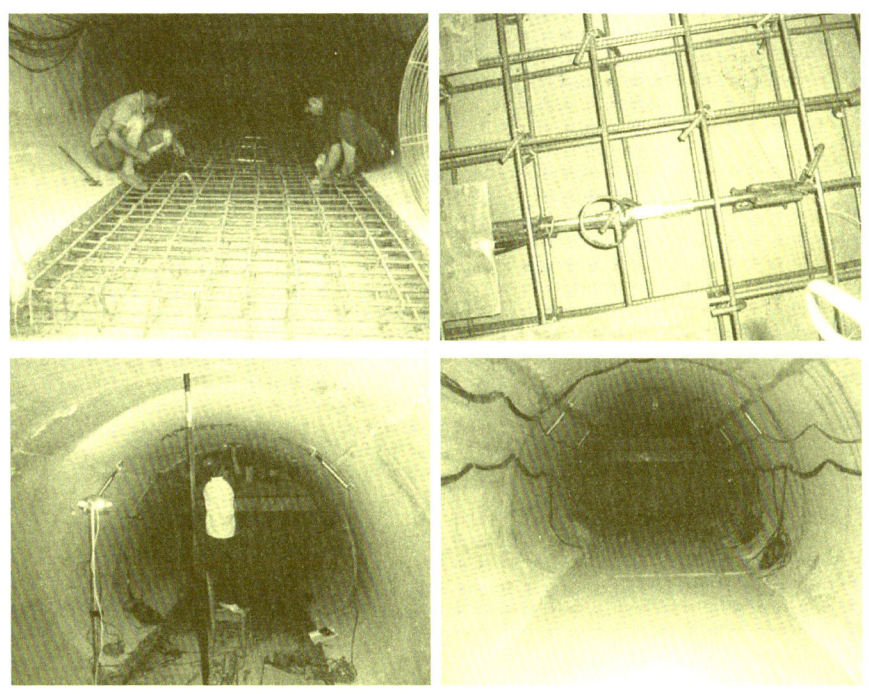

图 2.13　底板浇筑、埋设传感器

1）填筑加载填土过程按照施工顺序对称填筑、分层碾压。严格控制填筑高度，每填筑 0.5m 使用水平管进行水平的定位，采用夯实机进行碾压，之后测试各传感器，如图 2.14 所示。测试频率为每填筑 0.5m 测试一次。粉土和黏土工况，填筑的均匀性是通过测试分层夯实后的土体含水量、密度等指标来控制，填筑的压密是通过控制最优含水量来达到最大状态，在每层充分压密后再进行下一层的填筑和夯实。

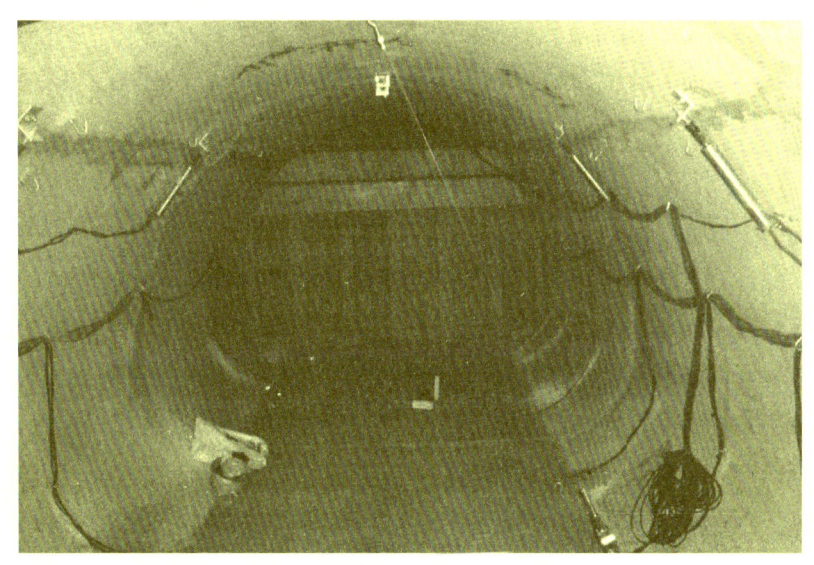

图 2.14　管涵内部传感器布置

2）静力加载

针对三种填土工况，填土填至管顶以上 2.5m 均开展静力加载，加载方案类似。首先确定最大加载吨位、测试频率、加载点，然后安装监测仪器，开展加载试验。

下面详细描述碎石填土工况下的静载试验方案，粉土和黏土填土工况类似。每处静力加载分 8 种加载方式，研究不同荷载组合条件下管涵周围压力和结构受力特性的变化。静力加载设备由 5 个千斤顶组成（编号＃1、＃2、＃3、＃4、＃5 如图 2.15 所示），单油路控制，千斤顶间距 1m，两侧千斤顶距槽壁均 0.5m。单个千斤顶最大加载能力为 400kN。荷载板尺寸为 1m×1m。8 种加载方式及加载分级如下：

（1）＃3 千斤顶加载。加载吨位 50kN、100kN、150kN、200kN、250kN、300kN、350kN、400kN 逐级等量加载。

（2）＃2 千斤顶加载。加载吨位 50kN、100kN、150kN、200kN、250kN、300kN、350kN、400kN 逐级等量加载。

（3）＃1 千斤顶加载。加载吨位 50kN、100kN、150kN、200kN、250kN、300kN、350kN、400kN 逐级等量加载。

（4）＃2、＃3 千斤顶同时加载。加载吨位 50kN、100kN、150kN、200kN、250kN、300kN 逐级等量同时加载。

（5）＃1、＃2、＃3 千斤顶同时加载。加载吨位 50kN、100kN、150kN、200kN、250kN、300kN 逐级等量同时加载。

（6）＃2、＃3、＃4 千斤顶同时加载。加载吨位 50kN、100kN、150kN、200kN、250kN、300kN 逐级等量同时加载。

（7）＃1、＃2、＃3、＃4 千斤顶同时加载。加载吨位 50kN、100kN、150kN、200kN 逐级等量同时加载。

（8）＃1、＃2、＃3、＃4、＃5 千斤顶同时加载。加载吨位 50kN、100kN、150kN、200kN 逐级等量同时加载。

图 2.15 静力加载装置

针对碎石填土工况，在不同填土高度（0.5m、1.5m、2.5m、3.5m）相继开展了实际车辆荷载的模拟加载试验。按照《公路桥涵设计通用规范》（JTG D60—2015），车辆荷载各轴的尺寸和吨位如图2.16（a）所示，试验中视车辆后轴中心经过管涵正上方为最不利加载工况，分正载和偏载两种类型，如图2.16（b）所示。单车轮的尺寸为0.25m×0.75m。图2.17所示为车辆荷载模拟试验中的加载装置。

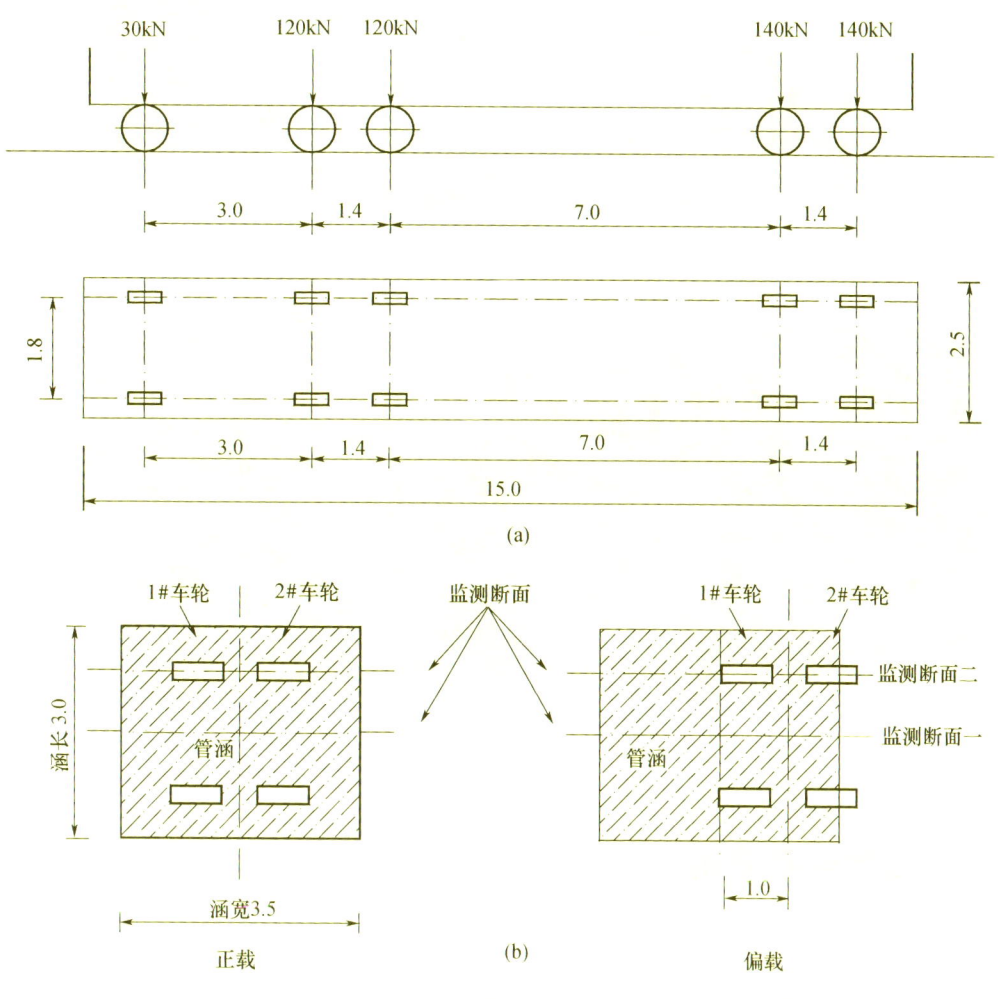

图2.16 车辆荷载的布置（单位：m）

3）动力加载

针对三种填土工况，填土填至管顶以上2.5m均采用激振器进行动力加载。动力荷载类型为半正弦波形，加载工况主要分为1Hz、3Hz两种频率，碎石最大加载吨位 $F_{max}=100kN$、粉土最大加载吨位 $F_{max}=100kN$、黏土最大加载吨位 $F_{max}=60kN$。通过动载试验获得了土体的动力特性，为研究交通重载作用下土体的累积变形规律提供了试验依据。加载点包括管顶中心和偏离管顶中心1m两点,如图 2.18 所示。每次加载过程中,在 1m×1m 加载板上均安装 4 只 LVDT,实时监测土体变形。

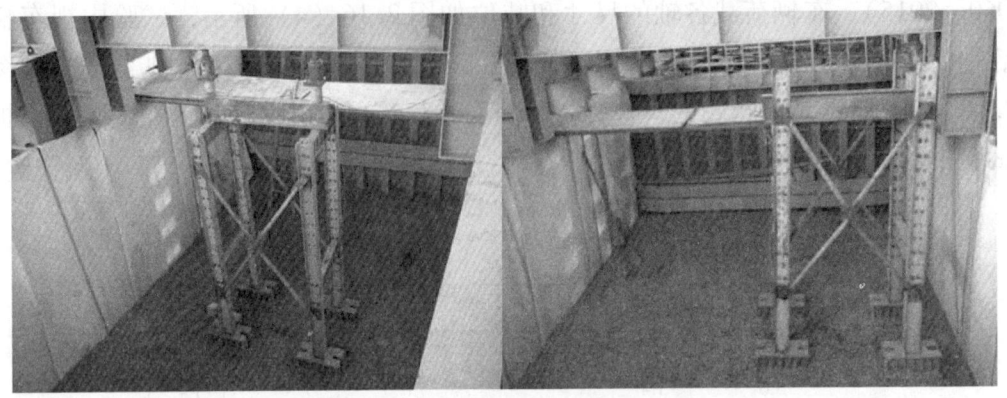

图 2.17　车辆荷载模拟加载装置

图 2.18　动力加载装置

2.4　试验结果分析

整个模型试验过程持续时间较长,传感器较多,测试数据丰富,主要包括填载、静载、动载下填土及管涵结构的受力和变形特性,同时开展 CPT 原位试验和单元体试验,获得了填土的基本力学特性,为进一步的理论分析提供了参数依据。

2.4.1　填土基本力学特性

首先进行各填土的颗分试验,获得了三种填土的颗分曲线如图 2.19 所示,其中碎石的最大粒径不超过 40mm。

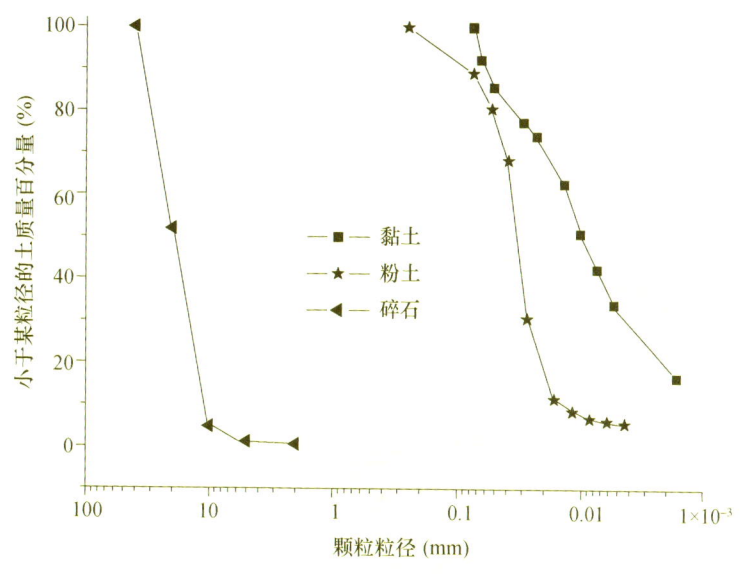

图2.19 三种填土的颗分曲线

通过击实试验获得了粉土的最优含水量19.0%，最大干密度1.57，黏土的最优含水量20.5%，最大干密度为1.73。通过三轴试验获得了粉土的黏聚力8kPa，内摩擦角28°，黏土的黏聚力15kPa，内摩擦角22°。模型试验过程中，采用钢桶测试碎石重度20.8kN/m³，粉土重度18kN/m³，黏土重度16.0kN/m³；采用堆自然边坡的方法，测得碎石内摩擦角42°；通过平板载荷原位试验，获得碎石变形模量约20MPa，粉土变形模量约15MPa，黏土变形模量约10MPa。三种填土的物理力学指标汇总如表2.2所示。

表2.2 各填土物理力学指标

填土类型	变形模量 E (MPa)	泊松比 υ	重度 γ (kN·m^{-3})	内聚力 c (kPa)	内摩擦角 ϕ (°)
碎石填土	30	0.25	21.0	0	42
粉土填土	15	0.35	18.0	8	28
黏土填土	10	0.42	16.0	15	22

模型试验过程中，为评估粉土和黏土回填的均匀性效果，进行了双桥CPT试验，测试结果如图2.20、图2.21所示。可以看出，粉土填筑不是很均匀，黏土填筑比较均匀，这是主要由于填土的夯实程度与其含水量直接相关，试验中采用的粉土取自钱塘江旁，堆放时间较长，其含水量大小在不同堆放位置并不相同，试验中较难保证其夯实程度的均匀性。黏土取自杭州小合山茶园的地基土，其含水量较为一致，试验中夯实较为均匀。

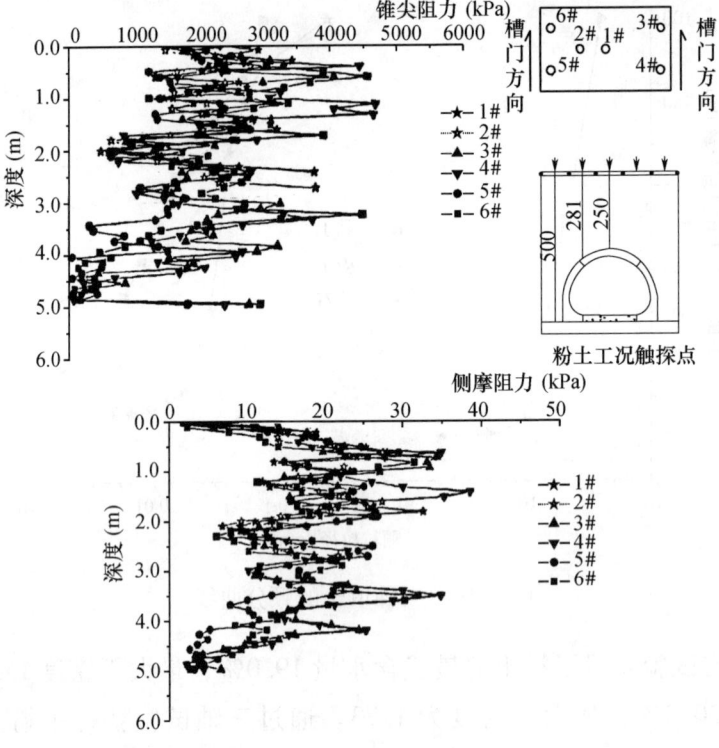

图 2.20 粉土工况双桥 CPT 测试结果

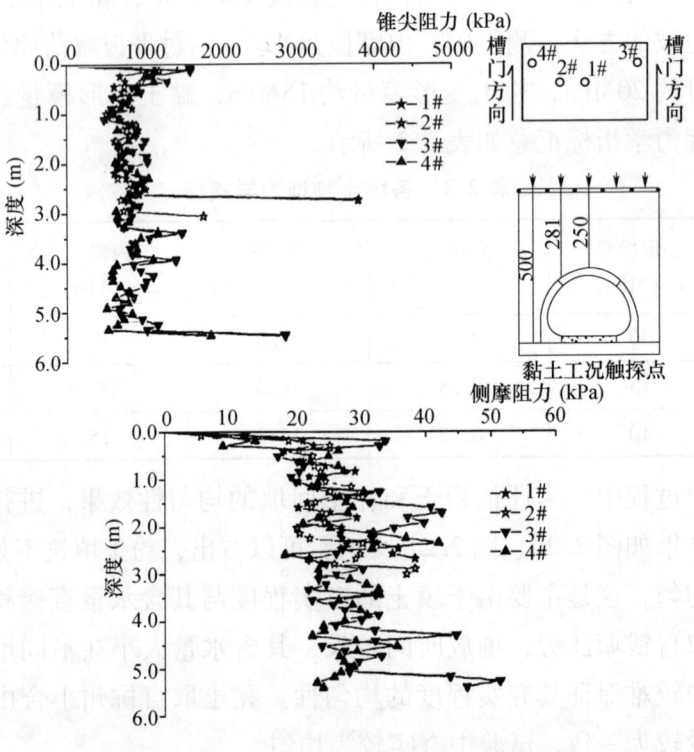

图 2.21 黏土工况双桥 CPT 测试结果

2.4.2 填载下填土及管涵结构的受力和变形特性

1）填载下管涵周围土压力分布

碎石填土工况管涵周围土压力的分布如图 2.22 所示，管-土界面法向土压力分布如图 2.23 所示，其中每条线对应一层填高。

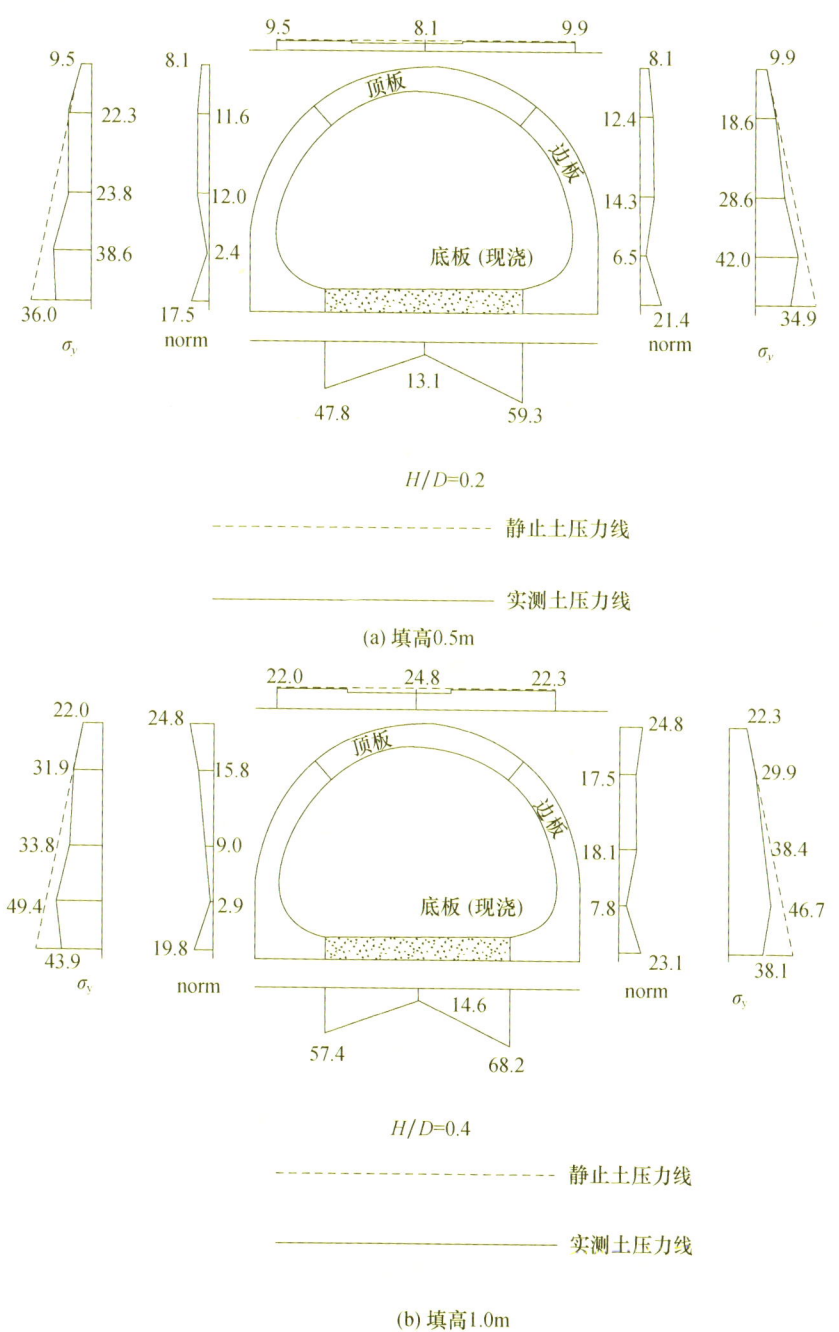

(a) 填高0.5m

(b) 填高1.0m

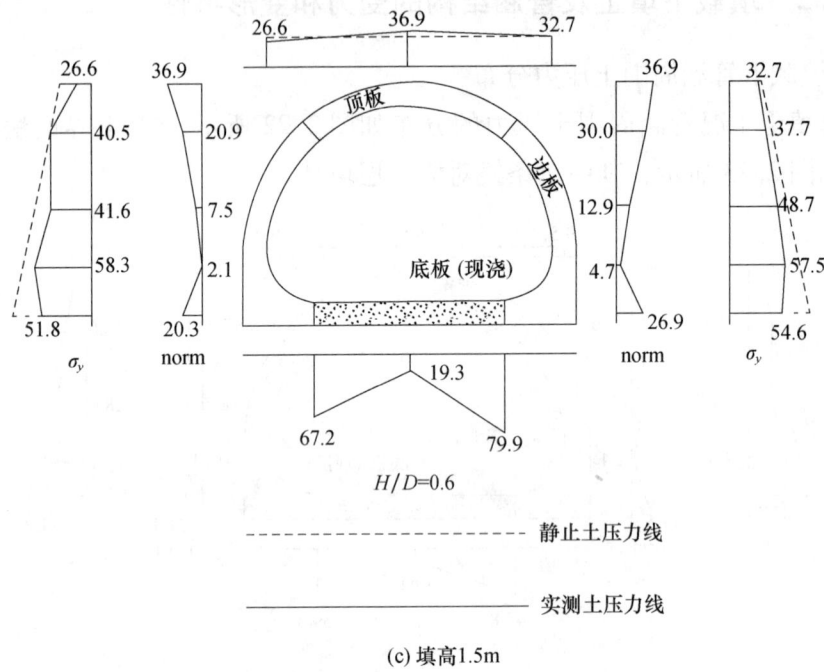

(c) 填高1.5m

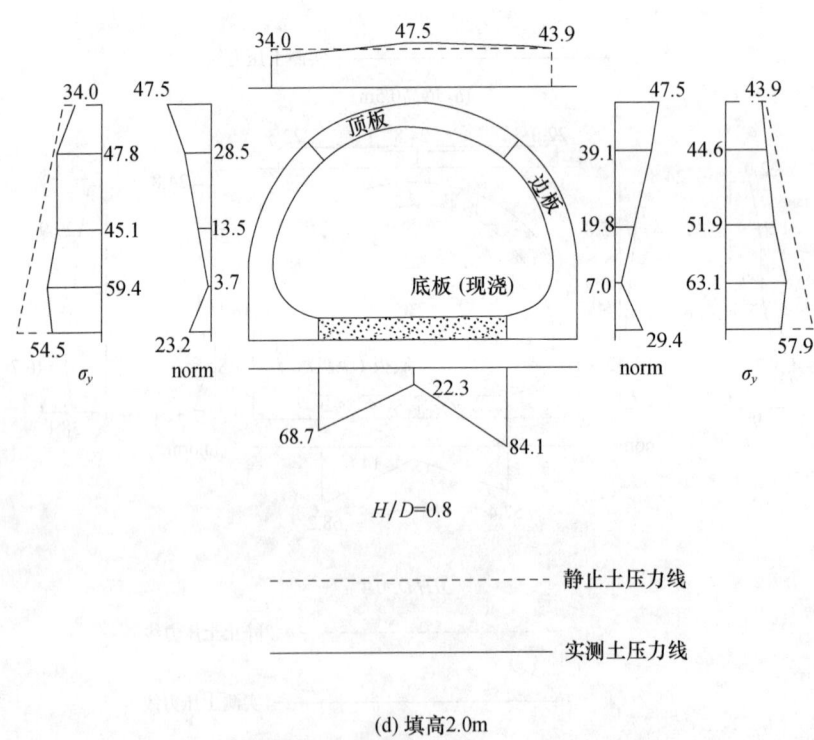

(d) 填高2.0m

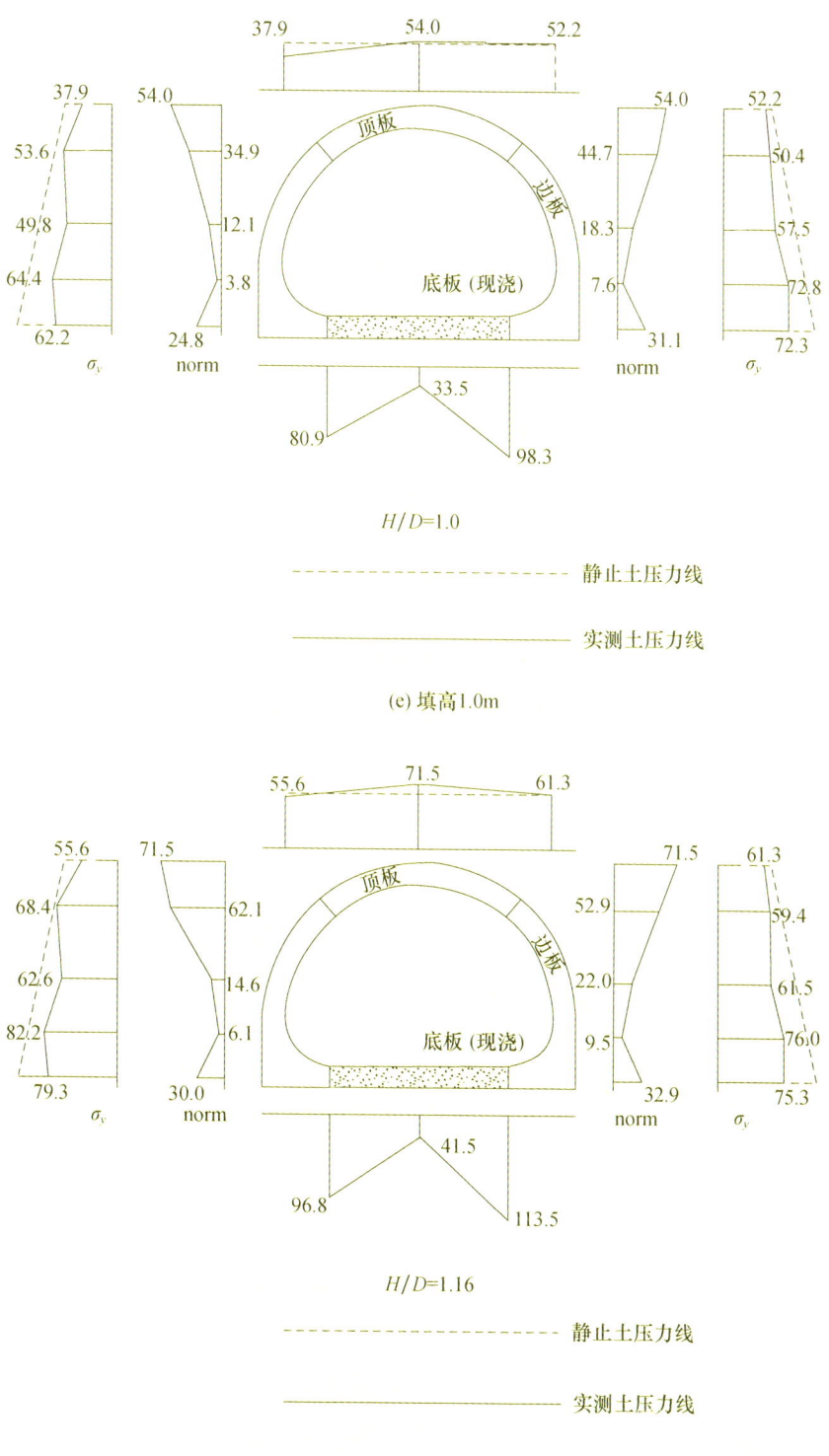

(e) 填高1.0m

(f) 填高3.0m

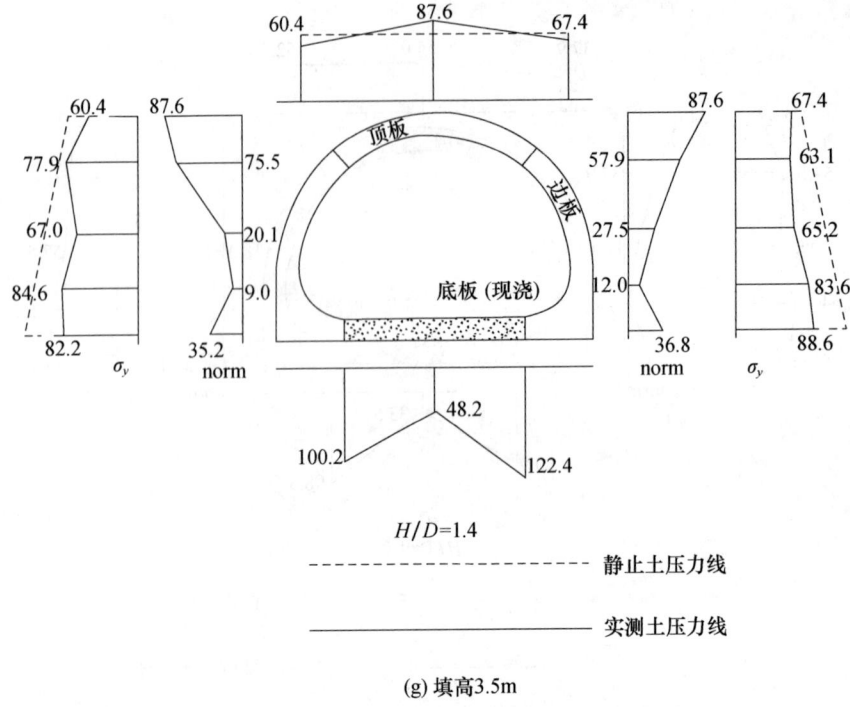

(g) 填高3.5m

图2.22 碎石填土工况管涵周围土压力分布（单位：kPa）

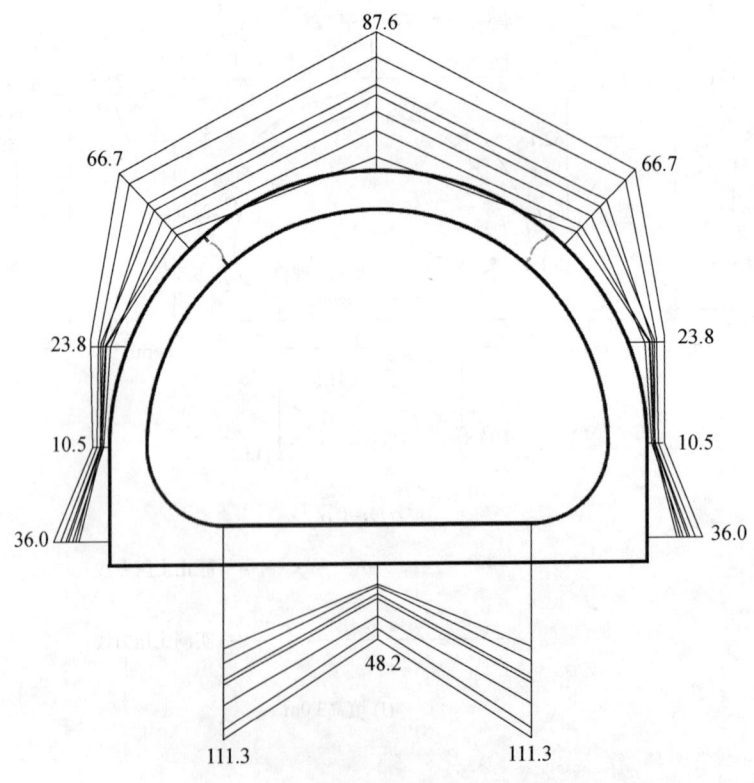

图2.23 碎石填土工况管-土界面法向土压力分布模式

分析碎石填土工况不同填筑高度下管周土压力分布曲线，可以得到以下土压力分布规律：

① 管顶土压力

管涵结构刚度大、变形小，管顶附近同一水平面上，管顶土压力大于两侧土压力，形成土压力差，使管顶土压力大于土柱压力。随着填筑高度的增大，内土柱压力与外土柱压力差也随之增大。

管顶覆土较薄时，管涵半圆形管段的管肩土柱高度大于管顶土柱高度，使得管顶土压力小，管肩土压力大。当填土高度加大，管顶处土体与管侧土体的相互剪切作用也随之增大，使得管顶附近土压力迅速增大；管肩处对边侧土体的沉降阻碍作用小，土压力增长较慢，使得半圆形管段的管顶土压力大，管肩土压力小。

② 管侧土压力

管涵两侧附近的铅直段的土体下沉时，受管涵顶托及管壁的摩擦作用，使该段的竖向土压力小于土柱压力。管侧水平土压力与对应处的垂直土压力有关，竖向土压力越大，水平土压力越大。

③ 管底土压力

管顶土压力及结构自重由管壁传递给底板，同时两侧土体的下沉对管壁形成摩擦，使得底板土压力（地基反力）呈跨中小、板端大的曲线分布，这是刚性基础的典型管底压力分布形式。

④ 管-土界面法向土压力

管涵周围法向土压力呈顶部最大，边墙与弧形段连接处最小的"帽子形"分布，底板呈倒马鞍形分布，这种分布趋势随填筑高度的增大更加明显。碎石填土工况下，通过模型试验已明确管底土压力为"倒马鞍"形，那么就粉土和黏土两种填土工况下阐述管-土界面法向土压力、管涵轴线上各点竖向土压力、槽壁附近各点竖向土压力三方面的分布规律。图2.24所示为粉土工况下每层填筑高度下对应的管-土界面法向土压力实测曲线。粉土工况管-土界面法向土压力的分布模式如图2.25所示，其中每一条线对应一层填筑高度。图2.26所示为黏土工况下每层填筑高度下对应的管-土界面法向土压力实测曲线。黏土工况下管-土界面法向土压力的分布模式如图2.27所示，其中每一条线对应一层填筑高度。

对比图2.23、图2.25、图2.27三种填土工况管-土界面法向土压力分布模式，可以看出，管-土界面法向土压力具有相似的规律。管顶覆土厚度较薄时，管顶和管肩土柱高度相差较大，导致管顶法向土压力较小，管肩法向土压力较大。随着填筑高度的增大，由于管涵的顶托作用和对周围土体竖向变形的阻碍作用逐渐增强，导致管顶土压力集中现象明显，管顶土压力大于管肩土压力。管涵边墙处法向土压力均很小，可能是槽壁和土体的摩擦以及管涵的顶托造成土拱效应所致。

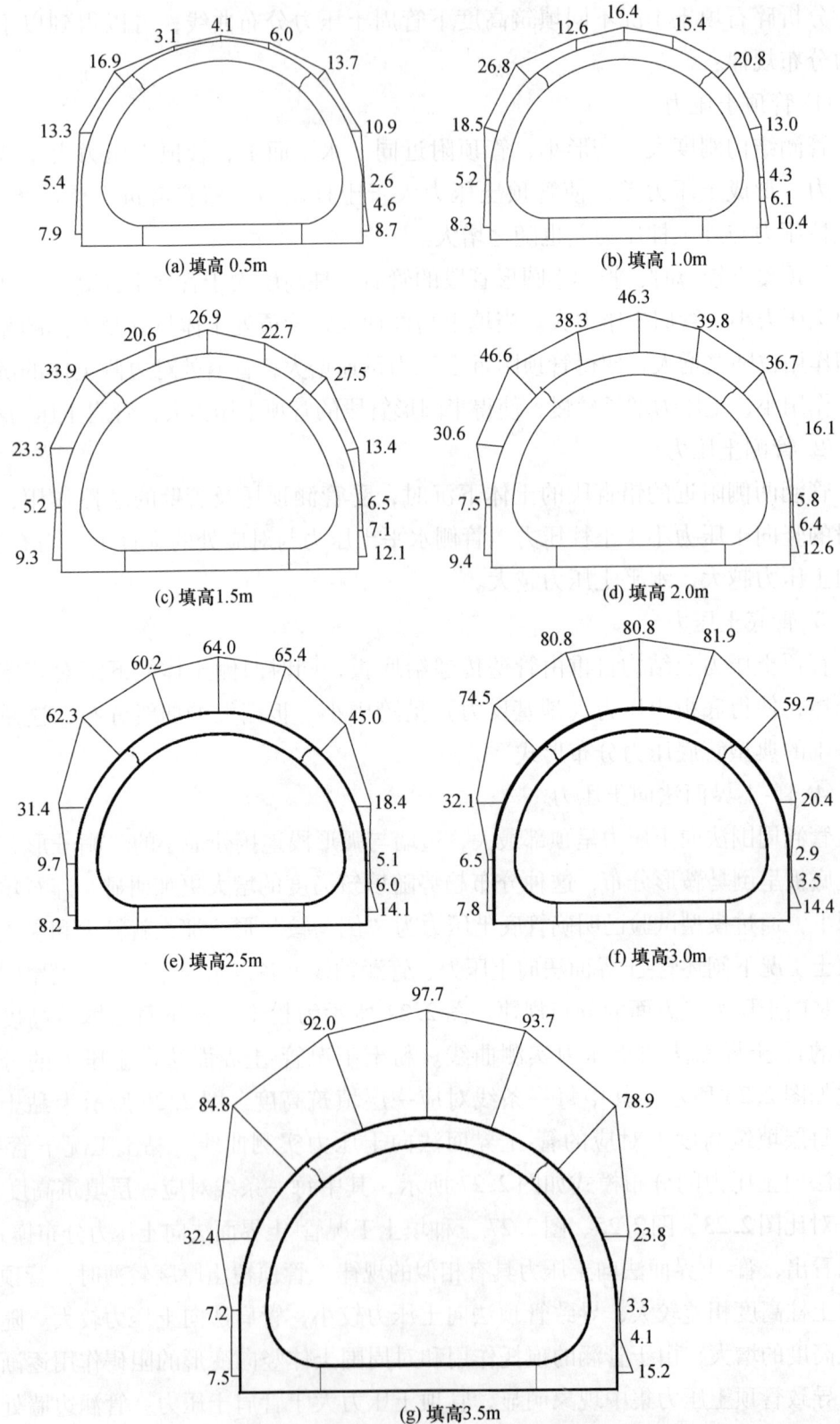

图 2.24 不同填高粉土工况下管-土界面法向土压力分布（单位：kPa）

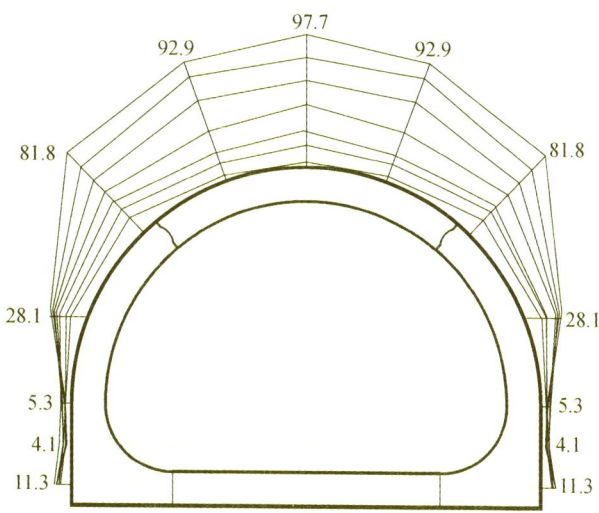

图 2.25　粉土填土工况管-土界面法向土压力分布模式

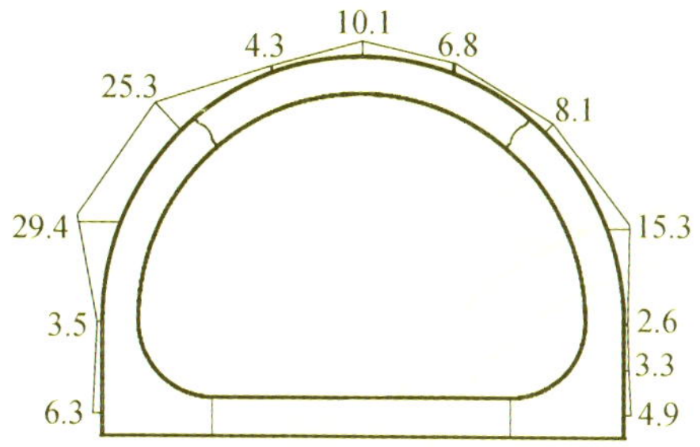

(a) 填高 0.5m

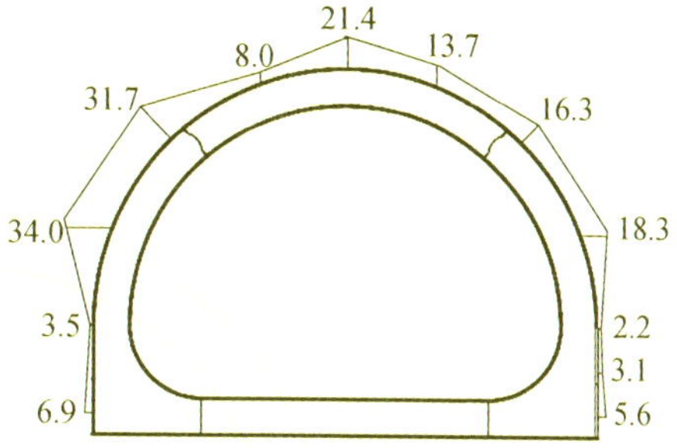

(b) 填高 1.0m

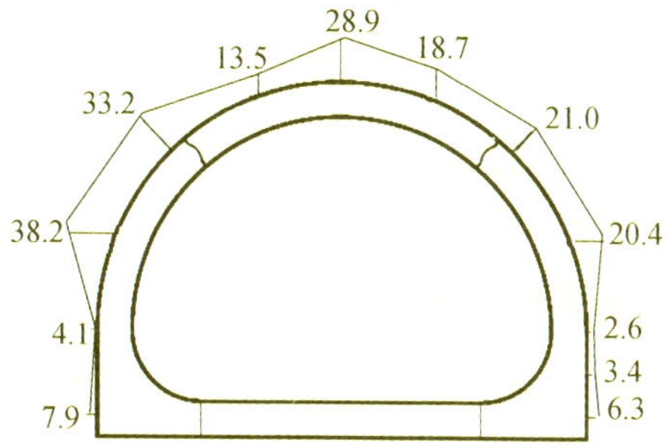

(c) 填高 2.5m

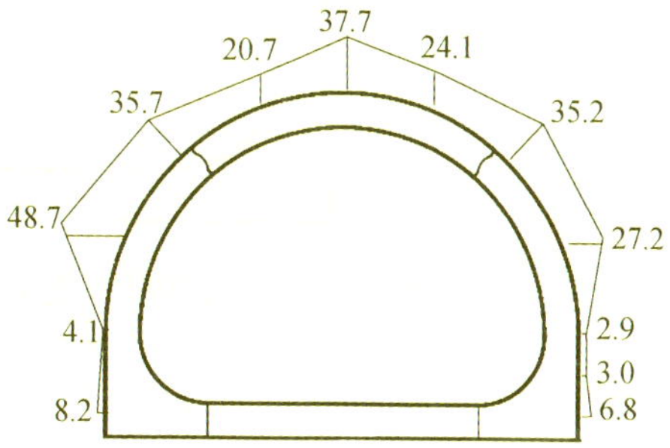

(d) 填高 3.0m

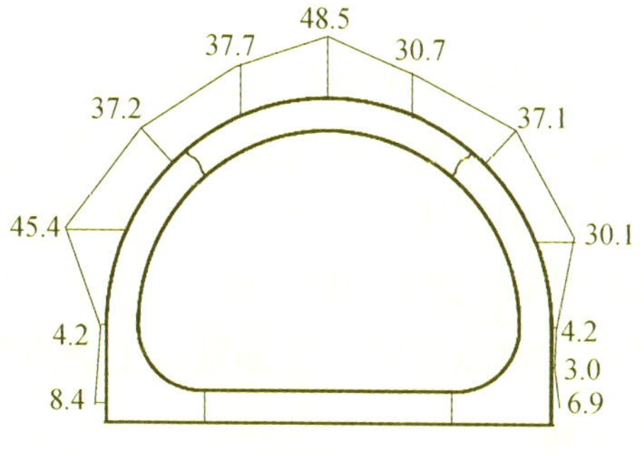

(e) 填高 2.5m

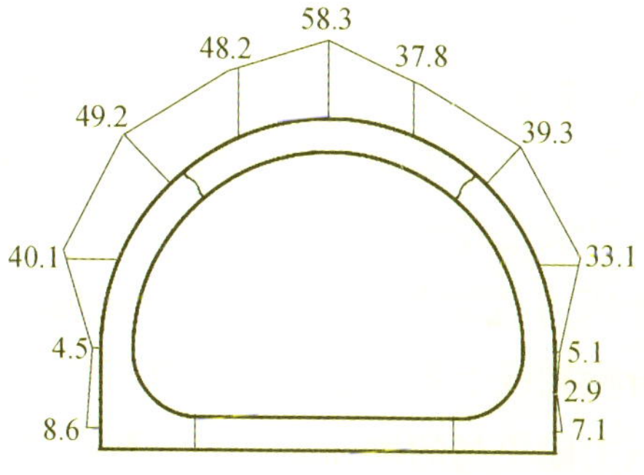

(f) 填高 3.0m

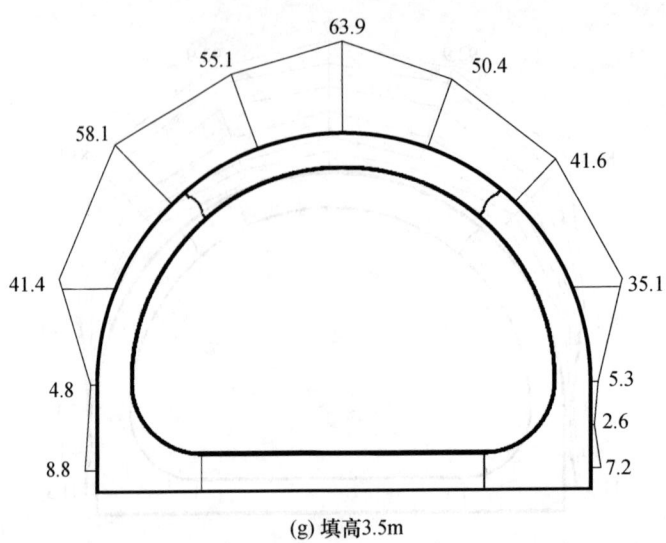

(g) 填高3.5m

图 2.26 不同填高黏土工况下管-土界面法向土压力分布（单位：kPa）

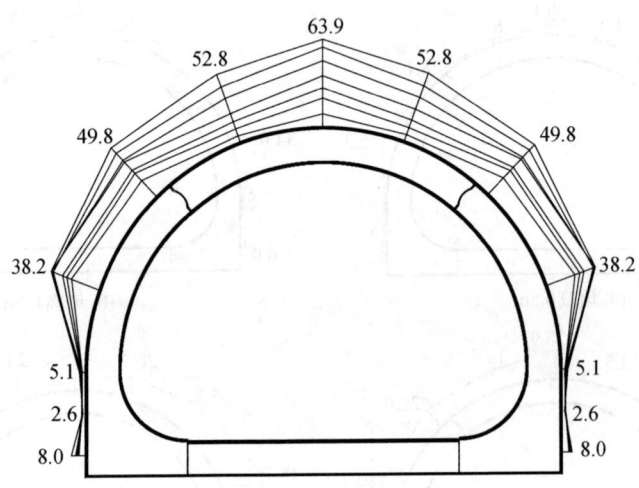

图 2.27 黏土填土工况管-土界面法向土压力分布模式

  三种填土工况下管-土界面法向土压力规律相似，但也存在差异。管顶填高0.5m，管-土界面处部分实测法向土压力从管顶向两侧增大按黏土、粉土、碎石顺序渐趋明显；管顶填高 3.5m，管-土界面处部分实测法向土压力从管顶向两侧减小按黏土、粉土、碎石顺序渐趋明显，这是填土性质不同引起的差异。

  管顶土压力是决定管涵结构设计的主要恒定荷载，其大小和分布规律是交通设计人员较为关心的问题。为方便阐述管涵轴线上各点土压力变化规律，绘制土压力测试点位置的详细布置如图 2.28 所示。图 2.29 给出了三种填土工况下管涵轴线上各点土压力随填高的变化曲线，可以看出，管涵轴线上各点竖向土压力随填高的增加而增大，基本呈线性关系。

2 管-土相互作用物理模型试验

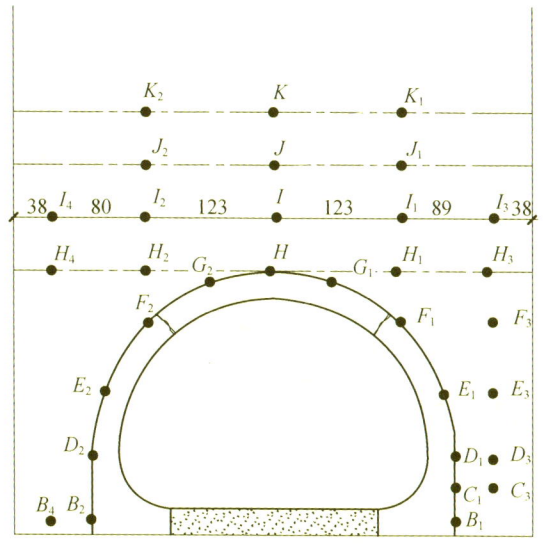

图 2.28 土压力传感器布置

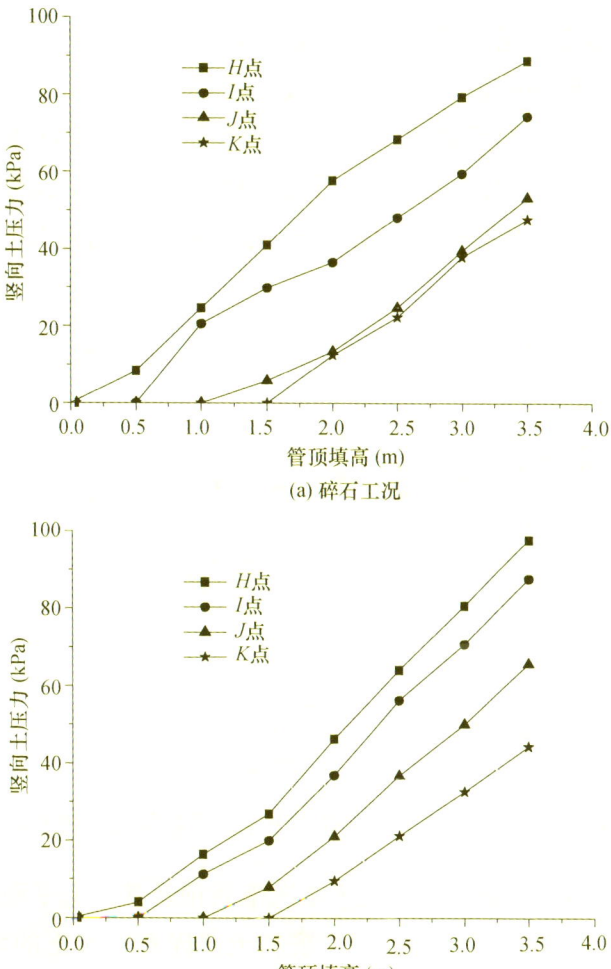

(a) 碎石工况

(b) 粉土工况

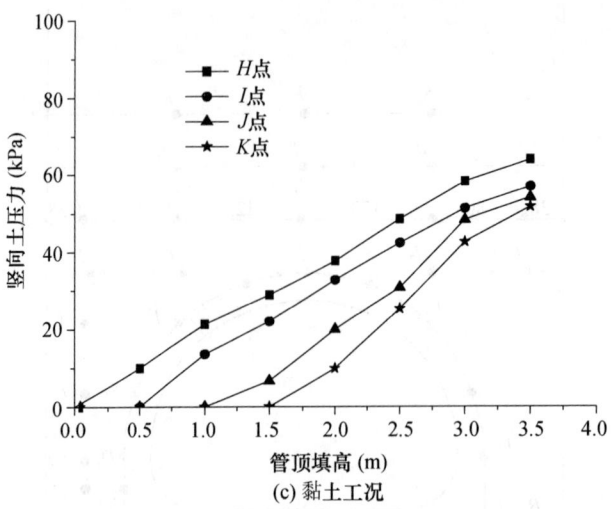

(c) 黏土工况

图 2.29 三种填土工况管涵轴线上各点竖向土压力与填高的关系

管顶土压力系数（实测土压力与土柱压力的比值）是反映管-土作用最为直接的指标，三种填土工况下管顶土压力集中系数随填高的变化曲线如图 2.30 所示。可以看出：试验中管顶土压力集中效应按黏土、碎石、粉土的顺序逐渐明显。粉土工况管顶土压力系数随着填高的增大而增大，碎石和黏土工况管顶土压力系数随着填高的增加，先增大之后趋于稳定值。碎石工况的管顶土压力系数稳定值约为 1.2，黏土工况的管顶土压力系数稳定值约为 1.1。

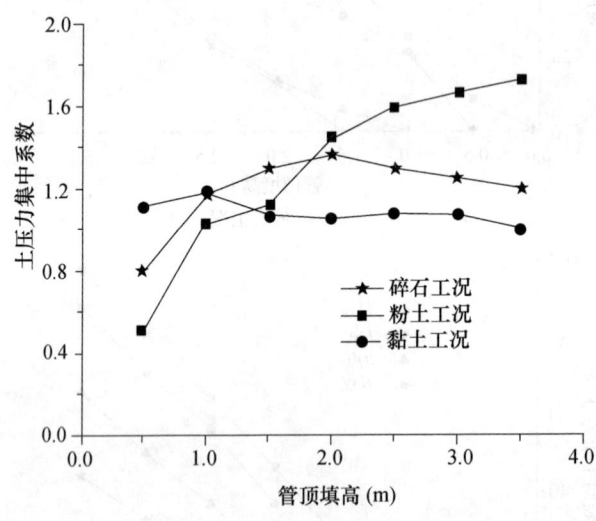

图 2.30 三种填土工况管顶土压力系数与填高的关系

填筑最大填高 3.5m 时，三种填土工况下管顶及其以上平面的中点竖向土压力大于两侧土压力，如图 2.31 所示，按黏土、碎石、粉土的顺序趋势更为明显，这也就导致管顶土压力集中效应按黏土、碎石、粉土的顺序逐渐变得明显。

平面上对称两点竖向土压力存在离散性，由于填筑的不均匀性而产生。

由于管涵结构的存在，槽壁附近各点竖向土压力不再与土体自重应力相等，而随埋深的变化而变化。各平面上的每点竖向土压力随管顶填高的变化曲线如图 2.32 所示。可以看出，每点竖向土压力均随着填高增加而增大，基本呈线性关系；每点的竖向土压力增长速率比较，管顶及其以上平面的各点较管顶以下平面的各点要快，碎石工况下管顶以下平面的各点较粉土和黏土工况下管顶以下平面的各点要快。

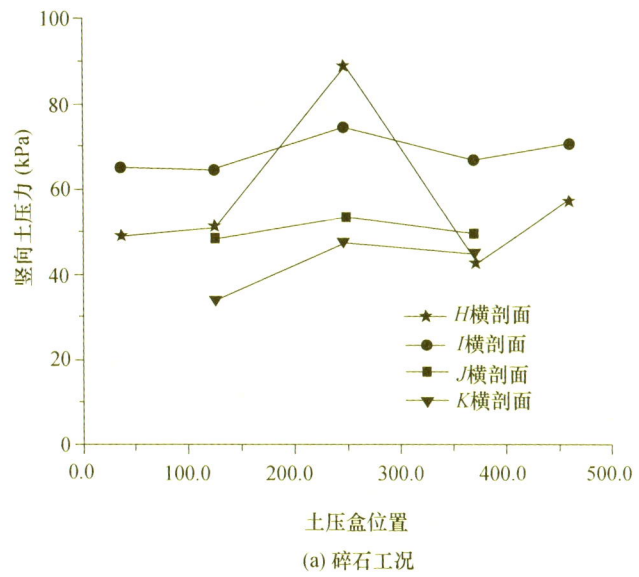

(a) 碎石工况

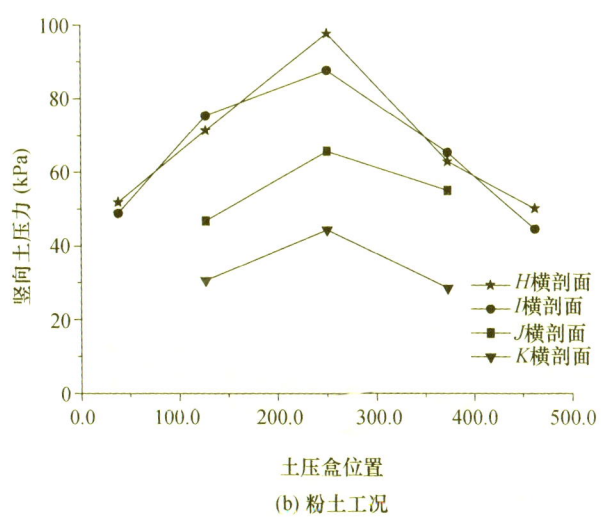

(b) 粉土工况

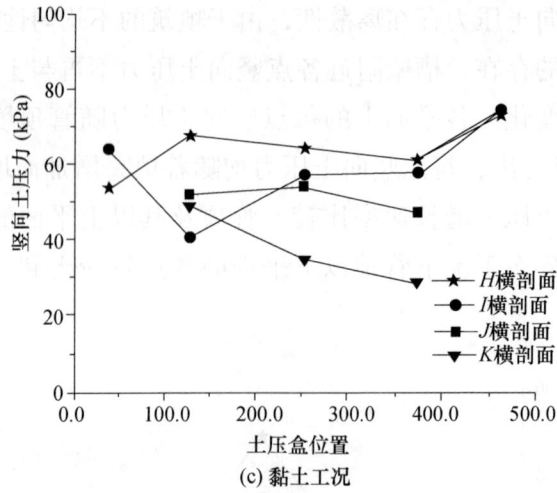

(c) 黏土工况

图 2.31 三种填土工况下管顶及其以上平面各点竖向土压力分布

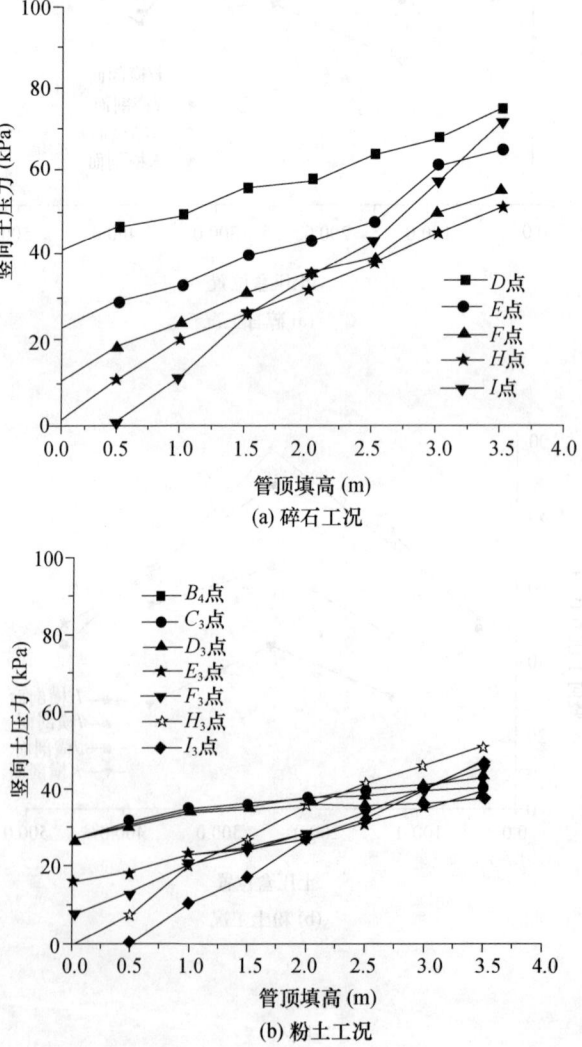

(a) 碎石工况

(b) 粉土工况

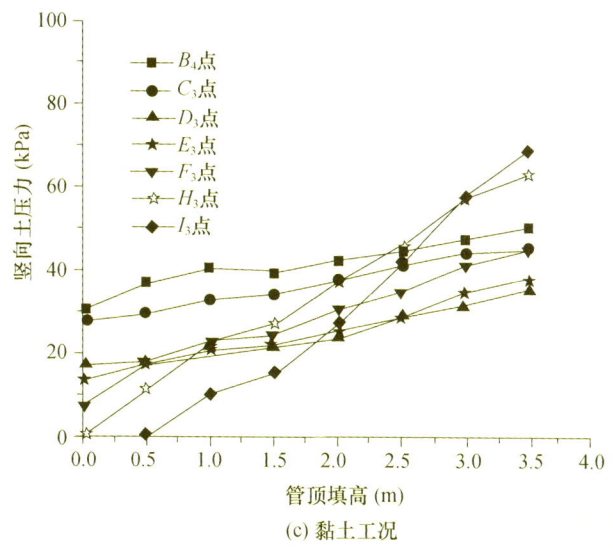

图2.32 三种填土工况槽壁附近的各点竖向土压力分布

2) 填载下填土的变形

粉土和黏土两种填土工况,在试验过程中通过埋设沉降板测试填土荷载作用下土体的沉降曲线和管-土作用机理示意,如图2.33所示。每条曲线对应0.5m的填高。可以看出,随着填土高度的增加,管顶和管侧的土体差异沉降逐渐增大,管侧土体对管顶土体产生向下的剪切作用。管涵结构不仅承担了管顶以上填土自重,同时也要承担管侧土体传递到管顶土体上的剪切力作用,从而导致管顶土压力集中效应,这正是从填土变形角度解释了上埋式管涵管-土相互作用的机理。

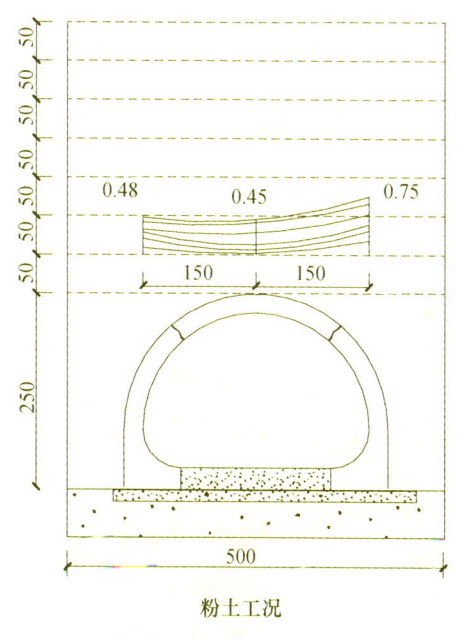

粉土工况

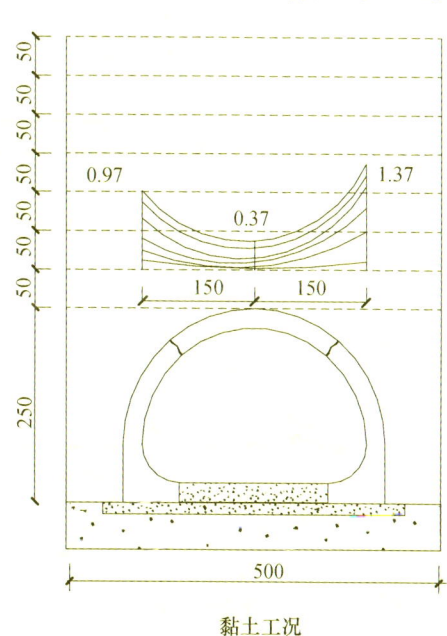

黏土工况

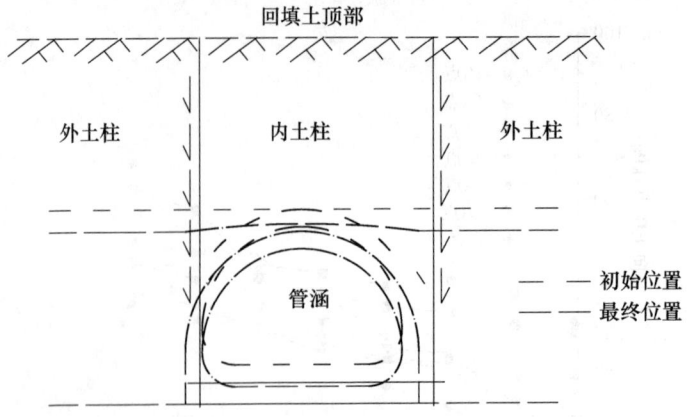

图 2.33 填土的实测沉降和管-土作用机理（单位：cm）

3）填载下管涵结构的受力和变形

由于预制管涵结构整体刚度较大，导致实测结构应变均很小。按照图 2.34 所示选取典型断面上的特征点，绘制填土荷载下结构应变随填高的变化曲线，如图 2.35~图 2.37 所示。其中钢筋应力计实测钢筋拉压应力除以钢筋弹模换算得到钢筋应变，混凝土应变计直接实测得到混凝土应变。可以看出，每点的实测结构应变多数随填高的增加而增大，这是由于管涵结构表现出线弹性材料的特性。

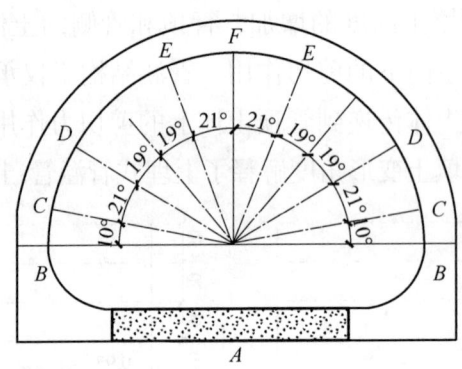

图 2.34 管涵结构应变特征点示意图

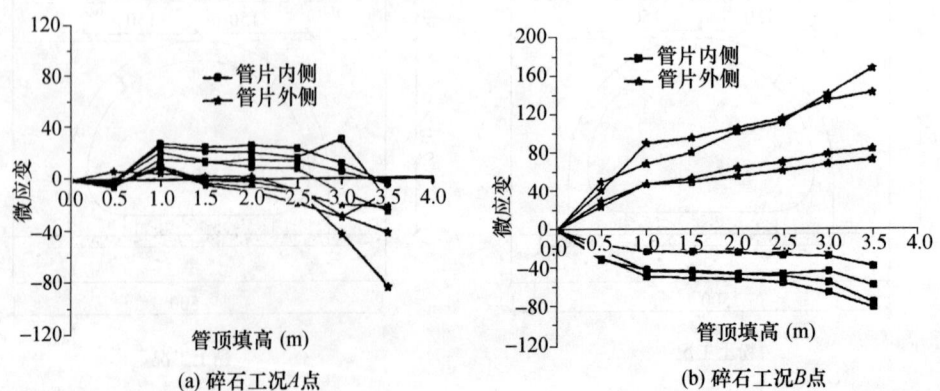

(a) 碎石工况 A 点　　(b) 碎石工况 B 点

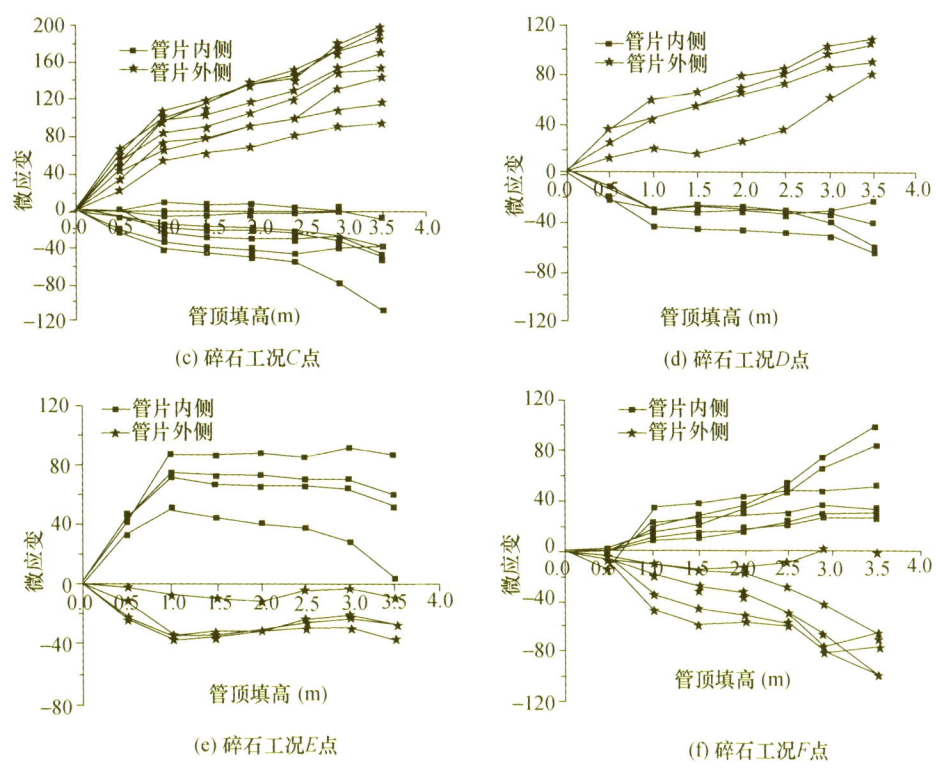

图 2.35 碎石工况管涵结构特征点结构应变变化

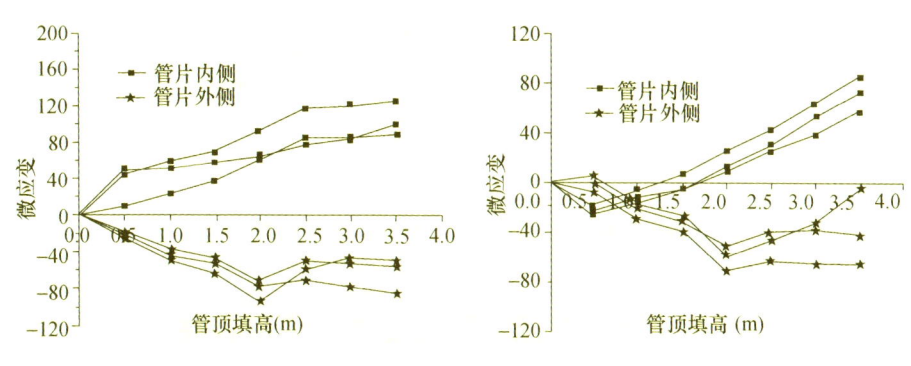

图 2.36 粉土工况 F 特征点结构应变　　图 2.37 黏土工况 F 特征点结构应变

三种填土荷载下管涵结构顶板的竖向收敛变位随填高的变化如图 2.38 所示。可以看出，三种工况下收敛变位均随填高的增加而增大。管涵结构刚度较大，在填载作用下顶板收敛变位较小，三种工况下最大收敛变位不会超过 2.0mm。碎石工况最大值 1.66mm，粉土工况最大值 1.89mm，黏土工况最大值 1.42mm。

碎石填土工况下两环段之间以及顶板与边板铰接处的测缝计实测结果如

图 2.39 所示。可以看出，管涵两节环段之间差异变形较小，最大值不超过 0.3mm，表明填载下三节环段整体变形。顶板与边板铰接处的转角最大 0.05°，表明管涵整体拼装效果较好。

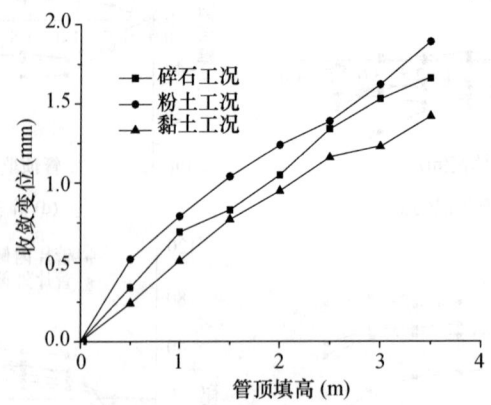

图 2.38 管涵结构顶板收敛变位与填高的关系

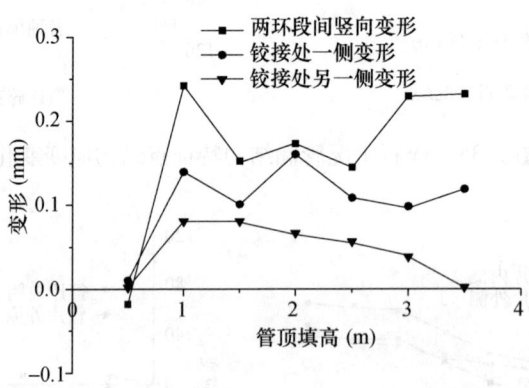

图 2.39 碎石工况测缝计传感器实测结果

2.4.3 静载下填土及管涵结构的受力和变形特性

1）静载下填土的荷载-位移曲线

填高 2.5m，三种填土工况均开展了静力加载试验，方案见 2.3.4 中的 2）静力加载。加载点位置如图 2.40 所示。三种填土的荷载-位移曲线如图 2.41 所示。可以看出，加载过程中碎石填土近似为线弹性材料，荷载和沉降基本呈线性关系；而粉土和黏土是弹塑性材料，荷载和沉降刚开始呈线性关系，随着荷载的增大，表现出非线性关系。卸荷时，卸荷模量远大于加载模量，粉土和黏土填料不可恢复的变形量较碎石大。对于同种填土工况，不同加载位置相同荷载大小时，压缩层厚度大者土体沉降变形大。

2 管-土相互作用物理模型试验

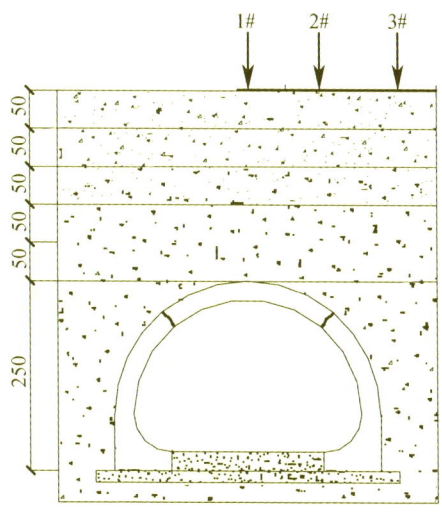

图 2.40 静力加载点位置示意图

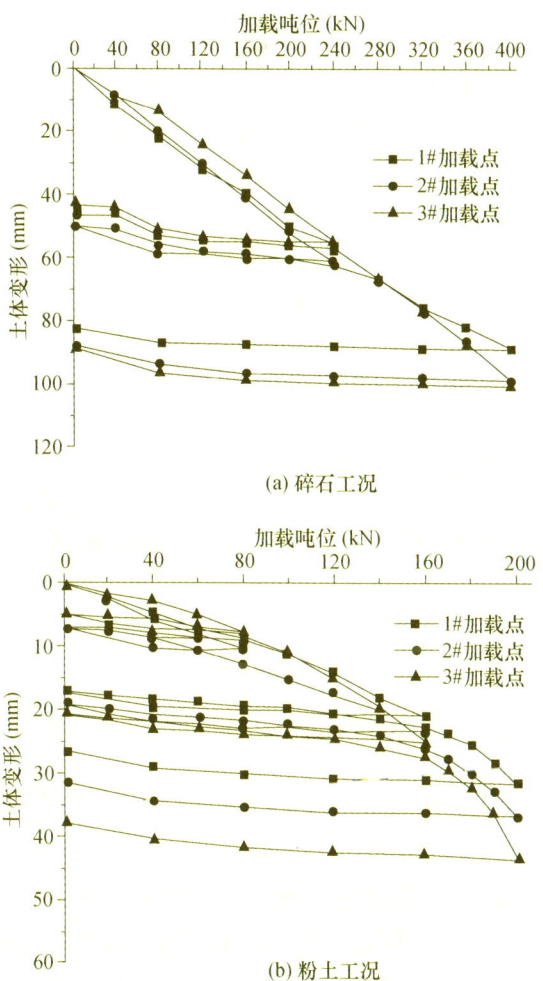

(a) 碎石工况

(b) 粉土工况

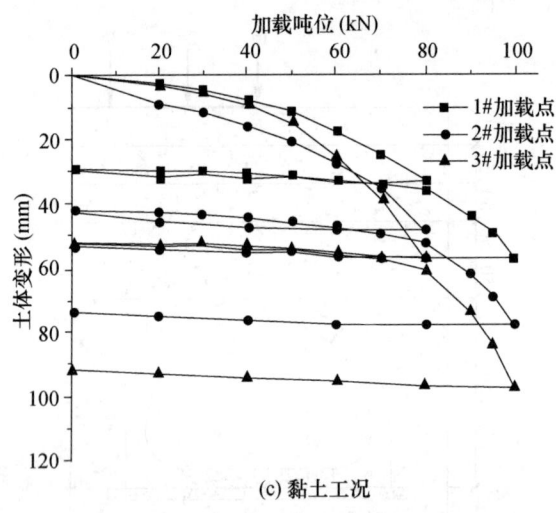

图 2.41　三种填土的荷载-位移曲线

2）车辆荷载的扩散规律

《公路桥涵设计通用规范》（JTG D60—2015）规定，计算管顶车辆荷载引起的竖向土压力时，车轮按其着地面积的边缘向下作30°分布。图2.42实测结果表明：碎石和粉土填土工况下按30°扩散分布是偏于不安全的，而黏土工况较为安全。

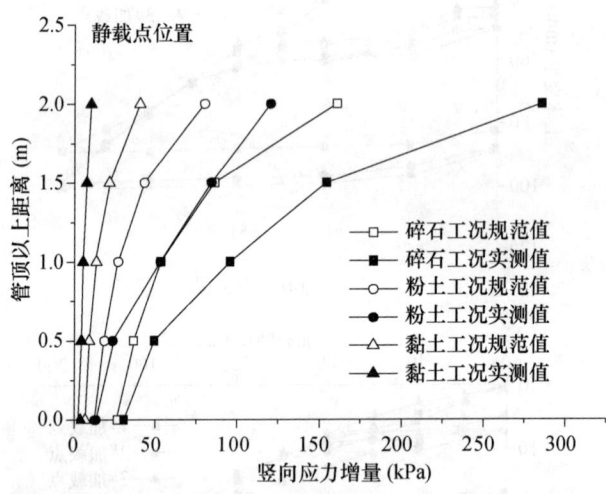

图 2.42　三种填土工况静载下竖向应力增量

针对不同填高下（0.5m、1.5m、2.5m）碎石工况车辆荷载的模拟，试验方案见2.3.4中的2）静力加载，同时采用大型通用有限元软件ANSYS建立三维模型，如图2.43所示。碎石采用理想弹塑性模型模拟，管涵采用线弹性模型模拟，碎石填土的计算参数如表2.2所示。管涵的模量取30GPa，泊松比取0.2。三维模型的边界约束条件采用侧面水平约束，竖向自由，底面水平和竖向均约束。

2 管-土相互作用物理模型试验

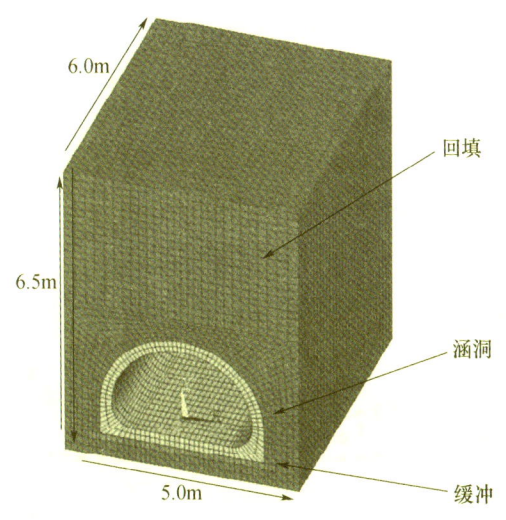

图 2.43 三维分析模型

图 2.44 所示为碎石工况车辆荷载作用下加载平面以下不同深度的竖向应力增量的有限元结果。可以看出，在加载平面以下 1m 内车辆荷载消散最快。加载平面以下 1m 深度处，车辆荷载由 373kPa 减小为 33kPa，减小 91.2%。可见，对碎石工况 1m 的覆土厚度是必要的，可以大大减小车辆荷载对管涵结构的影响。

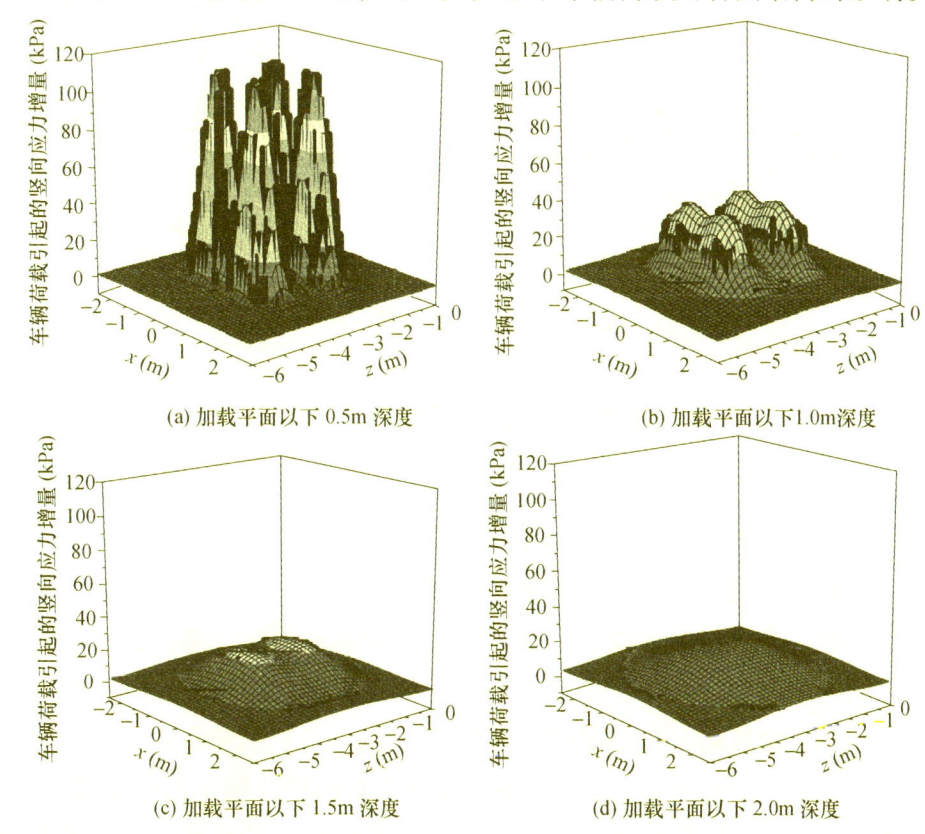

图 2.44 碎石工况车辆荷载作用下加载平面以下不同深度的竖向应力增量

图2.45所示为碎石工况填高2.5m车辆荷载（单车轮70kN）引起的竖向应力增量有限元和实测结果对比。可以看出，有限元计算结果和试验数据比较吻合。

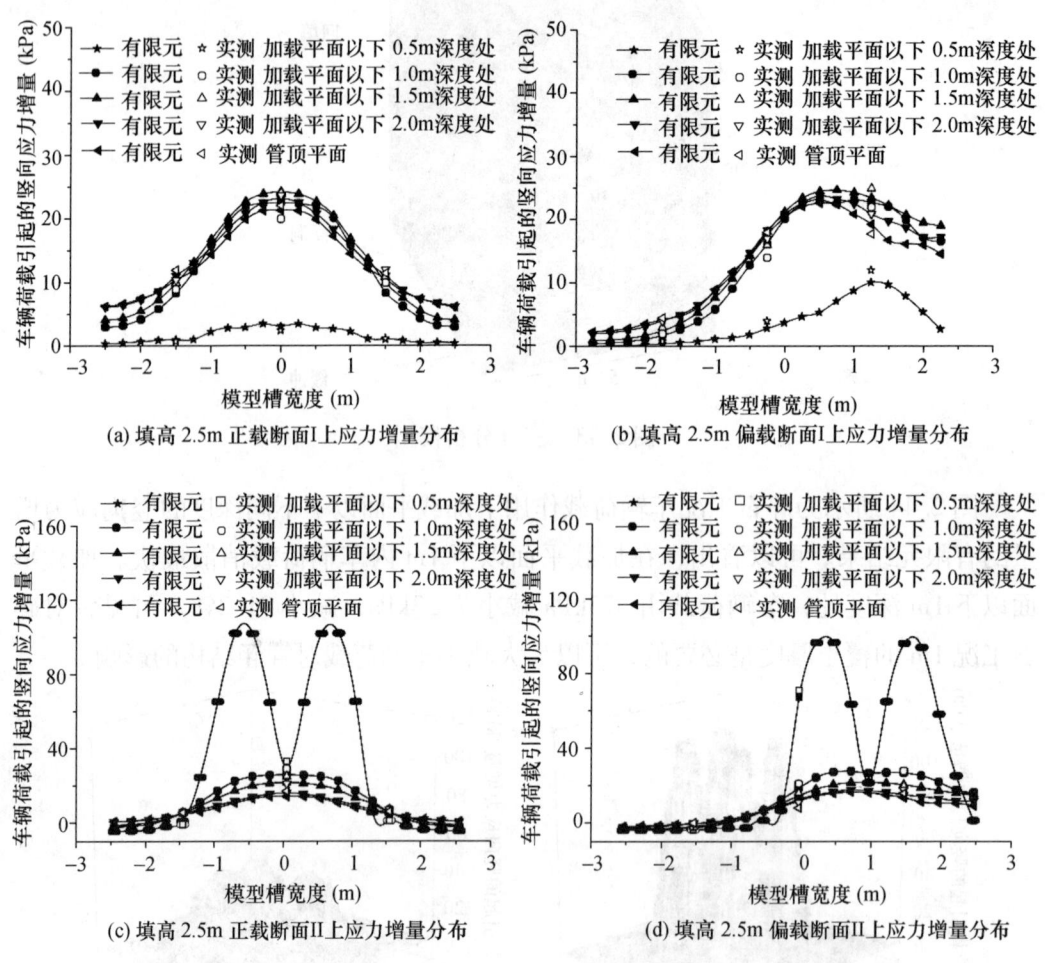

图2.45 碎石工况填高2.5m车辆荷载引起的竖向应力增量

2.4.4 动载下填土的累积变形规律

填高2.5m，三种填土工况均开展了动力加载试验，方案见2.3.4中的3）动力加载。加载点位置如图2.46所示。三种填土动载下土体累积变形和加载吨位、荷载持续时间的关系曲线如图2.47所示。可以看出，三种填土动载下土体累积变形具有相似的规律：（1）随着循环荷载的增大，竖向累积变形随之增大；相同的竖向荷载循环作用下，竖向累积变形随着振次的增加而增大，而当振次达到一定次数后，竖向累积变形趋于稳定；（2）当荷载较小时，竖向累积变形随着振次的变化不明显，竖向累积变形发展缓慢；随着循环荷载的增大，竖向累积变形的发展随振次变化趋于明显；在循环加载的初始阶段，振次对竖向累积变形的作用尤为显著,在较少的循环次数内,累积变形可发展到较高的水平,随后竖向累积变形的增长变得缓慢,并趋于稳定;荷载继续增大,竖向累积变形的发展变得更加显著,且需要较长的循环次数才能达到稳定;(3)与碎石相比,黏土的累积沉降的发展更加显著。不过,在第一级加载阶段,试验结果要明显小于计算模型的结果,可能是由于试验初始阶段的预压作用,导致实测的变形值偏小,累积变形不明显。

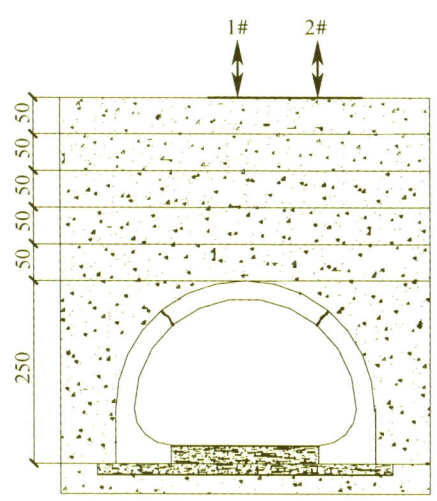

图2.46 动力加载点位置示意图

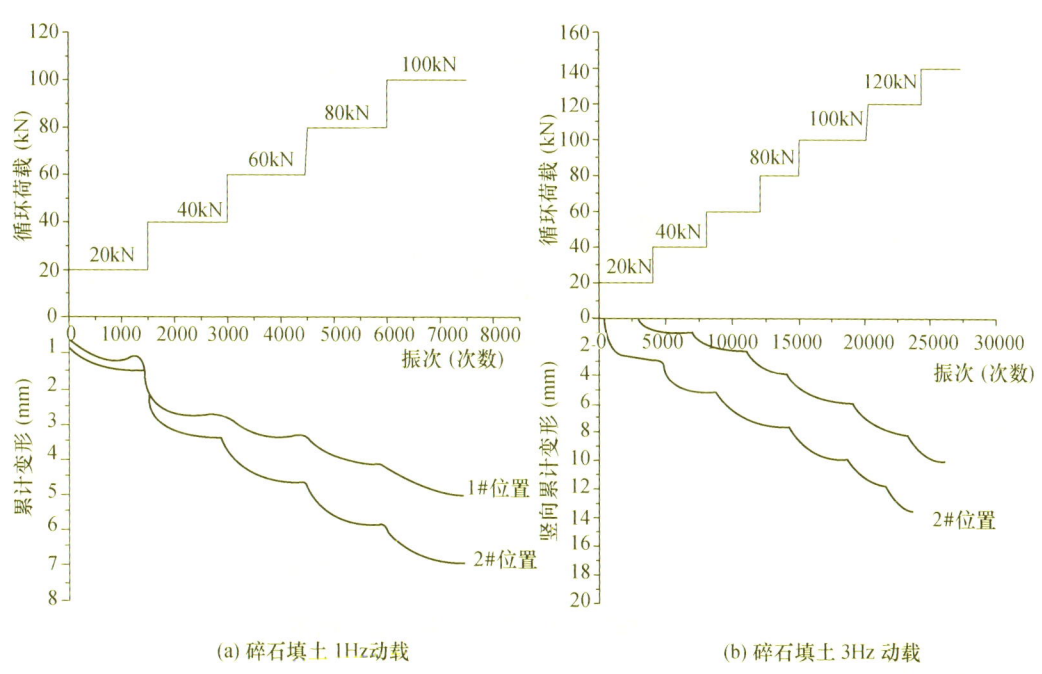

(a) 碎石填土1Hz动载　　　　　　　(b) 碎石填土3Hz动载

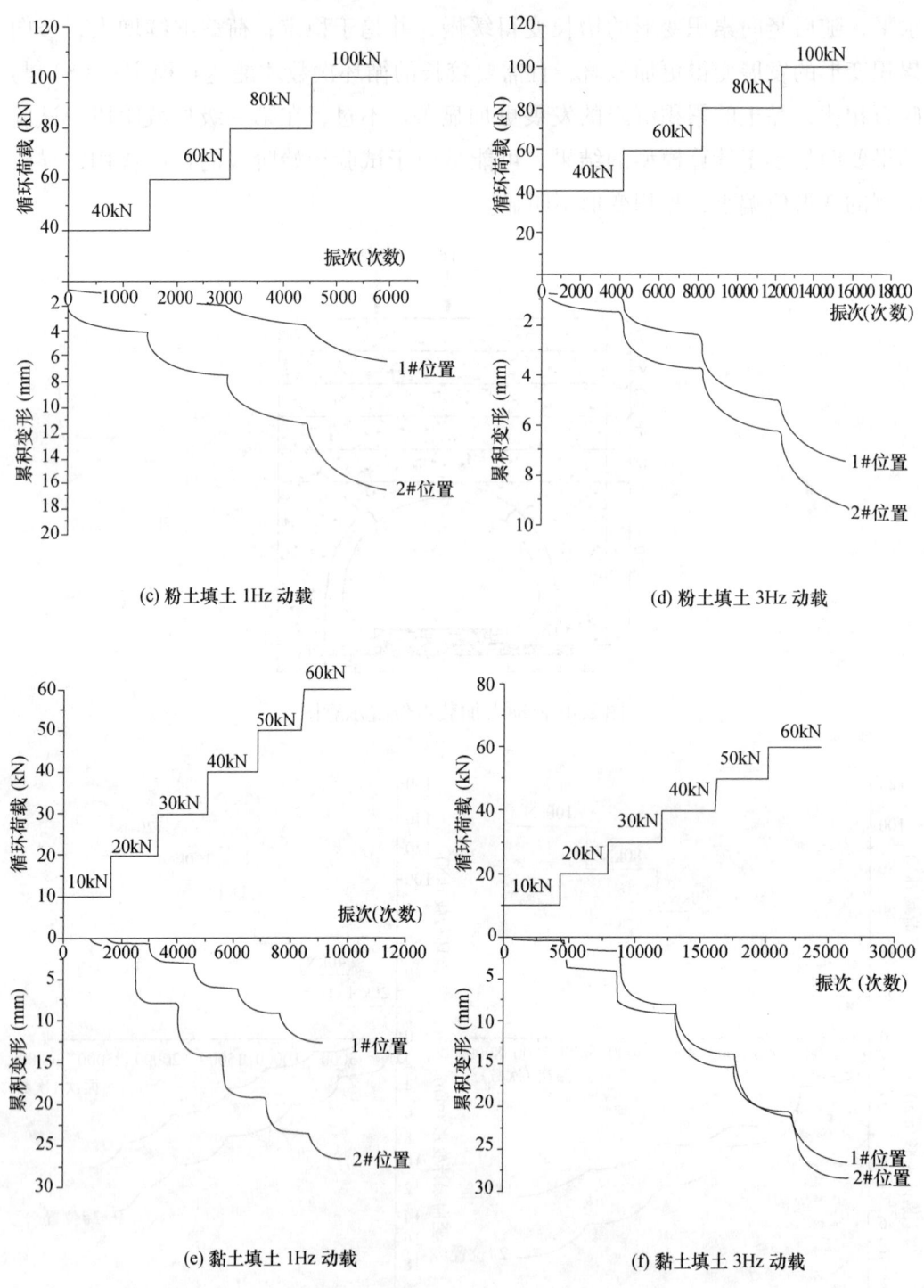

图 2.47 动载下填土的竖向累积变形规律

2.5 小结

通过开展碎石、粉土、黏土三种填土工况下的物理模型试验，对于深入认识管-土相互作用机理具有重要意义，得到的主要结论如下：

（1）从土性着手，进行了单元体试验和原位试验，获得了三种填土的基本物理力学参数，从而为进一步研究管-土相互作用提供了参数。

（2）试验中揭示了管顶土压力集中的现象。原因在于：管涵顶部中心和其两侧土层的压缩性不同，当管涵两侧土体由于压缩向下变形，即对管涵上方的土体产生向下拖曳力作用，此时管涵不仅要承担管顶以上土柱的自重，同时承担外土柱传递到内土柱上的剪切力作用，从而导致管顶中心点土压力集中。

（3）试验中得到管周土压力的分布规律。管顶土压力的分布规律：管顶覆土较薄时，管顶半圆形顶拱的拱端土柱高度大于拱冠土柱高度，使得顶拱土压力拱冠小，拱顶大。当填土厚度加大，拱冠处土体与管侧土体的相互剪切作用也随之增大，使得拱冠附近土体土压力迅速增大；拱端段坡度陡，对边侧土体的沉降阻碍作用小，土压力增长较慢，使得顶拱土压力拱冠大，拱顶小。

管侧土压力的分布规律：管涵两侧附近的铅直段的土体下沉时，受管涵顶托及槽壁的摩擦作用，使该段的垂直土压力小于土柱压力。管侧水平土压力与对应处的垂直土压力有关，垂直土压力越大，水平土压力越大。

管底土压力的分布规律：管顶土压力及结构自重由管壁传递给底板，同时两侧土体的下沉对管壁形成摩擦，使得底板土压力（地基反力）呈跨中小、板端大的曲线分布。

管-土界面法向土压力的分布规律：管-土界面法向土压力呈顶部最大，边墙与弧形段连接处最小的帽子形分布，底板呈倒马鞍形分布，随填筑高度的增大分布趋势更加明显。

（4）根据试验测试获得的结构应变数据采用薄壳理论反算结构内力，并与数值结果对比，较为吻合。管涵整体结构刚度较大，填载下管顶的收敛变位较小，两环管节之间变形也很小。

（5）在路面交通荷载作用下，偏心加载对结构受力更加不利，边板的设计主要由偏心荷载控制。路面车辆荷载作用下路基中应力扩散明显，竖向1.5m范围内应力消散约80%，仅有约6%荷载传递到管顶，从减少涵洞结构不利荷载的角度出发路基层应保持一定的覆土厚度。

（6）《公路桥涵设计通用规范》（JTG D60—2015）规定，计算管顶车辆荷载引起的竖向土压力时，车轮按其着地面积的边缘向下作30°分布。试验结果表明：碎石和粉土填土工况下按30°扩散分布是偏于不安全的，而黏土工况较为安全。

（7）随着循环荷载的增大，土体竖向累积变形随之增大；相同的竖向荷载循环作用下，土体竖向累积变形随着振次的增加而增大，而当振次达到一定次数后，竖向累积变形趋于稳定。

3 管涵土压力理论及影响因素分析

3.1 引言

马斯顿理论开创了埋地管涵土压力计算方法，至今仍作为分析管涵土压力的基础。以后的各种极限平衡方法多以马斯顿模型为基础，通过针对具体情形调整模型中的假定条件后而得出，表 3.1 给出了现有的典型计算模型。可以看出，各种模型主要围绕是否考虑等沉面、内外土柱计算面与水平面夹角、内外土柱间摩擦力计算方法三个方面做出不同的假设。然而，从本研究的一系列物理模型试验结果发现管顶平面上的土压力分布是不均匀的，而现有的计算模型中都采用了管顶土压力均匀分布的假定，没有给出合理的修正。

表 3.1 典型管涵土压力计算模型

模型名称	内外土柱计算面与水平面夹角	填土侧压力系数	摩擦系数	是否考虑凝聚力	是否考虑等沉面
Marston-Spangler	$\pi/2$	$\tan^2(45°-\phi/2)$	$\tan\phi$	否	是
Meyerhob-Adams	$\pi/2$	0.95	$\tan\phi$	是	是
Trautmann	$\pi/2$	疏松砂土 0.5 中密实砂土 0.65 高密实砂土 0.75	$\tan\phi$	否	否
Ladanyi-Hoyaux	$\pi/2$	$(\cos\phi)^2$	$\tan\phi$	否	否
Frustum	$\pi/4+\phi/2$	不考虑	不考虑	否	否
Vesic	圆弧	Kotter 方程			否
曾国熙	$\pi/2$	$\tan^2(45°-\phi/2)$	$\tan\phi$	是	是
田文铎	$\pi/2$	$\tan^2(45°-\phi/2)$	$\tan\phi$	否	否
刘全林	$\pi/4+\phi/15*(H/D)$	$\cos\phi$	$\tan\phi$	否	是
陈仁朋	$\pi/2-\phi$	$\tan^2(45°-\phi/2)$	$\tan\phi$	否	否
王秉勇	$3\pi/4-\phi/2$	$\sin(\pi/4-\phi/2)$	$\tan\phi$	否	否
刘静	$\pi/4+\phi/2$	$\tan^2(45°-\phi/2)$	$\tan\phi$	否	是
李永刚	$\pi/2$	$\mu/(1-\mu)$	$\tan\phi$	否	是

我国《公路桥涵设计通用规范》（JTG D60—2015）认为管顶土压力即为其上覆土柱体自重，而《铁路桥涵设计规范》（TB 10002—2017）认为管顶会产生土压力集中现象，管顶土压力为上覆土柱体自重与土压力系数的乘积，但是土压力系数是通过经验方法确定。这两部规范中的计算方法均未能准确反映管顶垂直土压力随填土及地基土特性的变化规律，而且没有考虑碾压荷载、管涵埋设方式以及结构物的几何尺寸对管涵结构受力的影响。若采用物理模型试验研究各因素对管涵土压力的影响，显然是不现实的，而有限元作为一种通用的研究手段，可以考虑多因素的变化，弥补物理模型试验的不足。

本章首先基于不同填土高度的全比尺物理模型试验结果提出了较为合理的上埋式刚性管涵周围土压力分析模型和计算公式，并与试验结果进行了比较，而后建立有限元模型较好地模拟了试验结果，接着针对填土特性、地基土特性、管涵几何尺寸、管涵刚度、碾压荷载、埋设地形等因素，分别采用有限元法研究各因素对管涵土压力的影响程度，最后总结出影响管涵土压力的主要因素和相关规律。

3.2　浅埋管涵土压力理论模型

由于刚性管涵和其两侧土层的压缩性不同，当管涵两侧土体受上部土体荷载压缩向下变形，即对管涵上方的土体产生向下拖曳力作用，此时管涵不仅要承担管顶以上土柱的自重，同时承担外土柱传递到内土柱上的剪切力作用，导致管顶中心点土压力集中。由于存在土压力集中等现象导致管涵周围土压力，特别是法向土压力确定困难，本节结合试验和理论模型针对该问题进行探讨。

管涵土压力分析模型如图 3.1 所示，其中管涵的宽度为 B，半径 R，分布角度 θ，由管涵顶部开始的填土高度为 H，图中同时给出了管涵上部内土柱的受力状态。内土柱土层自重 W，竖向应力 V 和 $V+dV$，其不仅受到外土柱对内土柱的侧压力 C，同时承担外土柱传递过来的剪切力 S。

3.2.1　计算假定

（1）管顶填土和两侧填土在变形过程中，两侧填土下沉的下沉量相等，并且大于管顶部分填土的下沉量。

（2）马斯顿理论假设内外土柱的分界为垂直平面，本文推导公式中，仍旧保留这一假设。那么在土体沉陷变形过程中，内外土柱通过其分界面做相对运动，并产生剪切力 S。

(3) 内外土柱间的相对运动，用极限状态表示。

(4) 根据试验结果假定内土柱的垂直土压力 σ_v 沿管涵宽度范围内水平方向为梯形分布，而不是均匀分布。这是本研究区别于马斯顿理论的地方。

3.2.2 公式推导

管顶以上的内土柱 abcd，取厚度为 dh 的土层单元（图3.1），其平衡方程可表示为

$$W + 2S = dV \tag{3.1}$$

其中，W 为土层单元的重量

$$W = \gamma B dh \tag{3.2}$$

式中，γ 为土体重度。

S 为内外土柱间滑动界面的摩擦力，据3.2.2节中的假定（3）有

$$S = \sigma_h \tan\phi dh = K\sigma_{v1} \tan\phi dh \tag{3.3}$$

式中，K 为土体侧压力系数；ϕ 为土体内摩擦角；σ_{v1} 为内外土柱分界面处竖向应力。根据3.2.1中的假定（4），土层单元竖向应力矢量的合力可以表示为：

$$\begin{aligned}
V &= 2\int_0^{B/2} \sigma_{vx} dx \\
&= 2\int_0^{B/2} \left[\sigma_{v0}\left(1 - \frac{l}{R}\right) + \sigma_{v1}\frac{l}{R}\right] dx \\
&= 2R\left[\frac{\pi}{4} + I_F\left(1 - \frac{\pi}{4}\right)\right]\sigma_{v0} \\
&= D_F \sigma_{v0}
\end{aligned} \tag{3.4}$$

式中，σ_{v0} 为内土柱中心线上竖向应力；σ_{vx} 为管顶平面竖向土压力分布函数；I_F 为土拱效应系数，定义 $I_F = \sigma_{v1}/\sigma_{v0}$；$D_F$ 为管顶竖向土压力分布系数，定义 $D_F = 2R[\pi/4 + I_F(1 - \pi/4)]$。

将式（3.2）、式（3.3）、式（3.4）代入平衡方程式（3.1），得到

$$\frac{d\sigma_{v0}}{dh} - \frac{2KI_F \tan\phi}{D_F}\sigma_{v0} - \frac{\gamma B}{D_F} = 0 \tag{3.5}$$

利用边界条件：

$$h = 0 \quad \sigma_{v0} = 0 \tag{3.6}$$

对微分方程（3.5）积分得

$$\sigma_{v0} = \frac{\gamma B}{2KI_F \tan\phi}\left[\exp\left(\frac{2KI_F \tan\phi}{D_F}h\right) - 1\right] \tag{3.7}$$

当 $h = H$ 时，式（3.7）即为管顶土压力计算式

$$\sigma_{vH} = \frac{\gamma B}{2KI_F \tan\phi} \left[\exp\left(\frac{2KI_F \tan\phi}{D_F}H\right) - 1 \right] \quad (3.8)$$

经推导，得到下列公式：

$$\sigma_{vx} = \sigma_{v0}\left[I_F + (1-I_F)\sin\theta\right] \quad (3.9)$$

$$p = (\sigma_{vx} + \gamma l)[\sin\theta + k\cos\theta] \quad (3.10)$$

$$q = (\sigma_{vx} + \gamma l)[\cos\theta + k\sin\theta] \quad (3.11)$$

式中，k 为管高范围内土柱间摩擦系数，取主动土压力系数；p 为管-土界面法向土压力；q 为管-土界面切向土压力。上述式（3.7）～式（3.11）为无黏性填土下管涵土压力计算公式。若考虑内外土柱间黏聚力的影响，则有：

$$S = \left[(\gamma h K - 2c\sqrt{K})\tan\phi + c\right]dh \quad (3.12)$$

与上述相同的推导思路，可得到

$$\sigma_{v0} = \frac{\gamma B}{D_F}h + \frac{\gamma K\tan\phi}{D_F}h^2 + \frac{2c(1-2\sqrt{K}\tan\phi)}{D_F}h \quad (3.13)$$

上述式（3.9）～式（3.11）、式（3.13）即为考虑土体黏聚力后的填土下管涵土压力计算公式。

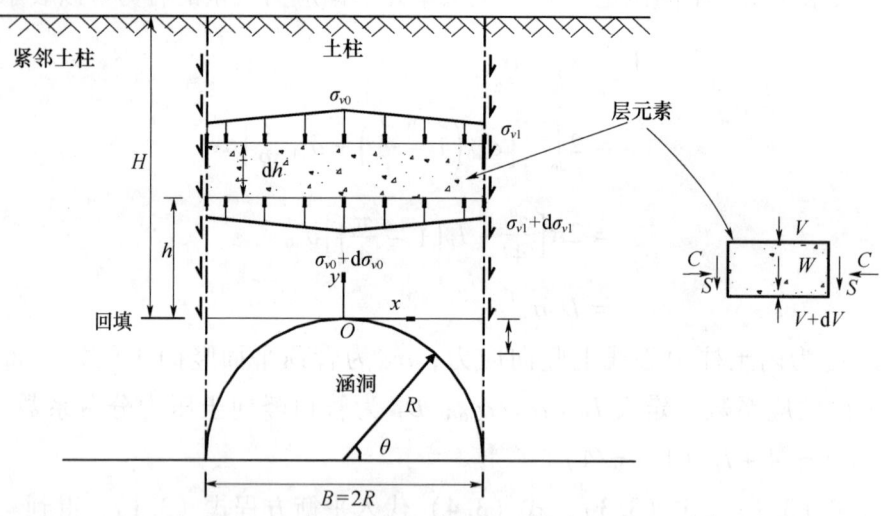

图 3.1 浅埋管涵土压力分析模型

3.2.3 理论和试验对比

管涵土压力计算公式涉及关键参数 K、I_F 的取值。针对试验数据进行线性拟合从而确定土拱效应系数 I_F 计算式，如图 3.2 所示。K 通常取主动土压力系数。

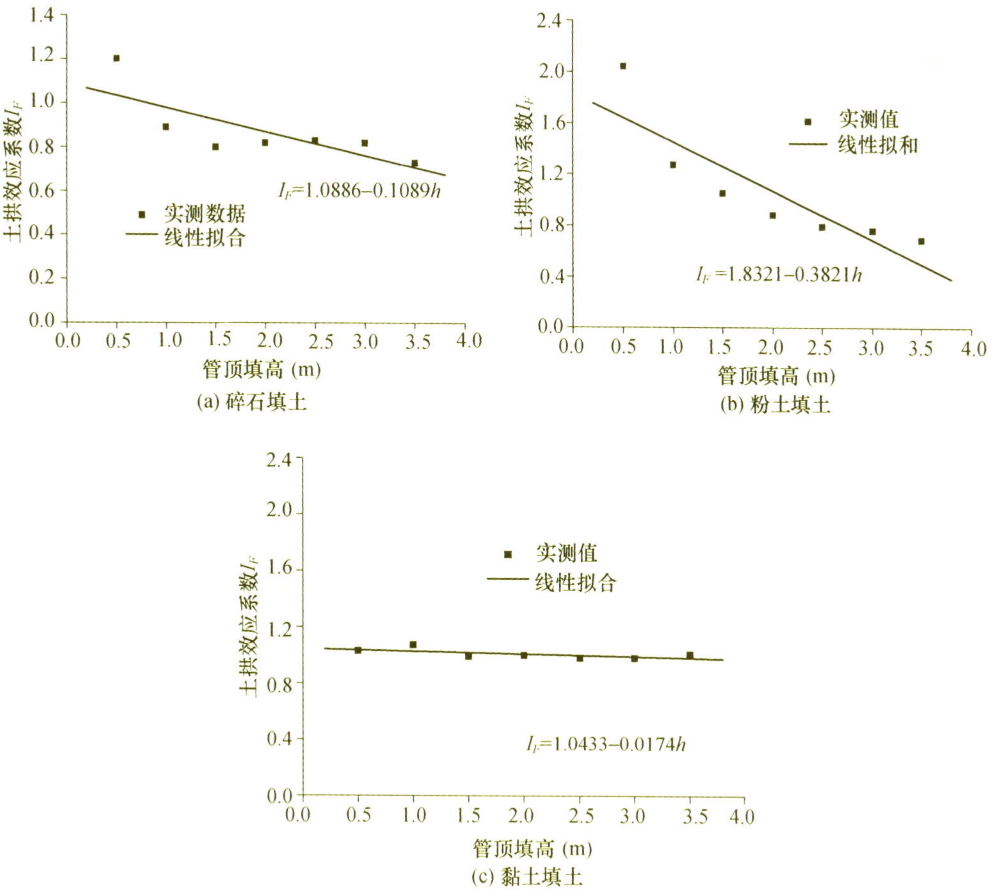

土拱效应系数I_F
管顶填高 (m)
实测数据
线性拟合
I_F=1.0886–0.1089h
(a) 碎石填土
实测值
线性拟和
I_F =1.8321–0.3821h
(b) 粉土填土
实测值
线性拟合
I_F=1.0433–0.0174h
(c) 黏土填土

图 3.2 各填土工况土拱效应系数 I_F 与填高的关系

根据管涵土压力计算公式计算不同填高下三种填土的管-土界面法向土压力，并与试验实测数据对比如图 3.3 ~ 图 3.5 所示。填土的计算参数如表 2.2 所示。可以看出，试验值和计算值较为吻合，本书的计算模型和计算结果较好地反映了实测结果的规律。

管土界面法向土压力p (kPa)
分布角度θ(°)
试验值
本书计算值
马斯顿理论值
(a) 填高 0.5m
(b) 填高 1.5m

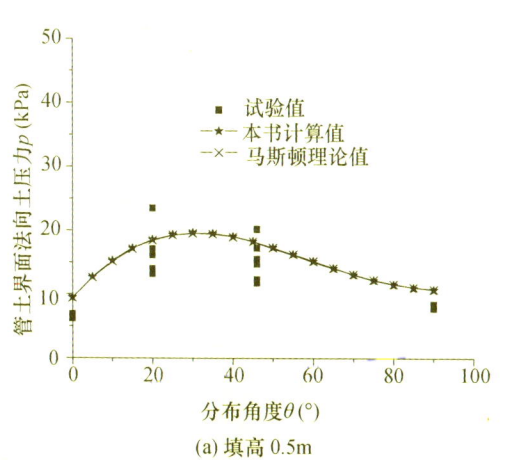

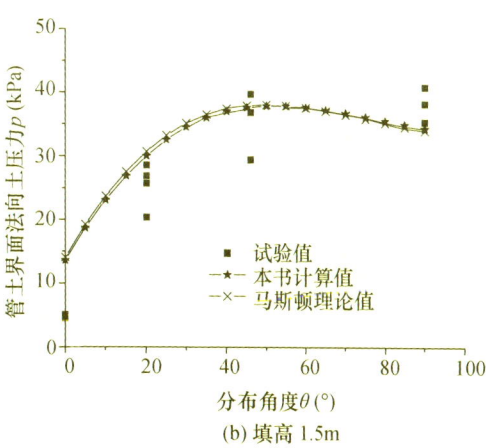

(c) 填高2.5m　　(d) 填高3.5m

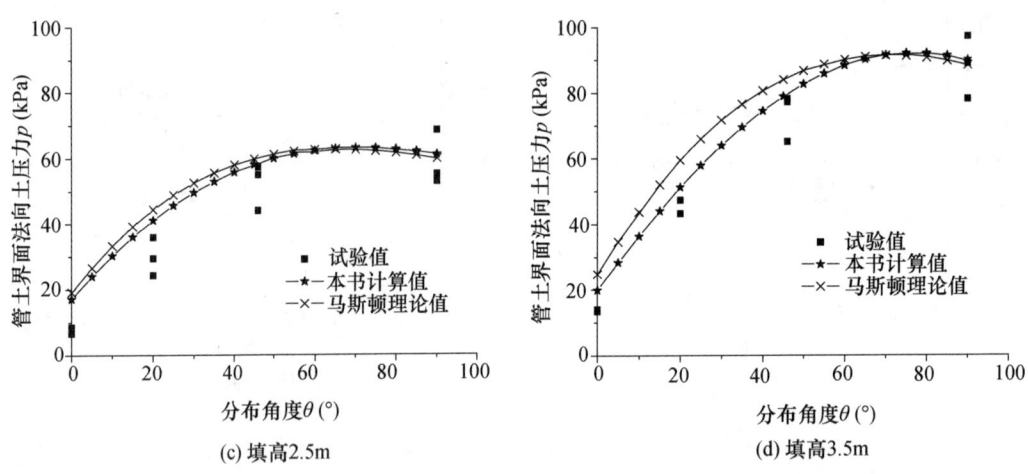

图 3.3　碎石填土不同填高管涵土压力理论和试验对比

(a) 填高0.5m　　(b) 填高1.5m

(c) 填高2.5m　　(d) 填高3.5m

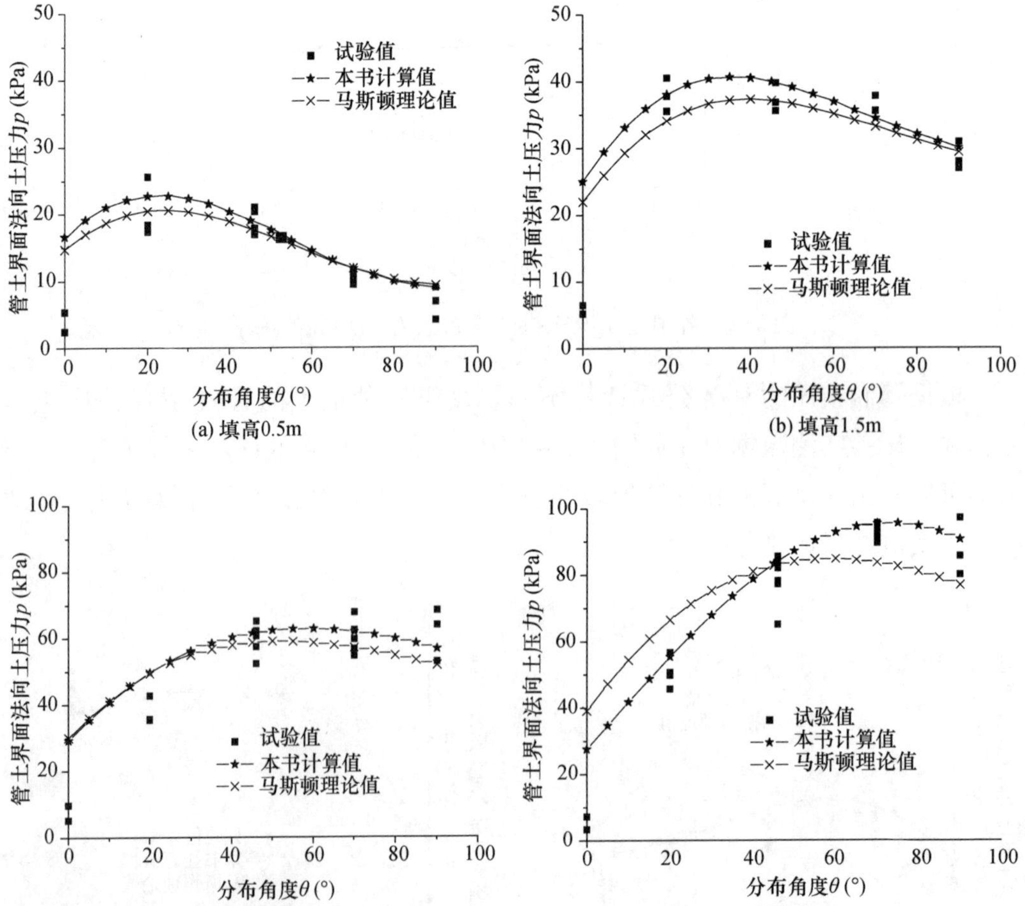

图 3.4　粉土填土不同填高管涵土压力理论和试验对比

3 管涵土压力理论及影响因素分析

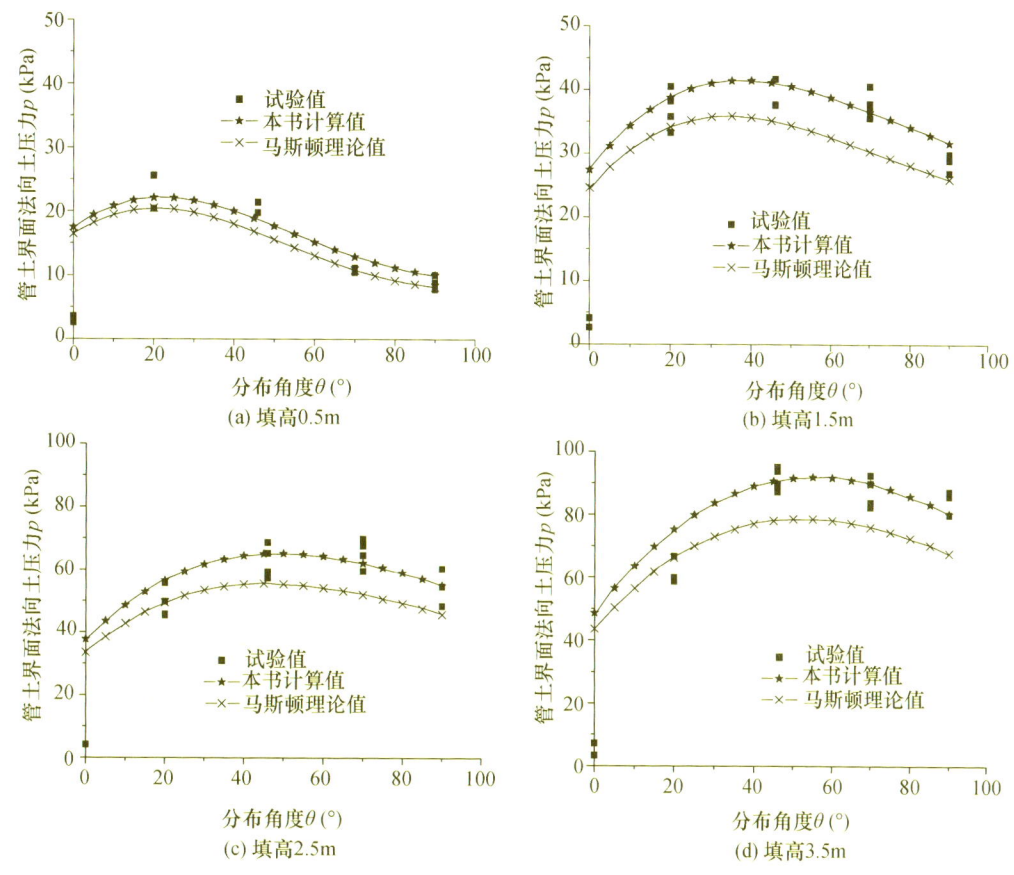

图 3.5 黏土填土不同填高管涵土压力理论和试验对比

填高较小时，管-土界面法向土压力随分布角度 θ 增大先增后减；填高较大时，管-土界面法向土压力随分布角度 θ 增大而增大，即从管顶中心向两侧减小。同时可以看出，管-土界面法向土压力实测值在个别测点上存在离散性，但并不影响管涵土压力分布规律的研究。

同一填土类型下，填高较低时，管顶土压力小于管肩土压力，随填高增加，管顶土压力大于管肩土压力。这是由于填高较低，管肩土柱高度大于管顶的土柱高度，引起管肩土压大于管顶土压，填高较高时，土柱压力不占主导，土压集中效应占主要作用，导致管顶土压大于管肩土压。

同时看出，三种填土类型下分布角度 90°处管顶土压力实测和计算较为一致，分布角度 0°处实测水平土压力值均较计算值小。管涵两侧填筑土体的均匀性不一致，土压力盒产生的"拱效应"等因素导致导致管土界面法向土压力个别测点上存在离散性，但总体上实测土压力值反映了其分布规律。

在分布角度 0°处，填土高度 3.5m 时，碎石工况的管顶土压力 87.6kPa，水平土压力仅 15.5kPa，接近主动土压力值 21.8kPa。在分布角度为 90°处，管顶填高为 3.5m 时，碎石、粉土、黏土的管顶中心土压力分别为 87.6kPa、80.7kPa、63.9kPa，是各自土柱压力的 1.19、1.28、1.14 倍。

管顶中心土压力是管涵结构设计的主要决定恒载，模型试验反映了管顶土压力集中的现象，集中效应随填高增大而渐趋明显，理论模型中通过引入土拱效应系数 I_F 来体现此现象的影响。现行的公路规范和铁路规范对填土竖向荷载的确定存在较大差异，前者采用土柱法计算管顶荷载，后者采用一个综合系数 k 反映新填土在固结沉降过程中对管涵的复杂作用。针对碎石填土工况，将按两规范计算的管顶土压力和管顶土压力集中系数与试验结果、理论计算结果对比分析，分别如图 3.6 和图 3.7 所示。可以看出，基于试验结果提出的管涵土压力分析模型较好反映了实际的受力状态，填高较低时两规范和理论结果基本一致，填高较高时两规范计算值逐渐偏离试验数据，可推知填高较高时按铁路规范设计有所保守，按公路规范得到的计算结果略偏小。

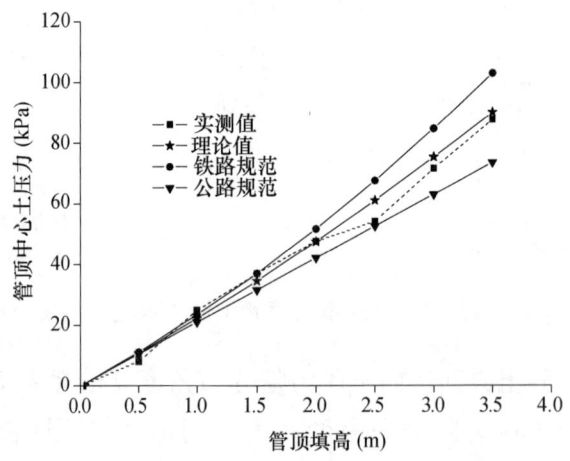

图 3.6 管顶土压力与填高的关系

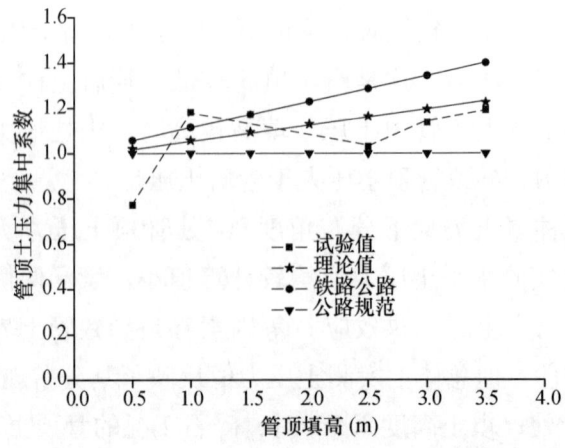

图 3.7 管顶土压力集中系数与填高的关系

针对颜丹青的管涵土压力现场实测数据，采用本书提出的浅埋管涵土压力计算公式进行计算对比分析，如图3.8所示，可以看出，按照本书提出的管涵土压力计算公式计算的土压力与现场实测数据一致，进一步说明了本书建议的管涵土压力计算理论的准确性。

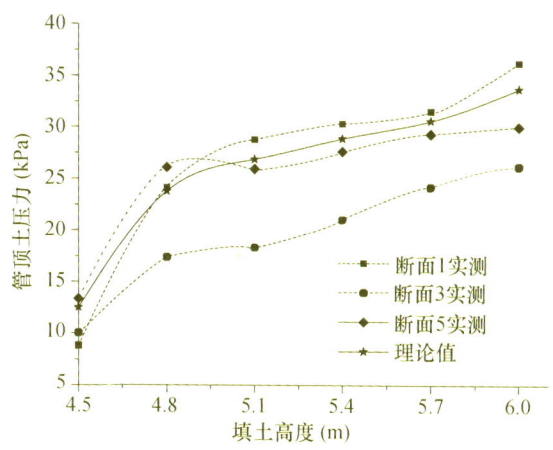

图3.8 管顶土压力实测和理论对比

3.3 管涵土压力影响因素分析

3.3.1 有限元模型

管涵土压力受到多因素影响，若采用模型试验研究各因素对管涵土压力的影响，显然是不可行的，理论解析研究手段又受限于多种假定，而有限元作为一种通用的研究手段，可以考虑多因素的变化，弥补物理模型试验和理论解析研究手段的不足。采用岩土专业有限元软件PLAXIS分析管涵土压力各因素的影响规律。

PLAXIS程序是荷兰开发的岩土工程有限元软件，是一个专门用于各种岩土工程问题中变形和稳定性分析的二维有限元计算程序。程序使用简捷的图形界面，方便用户根据代表性断面，快速生成几何模型和有限元网格。PLAXIS程序应用性非常强，能够模拟复杂的工程地质条件，尤其适合变形和稳定分析。该软件能够模拟的元素包括：（1）土体；（2）墙、板、梁结构；（3）锚杆；（4）土工织物；（5）结构和土体的接触面。能够分析的计算类型有（1）变形；（2）固结；（3）稳定分析；（4）渗流计算。目前，该软件广泛应用于道路、基坑工程、堤坝工程、地铁工程等方面的计算。

由于管涵与填土的刚度差异很大，在分析管-土相互作用时，在结构物与填土界面设置接触单元来模拟两者之间的相对滑移。图 3.9 表示界面单元与土单元的连接情况。当使用 6 节点土单元的界面单元时，相应的界面单元用 3 组节点定义，使用 15 节点土单元时，相应的界面单元则用 5 组节点定义。图 3.9 所示的界面单元有一个有限的虚拟厚度，该虚拟厚度由虚拟厚度因子和平均单元尺寸控制，而在有限元计算公式里面每组节点的坐标是相等的。文中采用 15 节点三角形高精度单元，界面 5 对节点坐标两两相同。界面单元的刚度矩阵由 Newton-Cotes 积分得到。

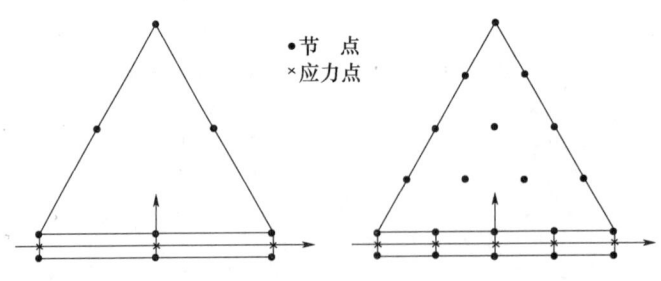

图 3.9　界面单元节点和应力点示意图

填土及地基土采用 M-C 弹塑性模型，管涵结构物采用线弹性模型。对于管涵结构物和土体界面的模拟仍然采用弹塑性模型。当管-土之间的相对位移甚小，界面处于弹性状态；当管-土相对位移较大时，界面则处于塑性状态，弹性状态与塑性状态的转化由库仑准则确定。

当界面处于弹性状态时，界面剪应力为

$$|\tau| < \sigma_n \tan\phi_i + c_i \tag{3.14}$$

当界面处于塑性状态时，界面剪应力为

$$|\tau| = \sigma_n \tan\phi_i + c_i \tag{3.15}$$

式中，σ_n 和 τ 分别为作用于管-土界面上的正应力和剪应力；ϕ_i 和 c_i 分别为界面的内摩擦角和黏聚力，它们由相应的土体的强度参数折减得到：

$$c_i = R_{\text{inter}} c_{\text{soil}} \tag{3.16}$$

$$\tan\phi_i = R_{\text{inter}} \tan\phi_{\text{soil}} \leq \tan\phi_{\text{soil}} \tag{3.17}$$

式中，R_{inter} 为界面强度折减系数。当管-土完全黏结时，R_{inter} 取 1.0；当管-土界面完全光滑时，R_{inter} 取 0.0。本文计算不同填土工况 R_{inter} 取值不同，如表 3.2 所示，取每种填土摩擦角的正切值。填土的参数由第 2 章模型试验中获得。

按照第 2 章所述碎石填土下的管-土作用模型试验，采用 PLAXIS 建立对应的计算模型，如图 3.10 所示。根据管涵分层填筑土体，采用逐级增加计算域内单元数量的有限元方法来模拟填土施工过程。假定填筑土体的变形在填筑过程瞬时完成，不考虑填土固结等时间因素的影响，即每一填筑层的自重给予前期已填筑各层一个荷载增量，并引起相应的位移增量，不影响后续填筑层的位移变化。填筑至一定高度时，对应该高度以下的土体应力场和位移场就是该填筑高度的应力场和位移场。

表 3.2 数值模拟计算参数

介质	弹性模量 E (MPa)	泊松比 ν	重度 γ (kN·m^{-3})	内聚力 c (kPa)	内摩擦角 ϕ (°)	界面强度折减系数 R_{inter}
碎石填土	30	0.25	21.0	0	42	0.90
粉土填土	15	0.35	18.0	8	28	0.53
黏土填土	10	0.42	16.0	15	22	0.40
管涵结构	28	0.20	24.0	—	—	—
管涵地基	30	0.20	25.0	—	—	—

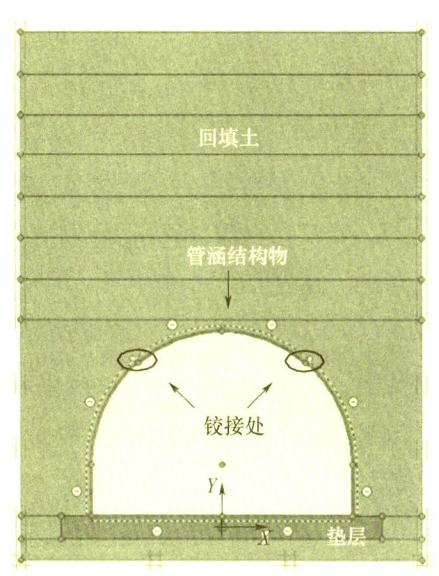

图 3.10 平面应变计算模型

管-土界面法向土压力有限元结果、理论结果和实测结果三者对比如图 3.11 所示。不同填土工况下管顶平面竖向土压力的计算结果和实测结果对比如图 3.12 所示。由此可见，数值分析结果与理论和实测数据较为一致，说明采用有限元法分析管涵土压力是可行的。

(a) 填高0.5m　(b) 填高1.5m

(c) 填高 2.5m　(d) 填高 3.5m

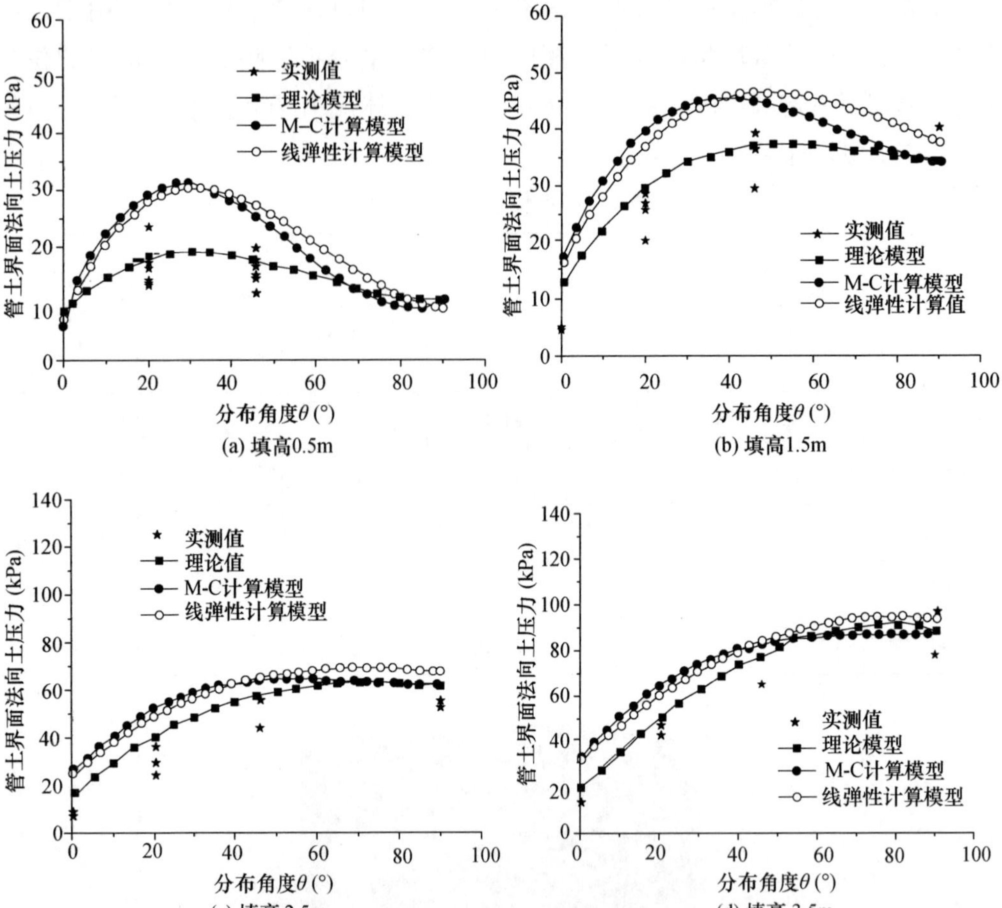

图 3. 11　碎石工况下管-土界面法向土压力对比

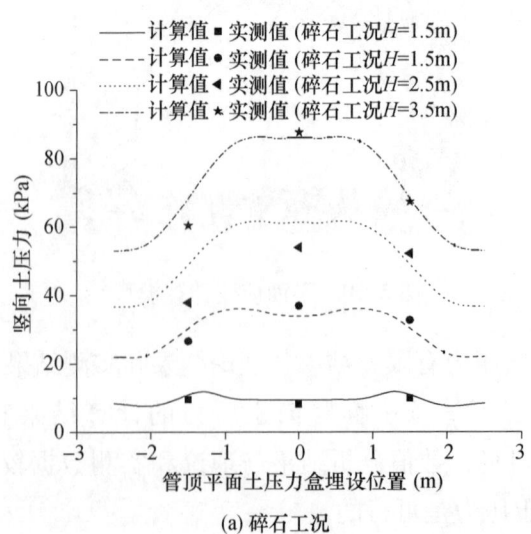

(a) 碎石工况

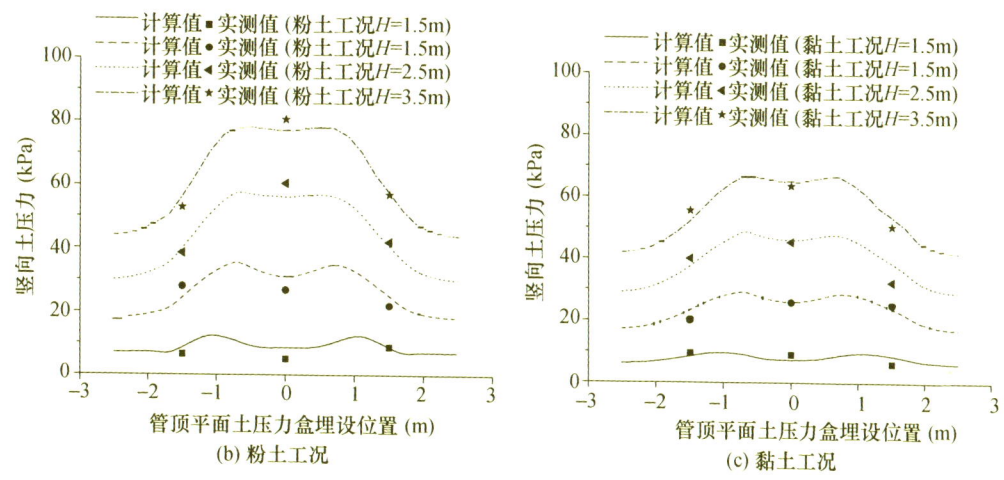

(b) 粉土工况　　　　　　　　　　(c) 黏土工况

图 3.12　不同填土工况下管顶平面竖向土压力对比

3.3.2 填土特性

1）填土高度

通过数值分析上埋式管涵填土高度对管涵受力特性的影响。在有限元分析中，管涵尺寸如同模型试验拼装的管涵尺寸，碎石填土，管涵高宽比（填高与涵宽比值）由 0 变化到 15，土体采用 Mohr-Coulomb 屈服准则，实体单元模拟，管涵采用线弹性模型，板单元模拟，回填土和管涵的计算参数如表 3.2 所示。

不同填埋方式下，填筑高度的影响程度不一样。针对上埋式管涵，管顶土压力与高宽比基本呈线性关系，且与土柱压力的差距越来越大，如图 3.13 所示。管顶土压力集中系数与填高的关系曲线如图 3.14 所示，可以看出，管顶土压力集中系数均大于 1，且土压力集中效应在高宽比小于 4 时增长速率较大，而后随着填高增加，集中效应增长速率趋于平缓。

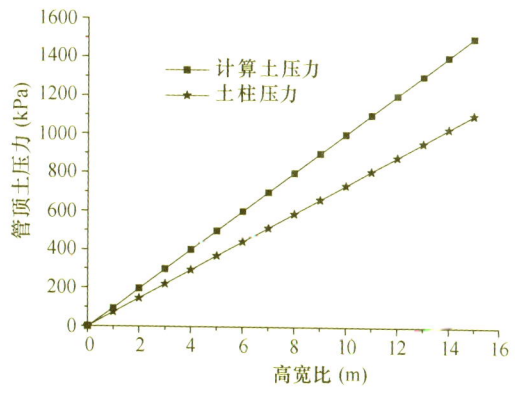

图 3.13　管顶土压力与高宽比的关系

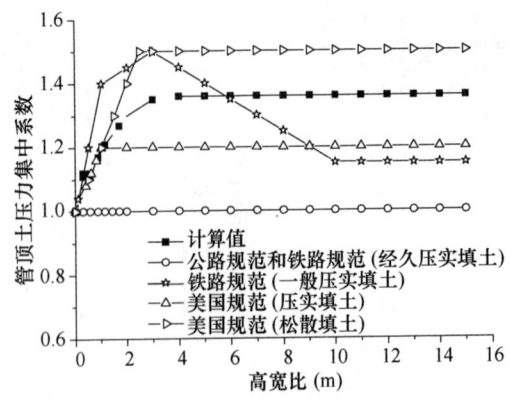

图 3.14 管顶土压力集中系数与高宽比的关系

填土压实效果的好坏影响土压力集中系数的大小，铁路规范和美国规范分别对压实和不压实填土的土压力集中系数定义不同的值，可见土压力集中系数还需对现场填土压实效果的检验综合而定。

2）填土重度

通过数值分析上埋式管涵填土重度对管涵受力特性的影响。在有限元分析中，管涵尺寸如同模型试验拼装的管涵尺寸，碎石填土，最大填高 3.5m，填土重度由 $10kN/m^3$ 变化到 $22kN/m^3$，土体采用 Mohr-Coulomb 屈服准则，实体单元模拟，管涵采用线弹性模型，板单元模拟，回填土和管涵的计算参数如表 3.2 所示。

土体重度是土体性质中影响管顶土压力最为直接的因素。土体重度对管顶土压力的影响规律如图 3.15 所示，管顶土压力随着土体重度的增大而增大，管顶土压力与土体重度呈线性关系。图 3.16 表明，管顶土压力集中系数不受土体重度的影响，保持一定值。

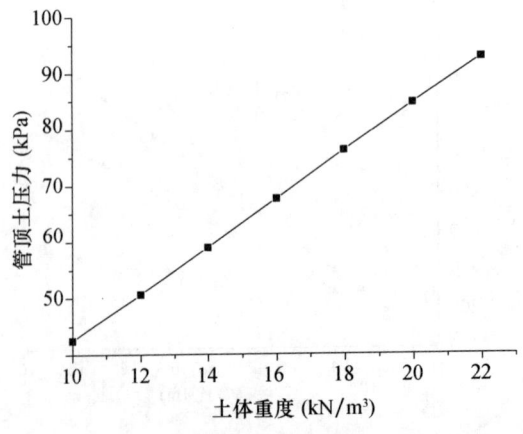

图 3.15 填土重度对管顶土压力的影响

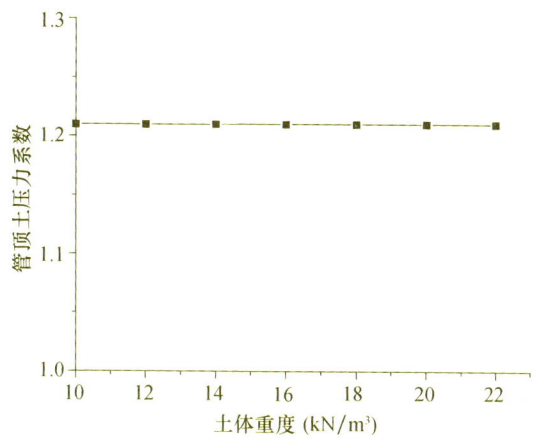

图 3.16 填土重度对管顶土压力集中系数的影响

3）填土模量

通过数值分析上埋式管涵填土变形模量对管涵受力特性的影响。有限元分析中，管涵尺寸如同模型试验拼装的管涵尺寸，碎石填土，最大填高 3.5m，填土模量由 5MPa 变化到 500MPa，土体采用 Mohr-Coulomb 屈服准则，实体单元模拟，管涵采用线弹性模型，板单元模拟，回填土和管涵的计算参数如表 3.2 所示。

填土变形模量对管周土压力的影响规律如图 3.17 所示。可以看出，分布角度在 0°~35°区间，管周土压力随着变形模量的增加而增加，分布角度在 35°~90°区间，管周土压力随着模量的增加而减小。管-土刚度差异越大，管顶土压力越大。图 3.18 和图 3.19 表明，管顶土压力和土压力集中系数均随着土体模量的增大逐渐减小，土体模量由 5MPa 增大到 500MPa，管顶土压力由 90.7kPa 减小到 68.2kPa，管顶土压力集中系数由 1.23 减小到 0.93。当回填土模量大于 300MPa 时，土压力减幅减小。由此说明，在土体填筑过程中，应使回填土尽可能密实。

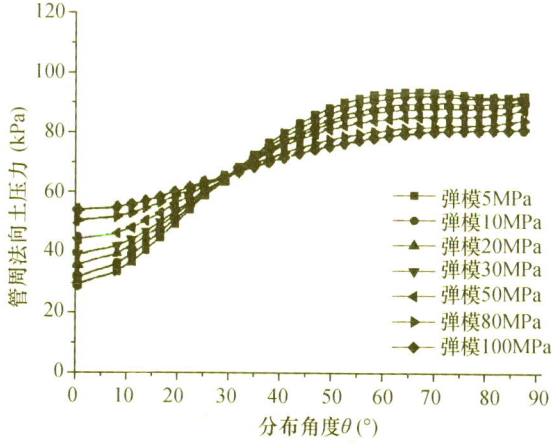

图 3.17 管周土压力与填土模量的关系曲线

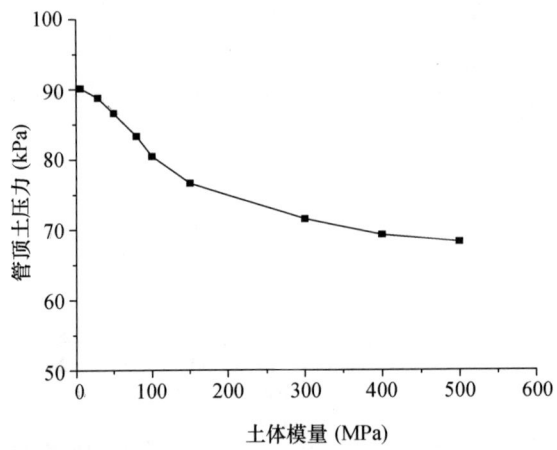

图 3.18　管顶土压力与填土模量的关系

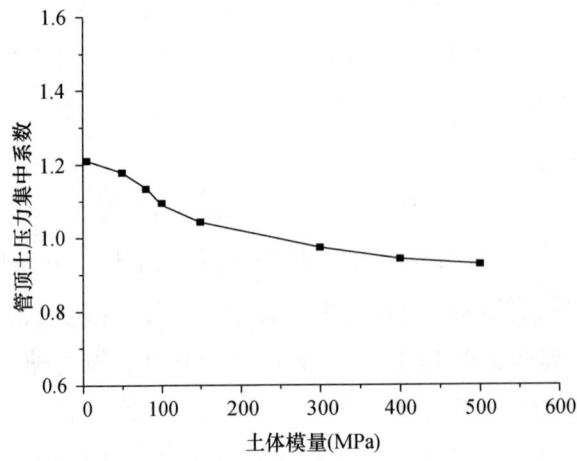

图 3.19　管顶土压力集中系数与填土模量的关系

4）填土泊松比

通过数值分析上埋式管涵填土泊松比对管涵受力特性的影响。在有限元分析中，管涵尺寸如同模型试验拼装的管涵尺寸，碎石填土，最大填高 3.5m，填土泊松比由 0 变化到 0.5，土体采用 Mohr-Coulomb 屈服准则，实体单元模拟，管涵采用线弹性模型，板单元模拟，回填土和管涵的计算参数如表 3.2 所示。

图 3.20 和图 3.21 分别表示填土泊松比对管顶土压力和管顶土压力集中系数的影响规律。可以看出，填土泊松比为 0～0.4 时，管顶土压力随泊松比的增加而减小，减小的幅度较小。管顶土压力从 94.5kPa 减小到 90.5kPa，管顶土压力系数从 1.29 减小到 1.23，减小了 5%。

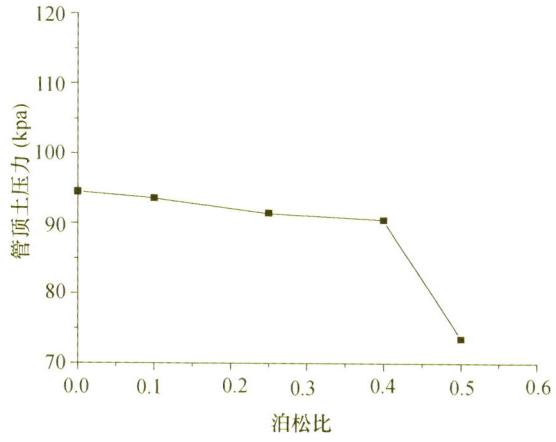

图 3.20 填土泊松比对管顶土压力的影响

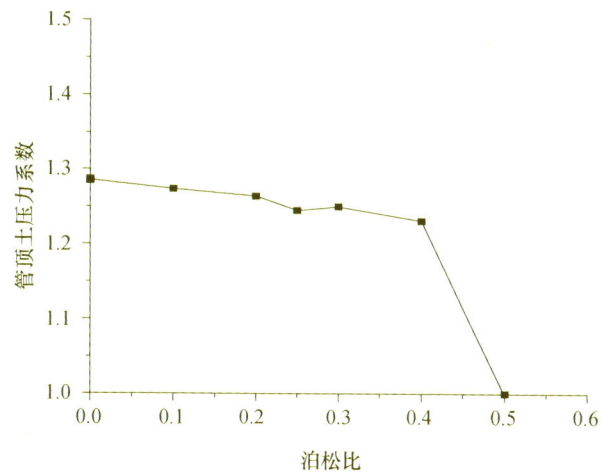

图 3.21 填土泊松比对管顶土压力集中系数的影响

5) 填土黏聚力

通过数值分析上埋式管涵填土黏聚力对管涵受力特性的影响。在有限元分析中,管涵尺寸如同模型试验拼装的管涵尺寸,碎石填土,最大填高 3.5m,填土黏聚力由 0kPa 变化到 50kPa,土体采用 Mohr-Coulomb 屈服准则,实体单元模拟,管涵采用线弹性模型,板单元模拟,回填土和管涵的计算参数如表 3.2 所示。

管顶土压力和土压力集中系数随填土黏聚力变化规律分别如图 3.22 和图 3.23 所示。管顶土压力随填土黏聚力的增大而增大,但其增幅逐渐减小。当填土黏聚力增大到 20kPa 后,管顶土压力变化缓慢,趋于稳定。管顶土压力集中系数随填土黏聚力的变化规律也是类似。

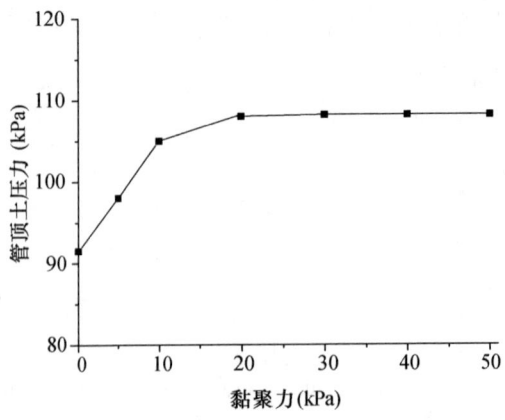

图 3.22 填土黏聚力对管顶土压力的影响

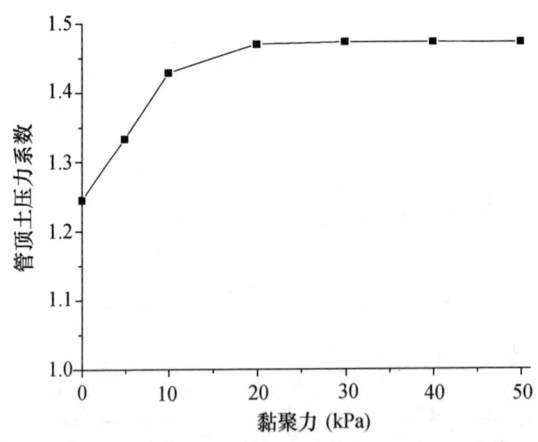

图 3.23 填土黏聚力对管顶土压力集中系数的影响

6) 填土内摩擦角

通过数值分析上埋式管涵填土内摩擦角对管涵受力特性的影响。在有限元分析中,管涵尺寸如同模型试验拼装的管涵尺寸,碎石填土,最大填高 3.5m,填土内摩擦角由 0°变化到 50°,土体采用 Mohr-Coulomb 屈服准则,实体单元模拟,管涵采用线弹性模型,板单元模拟,回填土和管涵的计算参数如表 3.2 所示。

管顶土压力和土压力集中系数随填土内摩擦角的变化规律分别如图 3.24 和图 3.25 所示。管顶土压力随填土内摩擦角的增大而增大,但其增幅逐渐减小。当填土内摩擦角增大到 30°后,管顶土压力变化缓慢,趋于稳定。管顶土压力集中系数随填土内摩擦角的变化规律也是类似。图 3.22 和图 3.24 对比表明,填土内摩擦角对涵顶土压力的影响比黏聚力的影响更为明显。

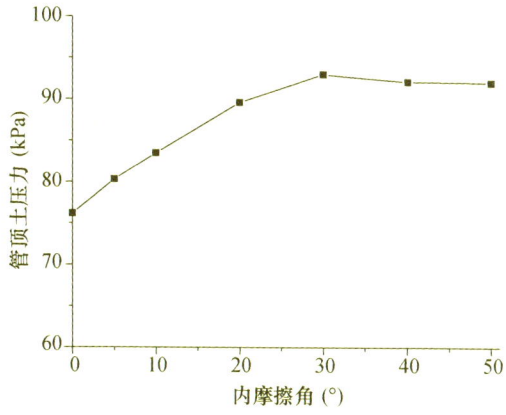

图 3.24 内摩擦角对管顶土压力的影响

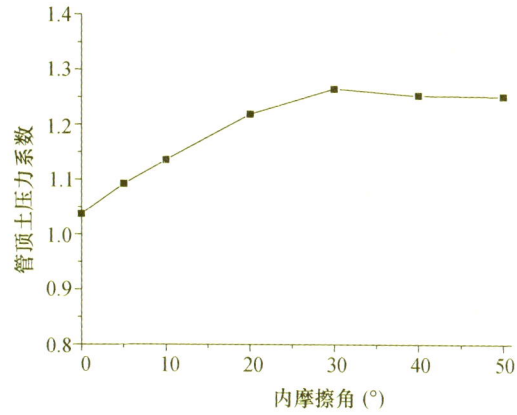

图 3.25 内摩擦角对管顶土压力集中系数的影响

3.3.3 地基土特性

通过数值分析上埋式管涵地基土特性对管涵土压力的影响。在有限元分析中，管涵尺寸如同模型试验拼装的管涵尺寸，碎石填土，最大填高 3.5m，改变地基土的某一参数固定其他参数分析研究改参数变化对管涵土压力的影响规律，土体采用 Mohr-Coulomb 屈服准则，实体单元模拟，管涵采用线弹性模型，板单元模拟，回填土和管涵的计算参数如表 3.2 所示。

地基土模量对管顶土压力和管顶土压力集中系数的影响分别如图 3.26 和图 3.27 所示。地基土模量越大，地基刚度越大，管顶土压力集中效应越明显。地基土模量从 5MPa 增加到 40MPa，管顶土压力从 83.4kPa 增加到 92.1kPa，增大了 10.4%，当地基土模量继续增大，管顶土压力变化不明显。管顶土压力集中系数随着地基土模量增加先急剧增大，而后趋于稳定。可见，在管涵地基设计中，并不是通常认为的地基和基础刚度越大，工程越安全，而应综合考虑地基刚度和管涵的受力状态，尽可能做到结构安全、经济合理。

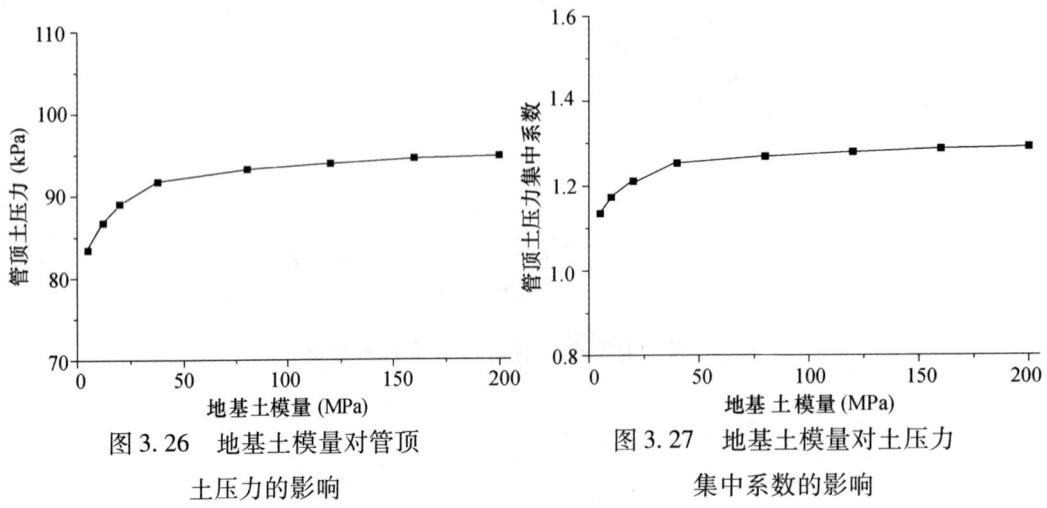

图 3.26　地基土模量对管顶土压力的影响　　　图 3.27　地基土模量对土压力集中系数的影响

地基土泊松比对管顶土压力和管顶土压力集中系数的影响规律分别如图 3.28 和图 3.29 所示。可以看出，地基土泊松比对土压力和土压力集中效应基本没有影响。

地基土黏聚力对管顶土压力和管顶土压力集中系数的影响规律分别如图 3.30 和图 3.31 所示。可以看出，地基土黏聚力对土压力和土压力集中效应基本没有影响。

地基土内摩擦角对管顶土压力和管顶土压力集中系数的影响规律分别如图 3.32 和图 3.33 所示。可以看出，当摩擦角在 10°~20°之间时，管顶土压力和土压力集中系数稍有变化，当摩擦角大于 20°之后，管顶土压力和土压力集中系数基本保持不变。

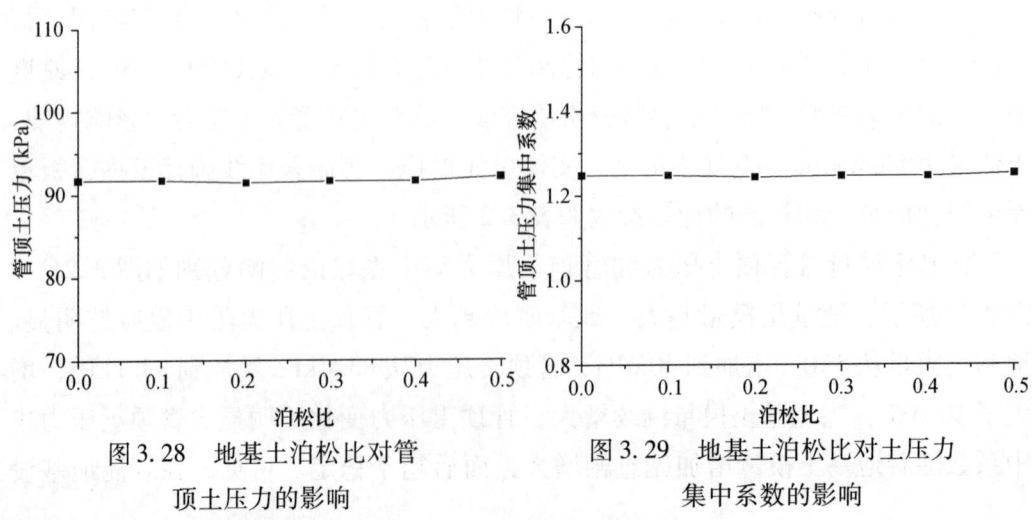

图 3.28　地基土泊松比对管顶土压力的影响　　　图 3.29　地基土泊松比对土压力集中系数的影响

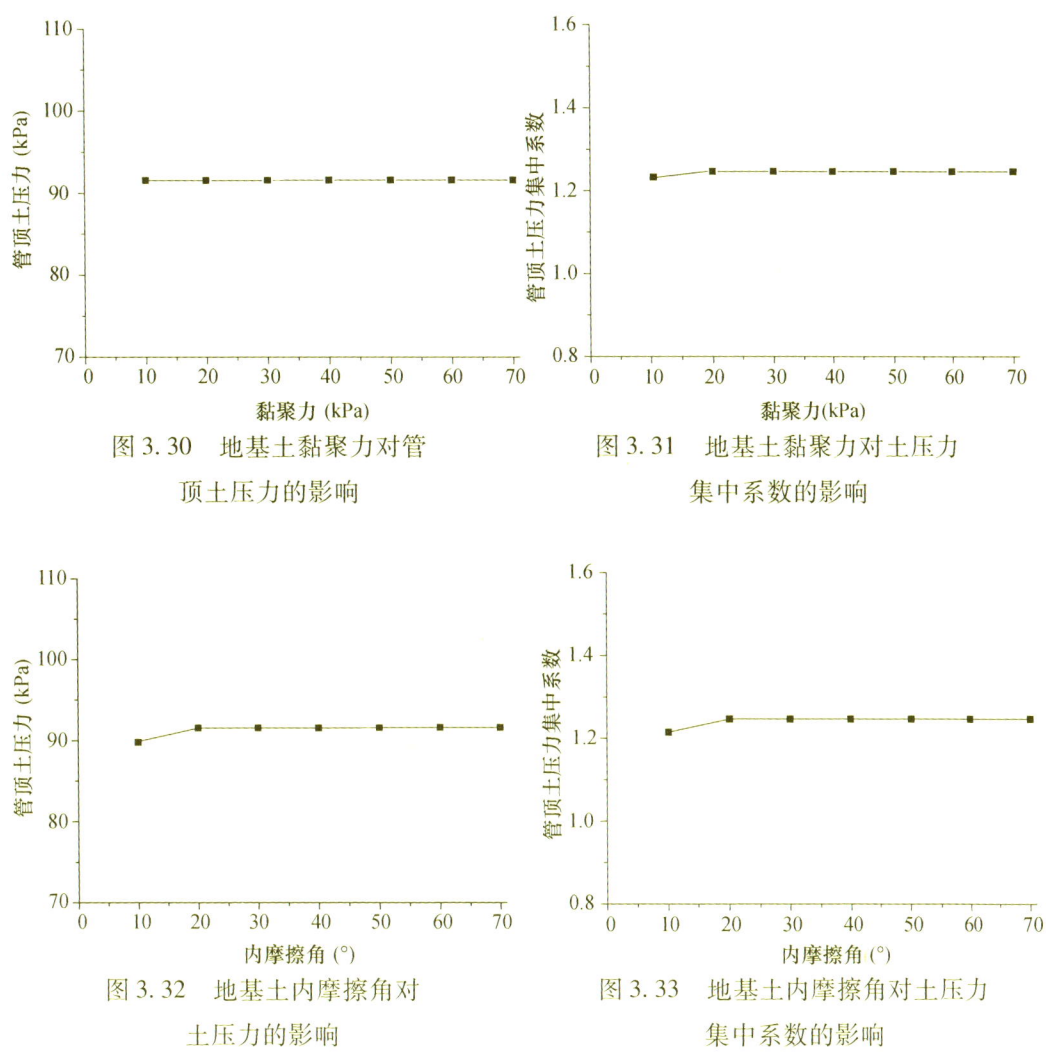

图 3.30 地基土黏聚力对管顶土压力的影响

图 3.31 地基土黏聚力对土压力集中系数的影响

图 3.32 地基土内摩擦角对土压力的影响

图 3.33 地基土内摩擦角对土压力集中系数的影响

3.3.4 管涵几何尺寸

通过数值分析上埋式管涵土压力随管涵几何尺寸的变化规律。有限元分析中，管涵尺寸如同模型试验拼装的管涵尺寸，碎石填土，管顶以上最大填高10m，土体采用 Mohr-Coulomb 屈服准则，实体单元模拟，管涵采用线弹性模型，板单元模拟，回填土和管涵的计算参数如表 3.2 所示。

管顶平面沉降随管涵高度和宽度的变化规律如图 3.34 所示。由图 3.34 (a) 可知，由于管涵和填土之间的刚度差异，管顶平面产生不均匀沉降，该差异沉降随管涵高度的增加而增大。当填土高度达到10m，管涵高度为4m时，最大差异沉降为20.9mm，当管涵高度增加到8m时，该差异沉降增大到31.0mm。图 3.34 (b) 表明，管顶平面的差异沉降随管涵宽度的增大而减小。当填土高度为10m，管涵宽度为6m时，管顶平面最大差异沉降为43.2mm，当管涵宽度减小到3m时，该差异沉降增大到53.8mm。

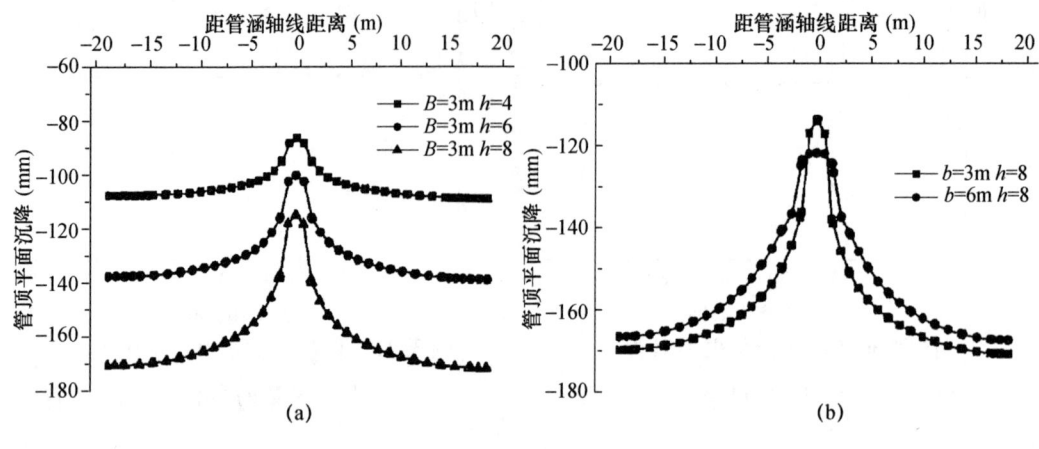

图3.34　管顶平面沉降分布规律

管顶土压力随管涵几何尺寸变化规律如图3.35所示。管顶土压力随管涵高度的增大而增大，随管涵宽度的增大而减小。图3.36表明，管涵土压力系数也随着管涵高度的增大而增大，随管涵宽度的增大而减小。当管涵高度为4m，宽度为6m时，涵顶土压力为229.3kPa，土压力系数为1.09；当涵洞高度为8m，宽度为6m时，涵顶土压力为437.5kPa，土压力系数为2.08。由以上分析可知，管顶平面差异沉降越大，管顶土压力集中现象越严重。

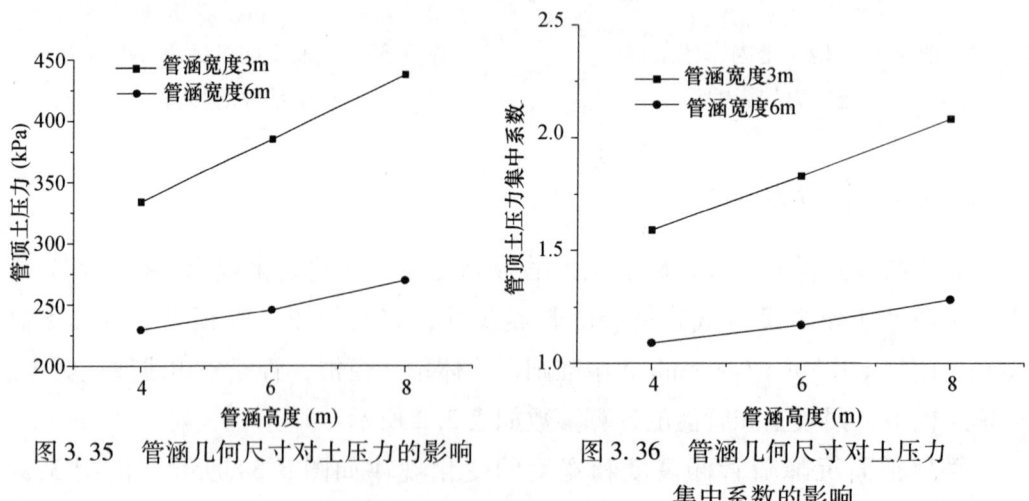

图3.35　管涵几何尺寸对土压力的影响　　图3.36　管涵几何尺寸对土压力
　　　　　　　　　　　　　　　　　　　　　　　　集中系数的影响

3.3.5　管涵刚度

按照管材与管周填土相对刚度的不同，管涵可分为刚性管和柔性管。一般可按《给水排水工程结构设计手册》划分为刚性管与柔性管：

$$(\delta/r)^3 E_g/E_0 \geq 1，为刚性管； \quad (3.18)$$

$$(\delta/r)^3 E_g/E_0 < 1，为柔性管。 \quad (3.19)$$

式中，E_g 为管涵材料的弹性模量；E_0 为回填土的弹性模量；δ、r 为管壁厚度（m）和管体平均半径（m）。

通过数值分析上埋式管涵刚度对管涵土压力的影响。在有限元分析中，管涵尺寸如同模型试验拼装的管涵尺寸，碎石填土，管顶以上最大填高10m，土体采用Mohr-Coulomb屈服准则，实体单元模拟，管涵采用线弹性模型，板单元模拟，回填土计算参数如表3.2所示。令管-土相对刚度系数 $\lambda = (\delta/r)^3 E_g/E_0$，改变管涵的弹性模量，管涵截面几何尺寸不变，即改变管涵的抗弯刚度 EI 值和抗压刚度 EA 值，研究不同 λ 值条件下的管顶土压力变化。λ 值取值如表3.3所示。

表3.3 不同 λ 值对应的管涵刚度值

EI (10^3 kN·m²/m)	1	5	10	15	80	160	320
EA (10^5 kN/m)	1.92	9.60	19.2	28.8	154	307	614
管-土相对刚度系数 λ	0.09	0.47	0.93	1.40	7.46	14.91	29.83

管涵刚度变化对管顶平面沉降的影响规律如图3.37所示。在管-土相对刚度系数 λ 值很小（如0.1附近）时，管顶上方沉降大于两侧沉降，管涵发生较大变形的结果。随着管-土相对刚度系数 λ 值的增加，管顶刚度增大，管顶上方沉降小于两侧沉降，且差异沉降随 λ 值的增加而增加。但在 λ 值大于1之后，即刚性管，差异沉降随 λ 值的增加的幅度大大减小。

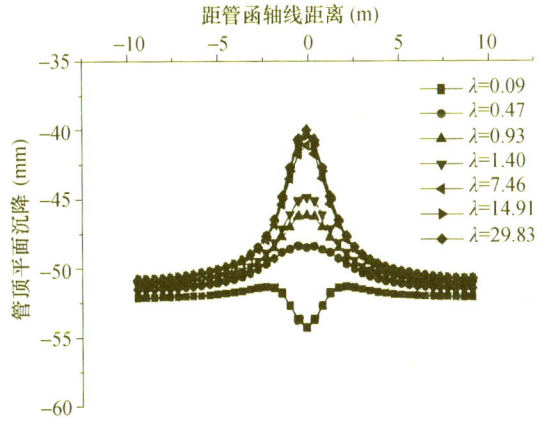

图3.37 不同 λ 值的管顶平面沉降分布

管涵刚度变化对管顶土压力和管顶土压力系数的影响分别如图 3.38 和图 3.39 所示。管顶土压力随管-土相对刚度系数 λ 的增加而增加，在 λ 处于 0 与 1 之间变化，管顶土压力增加速率很快，λ 大于 1 之后，管顶土压力增加幅度大大减小。管顶土压力系数表现同样的规律。这是由于管-土刚度不同引起差异沉降的变化的结果。

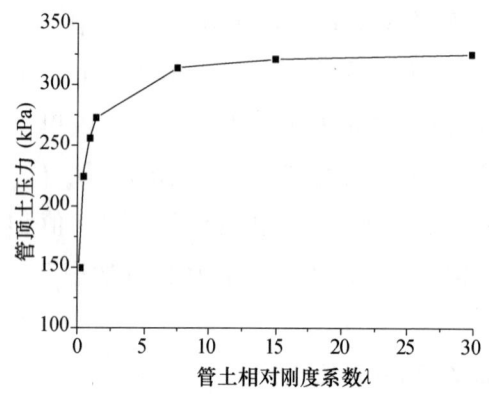
图 3.38 管涵刚度对管顶土压力的影响

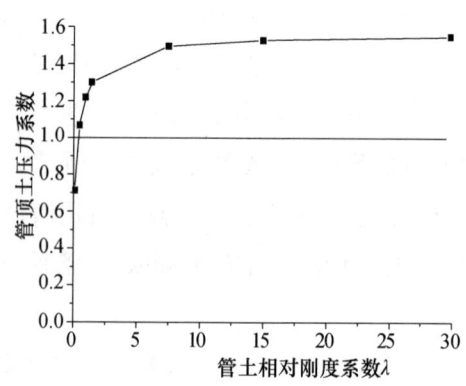
图 3.39 管涵刚度对管顶土压力系数的影响

管涵周围的回填土，既是作用于管涵上的荷载，又对管涵的变形产生阻碍作用。分析填土中管涵受力状态时，首先应区分刚性管还是柔性管，然后才能分别研究管涵的受力情况。通常刚性管在土体荷载作用下截面几乎不变形；而柔性管截面则产生较大的变形，侧面土体阻碍管涵进一步变形，从而产生了土对柔性管涵的侧向抗力作用，反过来又增强了管涵的抗外荷能力。这说明刚性管涵和柔性管涵两者与周围土体的相互作用有明显的区别。按管-土相对刚度分析管涵性状，是管涵力学分析的基础。

3.3.6 碾压荷载

通过数值分析考虑填土过程中碾压荷载对管涵受力特性的影响。有限元分析中，管涵尺寸如同模型试验拼装的管涵尺寸，管顶以上最大填高 10m，土体采用 Mohr-Coulomb 屈服准则，实体单元模拟，管涵采用线弹性模型，板单元模拟，回填土和管涵计算参数如表 3.2 所示。

根据《公路桥涵设计通用规范》（JTG D60—2015），车辆荷载简化等效为 $0.6m \times 2m$ 范围内作用 140kN，即条形荷载 117kPa 作用宽度 0.6m。本书采用满布的均匀荷载模拟碾压过程，均布荷载强度为 117kPa。考虑碾压荷载的计算过程中，假定每填筑 1m 填土，然后施加均布荷载，再卸载均布荷载，开始下一层填筑。

图 3.40～图 3.42 所示为不同填土类型不同填高是否考虑碾压荷载对管周土压力的影响。可以看出，碾压荷载对填土压力分布的影响程度很大程度上取决填土的物理力学性质，对粉土的影响十分明显，黏土次之，对碎石基本没有影响。就粉土填土而言，碾压荷载减少管顶土压力，随填高增加碾压荷载产生的效果越明显。产生这一现象的原因是，碾压荷载使得填土产生一定的压缩变形，碾压荷载卸荷后，填土的压缩变形仅部分恢复，从而减少了后期填筑荷载产生的压缩变形和内外土柱的沉降差。由此可见，碾压荷载有利于减少管顶的土压力集中系数，所以回填土压实过程和压实效果对管顶土压力的影响明显。

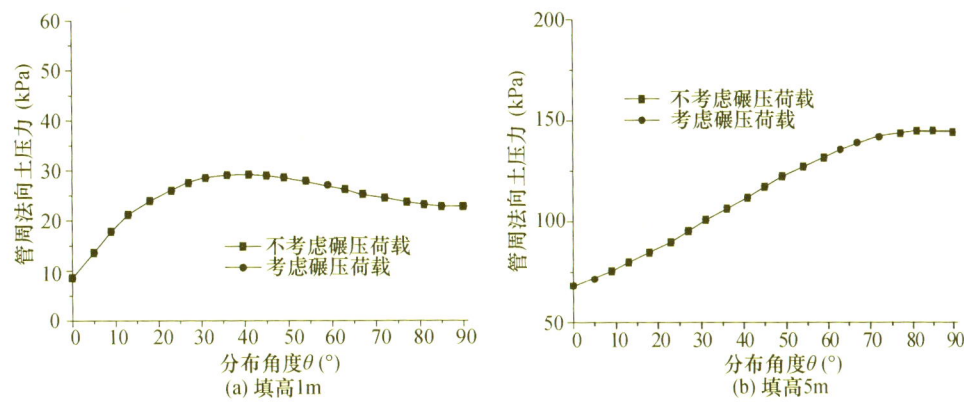

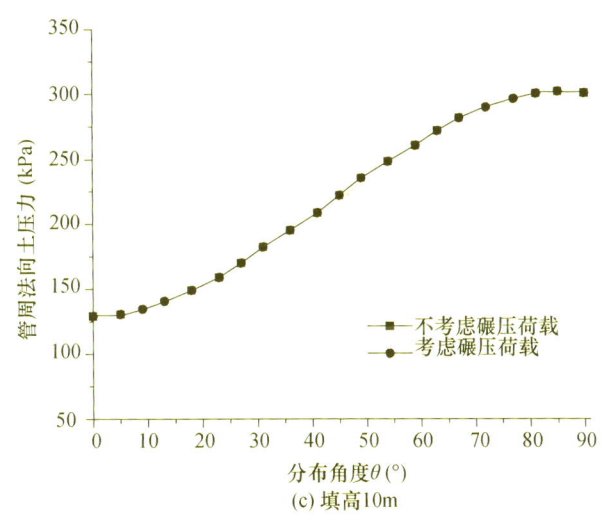

图 3.40　不同填高碾压荷载对管周土压力的影响（碎石填土）

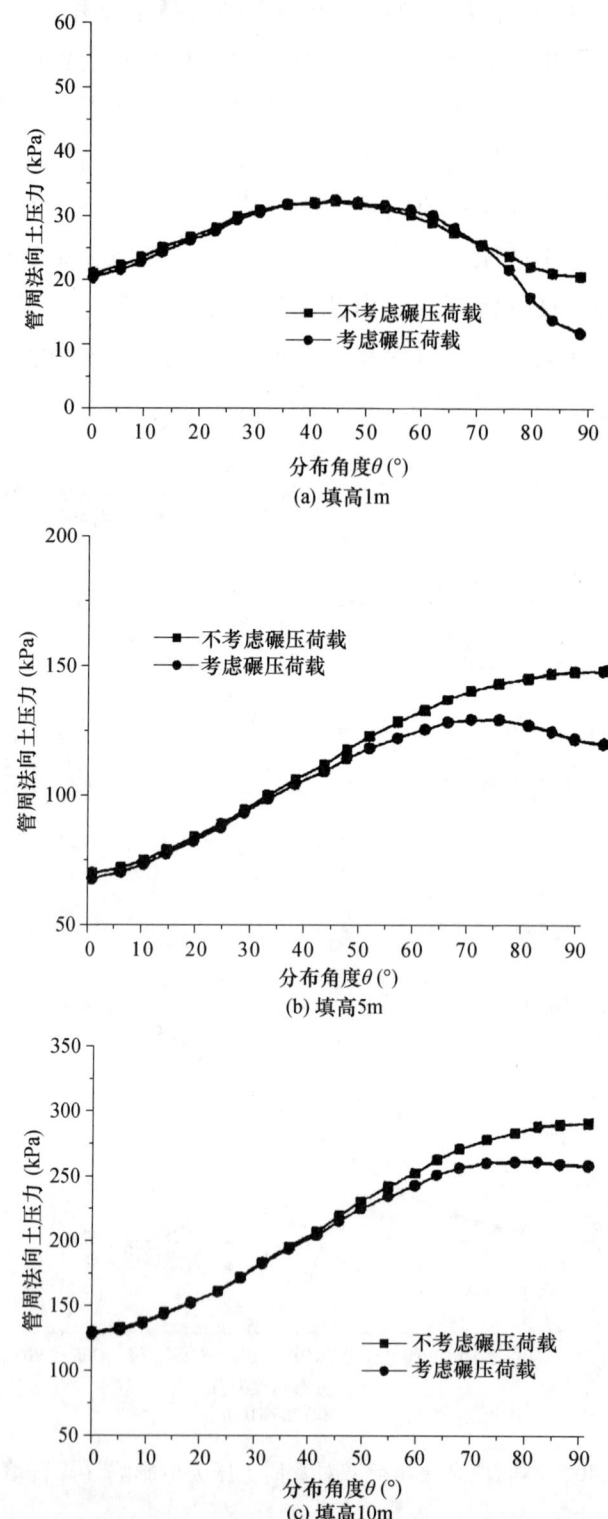

图 3.41 不同填高碾压荷载对管周土压力的影响（粉土填土）

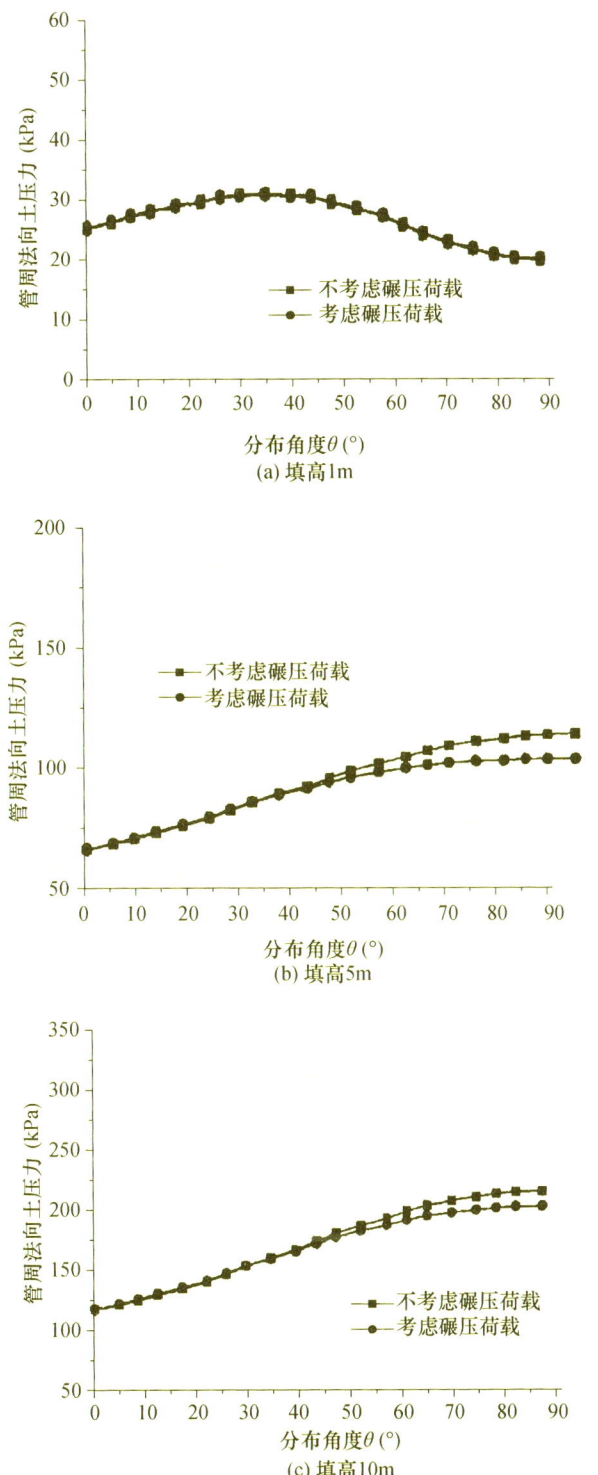

图 3.42 不同填高碾压荷载对管周土压力的影响（黏土填土）

3.3.7 埋设地形

在实际工程中，很多管涵埋设在沟谷地形中。管涵上进行填土，即沟谷内填土在自重作用下的沉降过程中，必然会受到两侧天然岸坡的阻抗，即天然岸坡将对填土产生向上的摩阻力，此时，管涵的受力与变形与未考虑埋设地形时的情况不同。

1）沟谷填高

假定一沟谷地形，如图 3.43 所示。沟宽 10m，岸坡坡角 45°，沟谷填高由 0m 变化到 40m。地基土和山体计算参数相同，如表 3.4 所示。管涵尺寸如同模型试验拼装的管涵尺寸，碎石填土，土体采用 Mohr-Coulomb 屈服准则，实体单元模拟，管涵采用线弹性模型，板单元模拟。

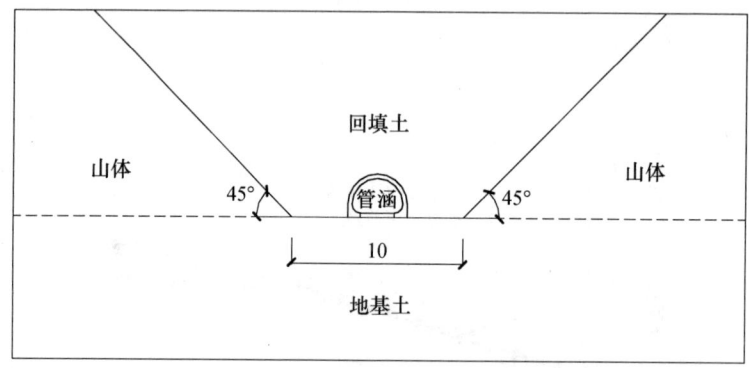

图 3.43　沟谷地形计算模型

表 3.4　沟谷地形计算参数

介质	弹性模量 E（MPa）	泊松比 ν	重度 γ（kN·m^{-3}）	内聚力 c（kPa）	内摩擦角 ϕ（°）	摩擦系数 μ
碎石填土	30	0.25	21.0	1	42	0.90
管涵结构	30000	0.20	24.0	—	—	—
山体结构	3000	0.20	26.0	300	40	—

沟埋式涵管，由于回填土在压缩变形时受到两旁沟壁的牵制作用，涵管顶部填土形成向下的弯曲面，涵管顶部的填土荷载的一部分由两旁沟壁或填土的摩阻力承担。管顶土压力和土压力集中系数随着沟谷填高的变化规律分别如图 3.44 和图 3.45 所示。管顶土压力随着沟谷填高的增加而增大，填高越高，管顶土压力越接近于土柱压力，管顶土压力系数越接近 1.0，这是由于沟埋式管涵高填方条件下存在不稳定"土拱效应"，也是沟埋式管涵土压力区别于上埋式管涵土压力的原因。关于这方面研究较多，可参考文献杨锡武、刘静、陈保国、王志鹏等。

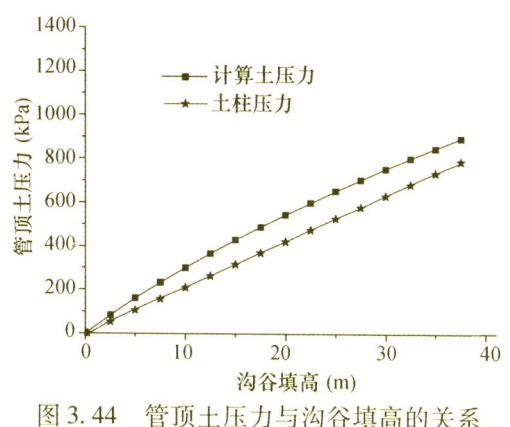

图 3.44 管顶土压力与沟谷填高的关系

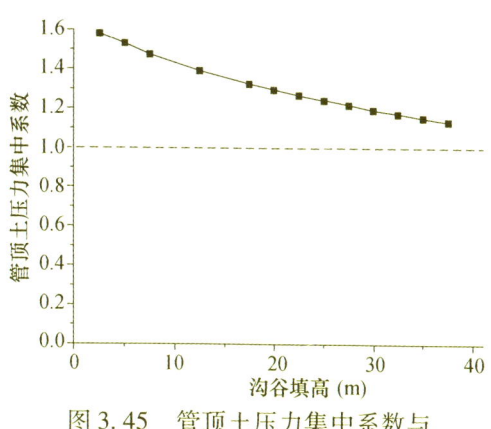

图 3.45 管顶土压力集中系数与沟谷填高的关系

2）沟谷宽度

通过数值分析沟埋式管涵沟谷宽度对管涵受力特性的影响。在有限元分析中，沟谷地形如图 3.43 所示，管涵尺寸如同模型试验拼装的管涵尺寸，碎石填土，沟谷最大填高 20m，岸坡坡角 0°，沟宽与涵宽比由 1 变化到 11，土体采用 Mohr-Coulomb 屈服准则，实体单元模拟，管涵采用线弹性模型，板单元模拟，山体、填土和管涵的计算参数如表 3.4 所示。

管顶土压力随沟宽与涵宽比的变化规律如图 3.46 所示。管顶土压力随沟谷填土高度的增大而增加，当管顶填土高度一定时，管顶土压力随沟宽与涵宽比的增大呈非线性增大趋势，当沟宽与涵宽比增大到 5 之后，管顶土压力趋于稳定。管顶土压力系数变化规律如图 3.47 所示。随着填土高度的增加，管涵两侧土体的压缩量增大，管顶土压力集中现象加剧，而且管顶土压力系数随着沟宽与涵宽比的增加而增大。当沟谷较窄时（沟宽与涵宽比小于 3），且填土荷载水平较低时（填高与管高比小于 4），管顶土压力系数小于 1.0，随着沟宽与涵宽比的增大，土压力系数也逐渐增大，当沟宽与涵宽比增大到 5 之后，土压力系数趋于稳定。

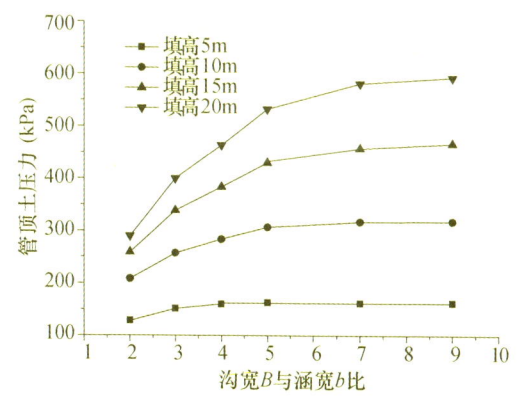

图 3.46 管顶土压力的分布规律

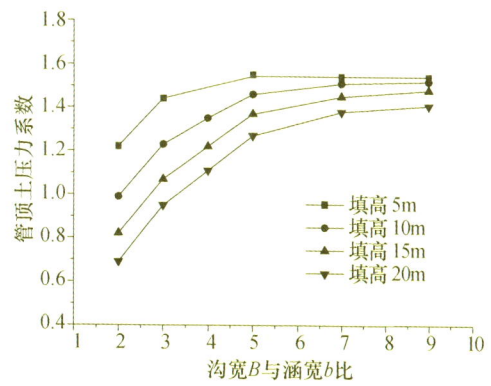

图 3.47 管顶土压力系数的分布规律

管顶平面沉降随沟宽与涵宽比的变化规律如图3.48所示。管顶平面最大沉降和差异沉降随着沟宽与涵宽比的增加而增大。沟宽与涵宽比为2时，管顶平面最大沉降为6.5mm，最大差异沉降为3.3mm。当沟宽与涵宽比增大至9时，管顶平面最大沉降增大到29.0mm，最大差异沉降增加到22.2mm。当沟宽与涵宽比继续增大时，涵顶平面沉降和差异沉降逐渐趋于稳定。

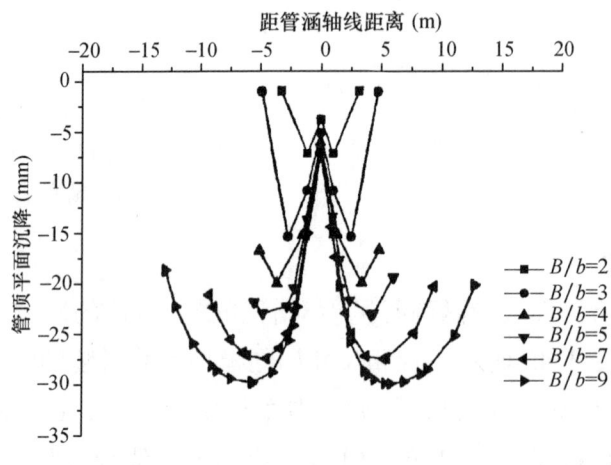

图3.48 管顶平面沉降分布规律

3）岸坡坡角

通过数值分析沟埋式管涵沟谷地形中岸坡坡角对管涵受力特性的影响。在有限元分析中，沟谷地形如图3.43所示，管涵尺寸如同模型试验拼装的管涵尺寸，碎石填土，沟谷最大填高20m，沟宽10m，岸坡坡角由0°变化到90°，土体采用Mohr-Coulomb屈服准则，实体单元模拟，管涵采用线弹性模型，板单元模拟，山体、填土和管涵的计算参数如表3.4所示。

沟谷填土高度20.0m时，管顶土压力和土压力系数随沟谷坡角的变化规律如图3.49和图3.50所示。管顶土压力随沟谷坡角的增大而减小，当坡角在0°~60°变化时，管顶土压力变化较快，当坡角在60°~90°变化时，管顶土压力变化缓慢，管顶土压力系数也有相同的变化规律。当坡角为0°时计算的管顶土压力最大为654.5kPa，土压力系数为1.56，当坡角为90°时，计算得到的管顶土压力只有397.1kPa，管顶土压力系数仅为0.95。

沟谷填土高度20.0m时，管顶平面处最大沉降与差异沉降随坡角的变化规律如图3.51所示。管顶平面处最大沉降和差异沉降随沟谷坡角的增大而减小。坡角为0°时计算得到的最大沉降为32.6mm，差异沉降为24.5mm，此即为上埋式涵洞；当坡角为90°时，管顶平面处最大沉降只有13.1mm，差异沉降为8.3mm。由此说明沟埋式涵洞与上埋式涵洞的受力状态和变形特性存在较大差异。

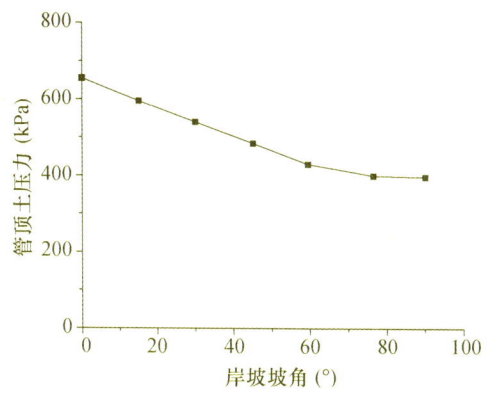 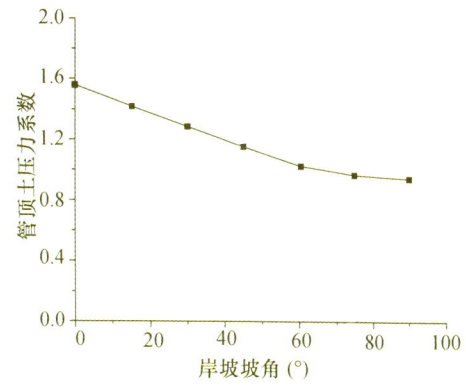

图 3.49 岸坡坡角对管顶土压力的影响　　图 3.50 岸坡坡角对管顶土压力系数的影响

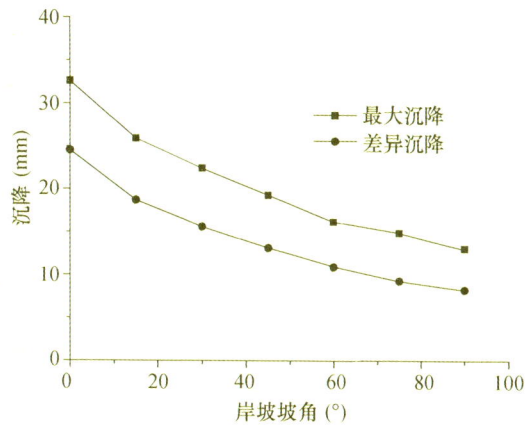

图 3.51 岸坡坡角对管顶平面沉降的影响

3.4 小结

本章根据管顶土压力集中的形成机理和全尺寸的浅埋管涵模型试验结果提出了较为合理的浅埋管涵土压力分析模型和计算公式，基于试验确定了模型中的关键计算参数，同时采用有限元分析方法研究了管涵土压力各影响因素的影响规律，得到如下结论：

（1）管顶水平面上竖向土压力并不是均匀分布，表现为管顶中心土压力集中的现象，并随填高增大渐趋明显。

（2）填高较小时，管-土界面法向土压力随分布角度 θ 增大先增后减；填高较大时，管-土界面法向土压力随分布角度 θ 增大而增大，即从管顶中心向两侧减小。

(3) 本书提出的管涵土压力计算模型较好地反映了实际的受力状态,计算结果和全尺寸试验结果符合较好,并且处于铁路和公路设计规范的计算值之间,并从试验和分析结果中可知当填高较高时,按铁路设计规范有所保守,而按公路设计规范得到的计算结果略偏小。

(4) 针对上埋式管涵,管顶土压力与高宽比基本成线性关系,且与土柱压力的差距越来越大。管顶土压力随着土体重度的增大而增大,管顶土压力与土体重度呈线性关系。管周土压力随着填土变形模量的增加而增加,分布角度在35°~90°区间,管周土压力随着模量的增加而减小。管-土刚度差异越大,管顶土压力越大。管顶土压力随泊松比的增加而减小。管顶土压力随填土黏聚力的增大而增大,但其增幅逐渐减小。管顶土压力随填土内摩擦角的增大而增大,但其增幅逐渐减小。

(5) 地基土模量越大,地基刚度越大,管顶土压力集中效应越明显。管顶土压力随着地基土模量增加先急剧增大,而后趋于稳定。地基土泊松比对土压力和土压力集中效应基本没有影响。地基土黏聚力对土压力和土压力集中效应基本没有影响。地基土内摩擦角对管顶土压力和管顶土压力集中系数影响较小。

(6) 由于管涵和填土之间的刚度差异,管顶平面产生不均匀沉降,该差异沉降随管涵高度的增加而增大,管顶土压力随管涵高度的增大而增大,随管涵宽度的增大而减小;管顶土压力随管-土相对刚度系数 λ 的增加而增加,在 λ 处于 0~1 之间变化,管顶土压力增加速率很快,λ 大于 1 之后,管顶土压力增加幅度大大减小。管顶土压力系数表现同样的规律;碾压荷载对填土压力分布的影响程度很大程度上取决填土的物理力学性质,对粉土的影响十分明显,黏土其次,对碎石基本没有影响。碾压荷载有利于减少管顶的土压力集中系数,所以回填土压实过程和压实效果对管顶土压力的影响明显。

(7) 管顶土压力随着沟谷填高的增加而增大。管顶土压力随沟谷填土高度的增大而增加,当管顶填土高度一定时,管顶土压力随沟宽与涵宽比的增大呈非线性增大趋势,当沟宽与涵宽比增大到 5 之后,管顶土压力趋于稳定。管顶土压力随沟谷坡角的增大而减小,当坡角在 0°~60°变化时,管顶土压力变化较快,当坡角在 60°~90°变化时,管顶土压力变化缓慢。

4 管涵结构横向受力变形特性

4.1 引言

　　装配式钢筋混凝土埋地管涵结构，因其结构受力合理，施工便捷，在安徽省泗县至宿州高速公路推广应用。泗宿路地处平原区，路堤填筑不宜过高，造成管涵结构的填土厚度很小，一般皆处于浅埋，甚至超浅埋状态，故对车辆荷载作用下管涵的结构内力分析和对结构体系的优化研究显得尤为重要。

　　目前，国内的现行规范关于管涵结构设计方法都采用荷载结构法，即先把涵洞结构从周围填土隔离出来，将土作为外荷载加在结构上，然后用常规结构力学或材料力学方法计算管涵结构的内力。这种设计方法思路简单、计算简便，适合设计人员，但忽略管-土相互作用，实践证明设计计算值与实际内力有差距从而导致了管涵在运营期间的大量病害。长安大学的顾安全教授最早对涵洞的病害进行了调研和分析，在调研的 303 座管涵中，开裂破坏者占 63.5%，其中 70% 属纵向开裂。因此，采用合理的研究手段分析管涵结构在服役阶段的特性是必要的。

　　随着我国国民经济的发展，地下结构在水利水电、交通、能源、城市建设和国防工程等方面得到广泛的应用。由于地下结构受周围土体或岩体的约束，一直以来，人们认为它具有良好的抗震性能。然而，1995 年的日本阪神地震使地下结构遭到严重破坏，地下结构的震害问题日益受到人们的高度重视。地下结构震害具有以下特点：地下结构的抗震性能优于地上结构；结构周围的介质对抗震性能有重要影响；结构与周围介质的密实程度越高，破坏越轻；建在基岩上的地下结构比建在软基上的具有更好的抗震性能；地基液化、不均匀沉降也是地下结构破坏的重要因素。地下结构破坏的原因可分为两种：一是结构自身的惯性力；二是周围介质的变形对结构的作用力，在大多数情况下，这是主要原因。目前，专门针对地下管涵结构的抗震分析很少，因此研究地震荷载作用下管涵结构的受力变形特性也是很必要的。

　　本章首先针对模型试验的管涵内力和变形进行分析，而后针对交通重载下管涵结构的受力特性和地震荷载下多孔联拱管涵管涵结构受力特性展开研究，最后总结出管涵结构的横向受力特性。

4.2 管涵结构内力和变形

计算管涵内力有以下三种方法：

第一种：

针对碎石填土工况下模型试验中的管涵结构进行内力和变形分析。管涵结构作为压弯组合构件，根据实测结构应变按照薄壳理论的计算公式可以得到管涵内力，计算模型如图 4.1 所示，计算公式见式（4.1）～式（4.3）。本书假定管涵截面环向轴力以受压为正，截面弯矩以管片内侧受拉为正，反之为负。

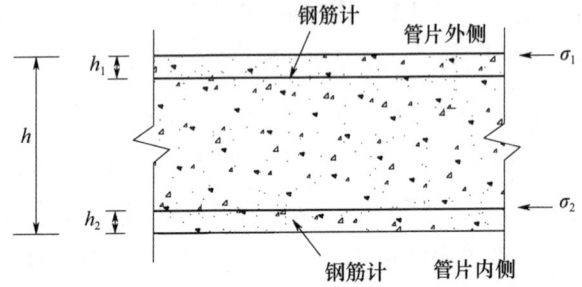

图 4.1 薄壳理论计算管涵内力示意图

$$\varepsilon_1 = \frac{\sigma_1}{E_s} \qquad \varepsilon_2 = \frac{\sigma_2}{E_s} \qquad (4.1)$$

$$N = \frac{E_s h}{2(1-\mu^2)} \left[\varepsilon_1 + \varepsilon_2 + \frac{\varepsilon_2 - \varepsilon_1}{h - h_1 - h_2}(h_2 - h_1) \right] \qquad (4.2)$$

$$M = \frac{E_c h^2}{12(1-\mu^2)} \left[\varepsilon_2 - \varepsilon_1 + \frac{\varepsilon_2 - \varepsilon_1}{h - h_1 - h_2}(h_2 - h_1) \right] \qquad (4.3)$$

式中，E_s 为钢筋的弹性模量，kPa；E_c 为混凝土的弹性模量，kPa；h 为管片的厚度，m；h_1 为管片外侧钢筋与外缘的距离的厚度，m；h_2 为管片内侧钢筋与内缘的距离的厚度，m；μ 为泊松比；σ_1 为管片外缘钢筋的环向应力，kPa；σ_2 为管片内缘钢筋的环向应力，kPa；ε_1 为管片外缘钢筋的环向应变；ε_2 为管片内缘钢筋的环向应变；N 为管片环向轴力，kN/m；M 为管片环向弯矩，kN·m/m。

第二种：

计算管涵内力方法是按照第 2 章提出的管涵土压力理论公式，将土压力作为外荷载施加于管涵结构上，管涵结构等效为一端（边板与底板连接处）固定、一端自由的简支梁，从而计算出管涵内力。

第三种：

计算管涵内力方法是采用管-土作用的有限元计算模型，已在第 3 章中阐述，如图 3.10 所示。

将三种计算管涵内力的方法得到的结果汇总于图 4.2～图 4.4。可以看出，管涵顶板的收敛变位随着填高的增加而增大，轴力最大值在底板和边板连接处，此处弯矩也较大。三种方法计算的管涵轴力、弯矩、收敛变位值比较吻合。

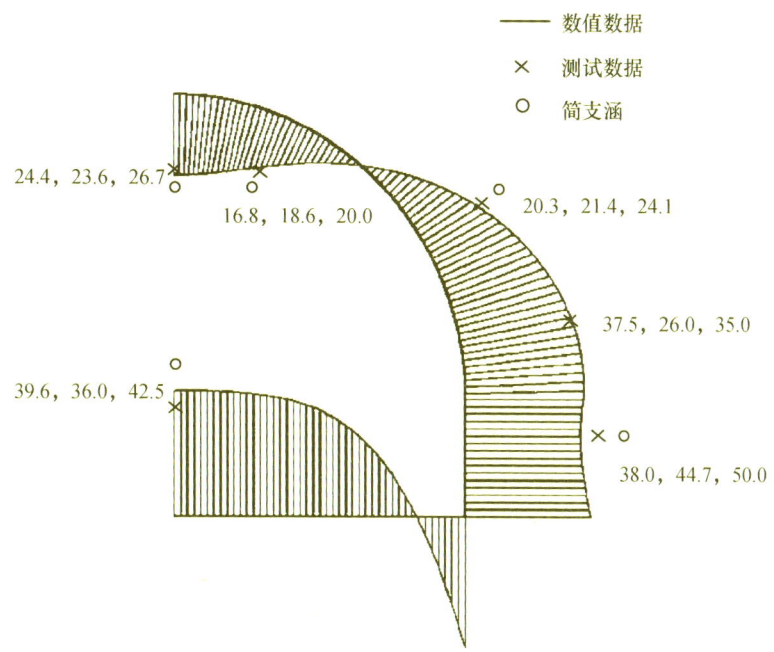

图 4.2 管涵弯矩分布（单位：kN·m/m）

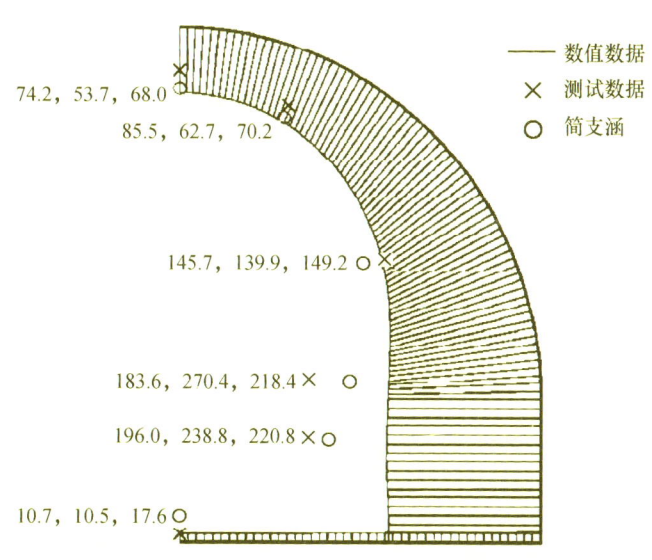

图 4.3 管涵轴力分布（单位：kN/m）

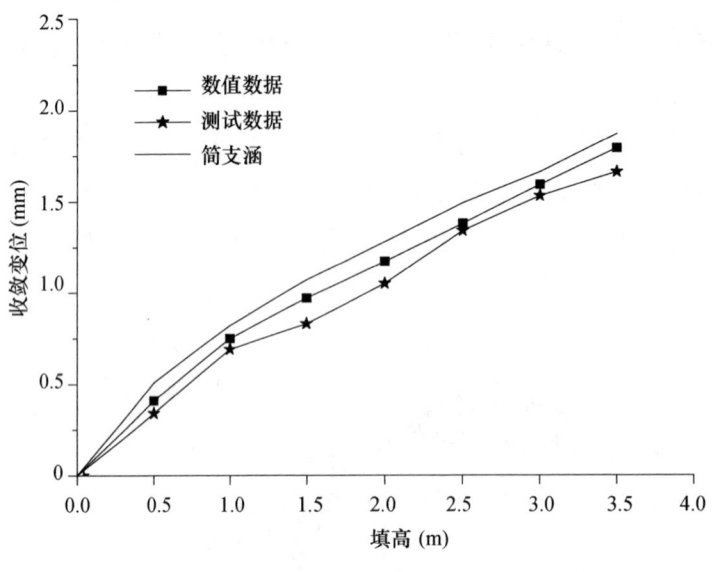

图 4.4　管涵顶板收敛变位

4.3　交通荷载下管涵结构受力变形特性

4.3.1　有限元模型

管涵结构不同于一般的挡土结构，预制装配式混凝土管涵断面形式比较复杂，在施工过程中，结构周围不同区域土体的应力状态存在明显的差异。土体对结构的作用力受多种因素的综合影响。具体表现为如下特点：受施工过程的影响，土体对结构的作用力并不总是沿结构表面的法线方向；通道设计须考虑路堤施工过程中碾压机具工作荷载对土与结构间作用力的影响；土体对结构的作用力和管形通道结构的截面形状密切相关；土体对结构的作用力和混凝土通道结构的变形相关。因此土体与结构作为一个相互作用体系，建立土与结构相互作用模型分析车辆荷载作用下结构内力变化较为准确。

在浅埋条件下，比如覆土厚度0.5m（包括路面铺装层厚度），交通荷载对管涵结构的受力特性的影响研究是十分必要的。安徽省泗宿路施工现场的管涵尺寸与六（安）武（汉）路安徽段的管涵尺寸略微有些不同，结构形式类似，如图4.5所示。管涵回填方式为涵台背碎石回填，如图4.6所示。材料参数如表4-1所示。

4 管涵结构横向受力变形特性

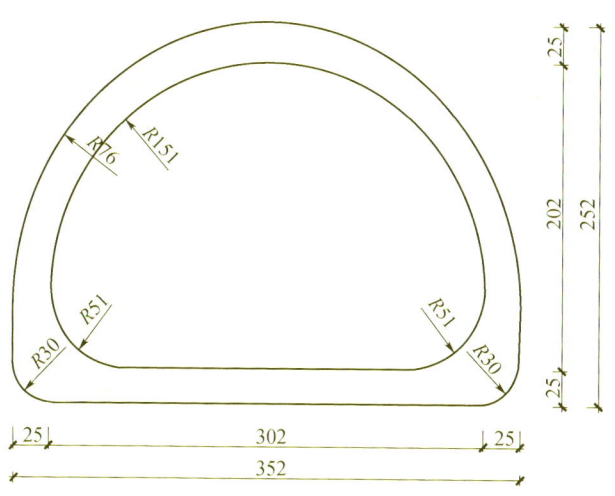

图 4.5 管涵断面图（单位：cm）

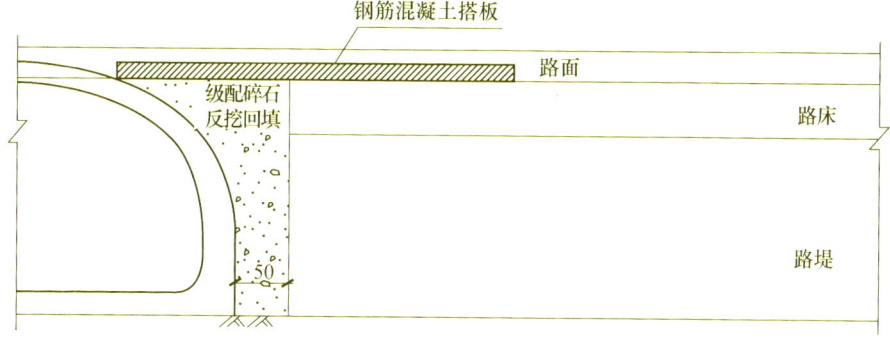

图 4.6 涵台背碎石回填

表 4.1 材料参数

材料名称	弹性模量 (MPa)	泊松比	内聚力 (kPa)	内摩擦角 (°)	重度 (kN/m³)
管涵结构	30000	0.20	—	—	25.0
路面沥青混凝土	1200	0.35	—	—	24.0
路面水稳碎石层	1500	0.25	—	—	22.0
路面石灰土	550	0.35	50	27	17.5
路床填料	20	0.35	50	30	18.0
路堤填料	20	0.35	50	30	18.0
地基土	10	0.42	10	25	17.0
回填材料级配碎石	350	0.20	0	42	21.0

根据《公路桥涵设计通用规范》(JTG D60—2015),可将车辆荷载简化等效为 0.6m×2m 范围内作用 140kN,即条形荷载 117kPa 作用宽度 0.6m。填土和车辆荷载是引起结构内力的主要荷载,根据施工和正常服役期管涵结构的受力特点,选取三种典型工况进行计算。工况一,填载,仅作用填筑荷载 0.5m(包括路面铺装层厚度),不计车辆荷载对管涵的作用;工况二,正载,即车辆后轴作用于管涵中线上;工况三,偏载,以步长 20cm 移动车辆荷载作用位置确定引起边板弯矩最大的位置,即最不利偏载位置。

采用有限元软件 PLAXIS 建立土与结构相互作用模型,如图 4.7、图 4.8 所示。边界条件的选取遵循不影响管涵应力扰动区域,同时满足计算精度的要求,管涵两侧的土体计算区域定为 2～3 倍的管宽,管涵以下土体计算区域定为 1 倍的管宽。两侧土体水平约束,竖向自由,底部土体竖向约束,水平自由。

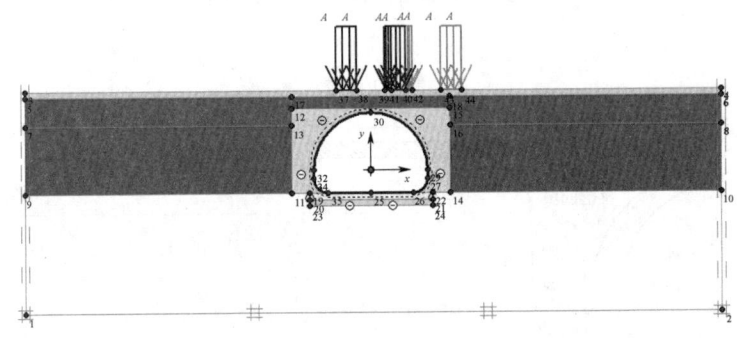

图 4.7 涵台背碎石回填(正载)模型

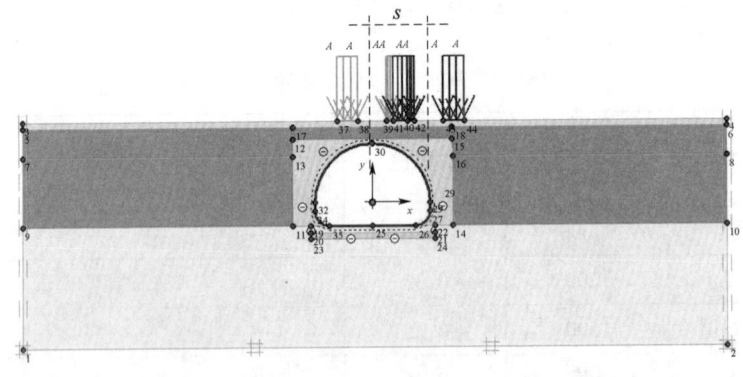

图 4.8 涵台背碎石回填(偏载)模型

图 4.8 中 s 为偏载距离。最不利车辆荷载位置是通过逐渐改变偏载距离 s(步长 0.2m)寻求管涵结构弯矩最大值的方法来确定。管涵弯矩随偏载距离 s 的变化曲线如图 4.9 所示。可以看出,随着偏载距离 s 变大,车辆荷载对顶板的作用明显减小,对底板的作用有所减小但减幅没有顶板明显;对边板的作用

先增大后减小，存在一个最不利偏载位置，管涵的最不利位置为偏载距离 s 取 1.8m，可见，最不利偏载位置一般位于边板正上方。

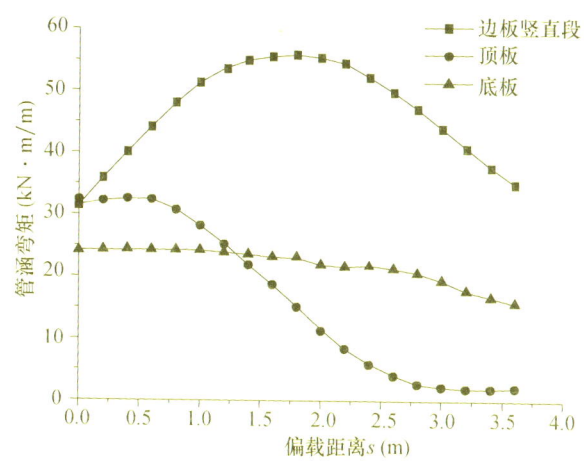

图 4.9 管涵各板最大弯矩与偏载距离 s 的关系

4.3.2 计算结果分析

为更好地阐述交通荷载下的管涵内力，绘制管涵典型工况下的结构弯矩图，标注出内力特征点位置、弯矩为零的角度位置，如图 4.10 所示。其中，A 点为顶板弯矩最大点，B 点为顶板弯矩为零点，C 点为边板竖直段上缘，D 点为边板竖直段下缘，E 点为底板弯矩最大点，α 角为顶板弯矩零点与上半圆圆心连线与竖直线的夹角。

覆土厚度 0.5m（包括路面结构层），管涵结构（尺寸如图 4.5 所示）在板块刚接和铰接两种情况下的结构内力特征点的内力计算值以及板块划分角度，如表 4.2、表 4.3 所示。划分角度 α 取值的方法：板块刚接时划分角度取上部弧形段弯矩零点位置，板块铰接划分角度取板块刚接各划分角度的平均值。

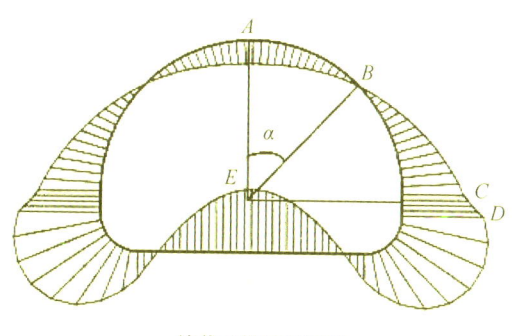

填载下管涵弯矩图

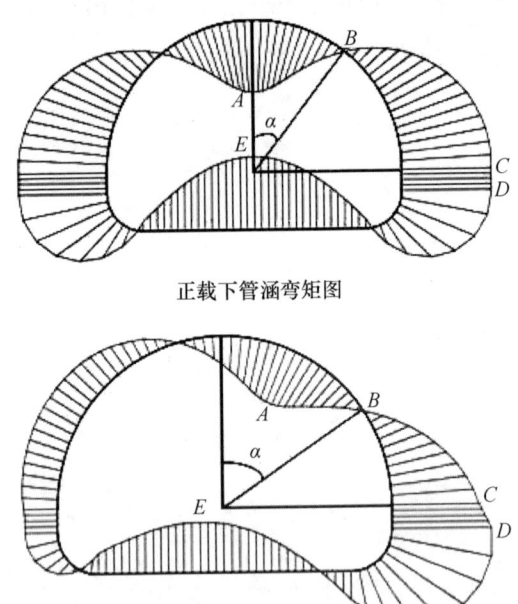

正载下管涵弯矩图

偏载下管涵弯矩图

图 4.10 管涵特征点、特征角度示意图

表 4.2 碎石涵台背回填、板块刚接特征点的结构内力计算值

特征点	内力符号	单位	填载	正载	偏载
顶板 A 点 内力标准值	N	kN/m	−14.8	−33.6	−15.6
	Q	kN/m	0	0	−2.1
	M	kN·m/m	5.6	24.4	23.7
边板 C 点 内力标准值	N	kN/m	−75.5	−119.7	−122.4
	Q	kN/m	15.8	2.7	25.9
	M	kN·m/m	−14.2	−31.7	−37
边板 D 点 内力标准值	N	kN/m	−78.8	−118.1	−129
	Q	kN/m	28.1	5.4	34.4
	M	kN·m/m	−19.3	−32.6	−43.9
底板 E 点 内力标准值	N	kN/m	−27.7	4.3	−18.1
	Q	kN/m	0	0	0.9
	M	kN·m/m	13	24.6	21.7
弯矩零点 B 点内力标准值	N	kN/m	−29	−67.3	−60.7
	Q	kN/m	7.9	39.8	41.2
	M	kN·m/m	0	0	0
划分角度	α	°	43	38	55

4 管涵结构横向受力变形特性

表4.3 碎石涵台背回填、板块铰接特征点的结构内力计算值

特征点	内力符号	单位	填载	正载	偏载
顶板A点内力标准值	N	kN/m	-14.6	-30.4	-21.1
	Q	kN/m	0	0	-0.4
	M	kN·m/m	6	33.1	19.3
边板C点内力标准值	N	kN/m	-75.6	-119.9	-128.8
	Q	kN/m	16	6.1	23.2
	M	kN·m/m	-14.1	-29.2	-49
边板D点内力标准值	N	kN/m	-78.8	-118.1	-137.1
	Q	kN/m	28.3	9.2	32.4
	M	kN·m/m	-19.2	-31	-55.3
底板E点内力标准值	N	kN/m	-27.9	0.7	-16.2
	Q	kN/m	0	0	0.3
	M	kN·m/m	13	24.6	23.5
弯矩零点B点内力标准值	N	kN/m	-31.3	-77.3	-53.6
	Q	kN/m	8.3	-36.1	43.7
	M	kN·m/m	0	0	0
划分角度	α	°	46	46	46

板块采用铰接形式，建议铰接角度为46°。铰接处的压应力计算结果和管涵收敛变位如表4.4所示。

表4.4 板块接头处应力和管涵收敛变位

荷载工况	收敛变位（mm）	接头处压应力（刚接）(kPa)	接头处压应力（铰接）(kPa)
填载	0.4	-149.3	-146.0
正载	1.1	-281.2	-307.4
偏载	0.8	-234.1	-216.8

4.3.3 管涵结构内力的参数分析

管涵结构的优化研究是基于管涵结构内力的影响参数评估分析，覆土厚度、混凝土强度等级、板厚、交通动荷载等各因素影响管涵的结构内力。采用有限元的分析手段建模分析各因素对管涵结构受力特性的影响及其规律，建模过程中管涵结构采用铰接形式，铰接角度取为46°，管涵结构和回填土体的计算参数如表4.11所示。

1) 混凝土强度等级

覆土厚度取0.5m，管涵板厚为0.25m，通过改变混凝土强度等级分析混凝土强度等级对管涵结构内力的影响，如图4.11所示。可以看出，混凝土强度等级的变化对管涵各板的最大弯矩影响不明显。可见结构设计中提高混凝土强度等级对管涵结构的抗弯承载力影响不大。

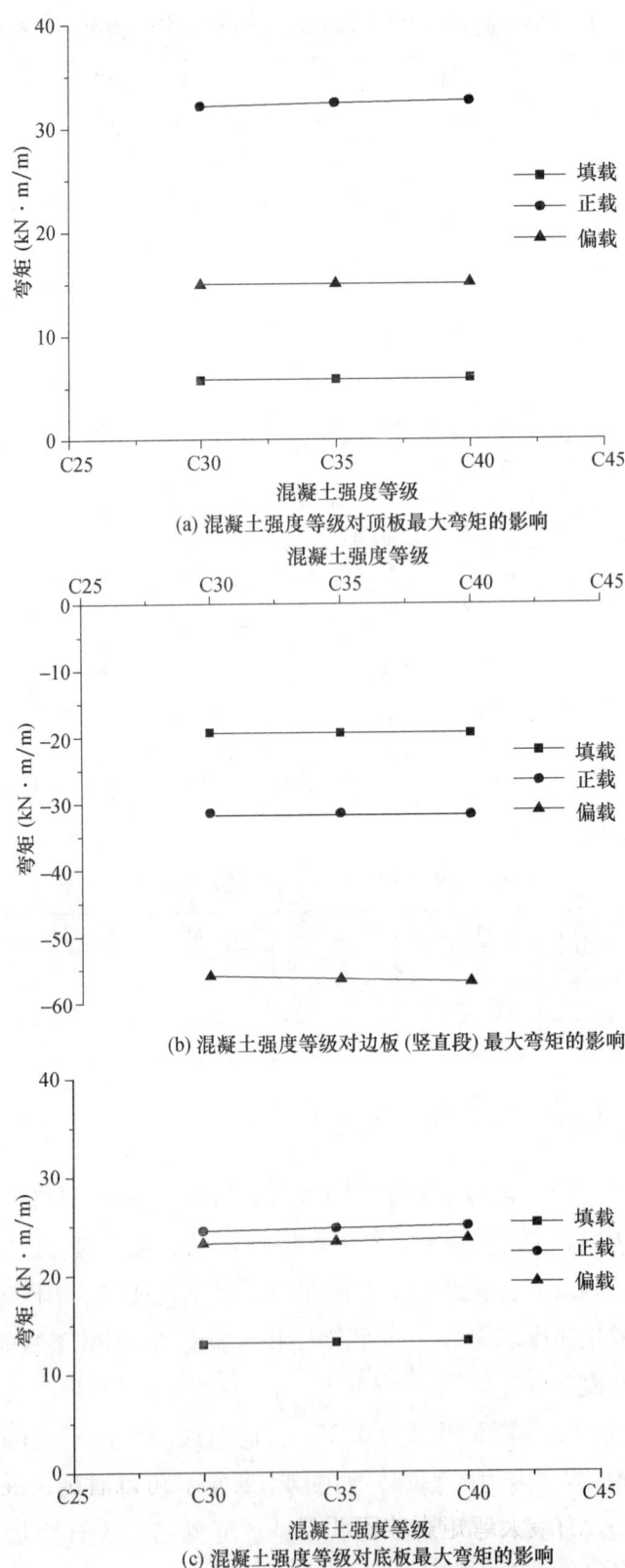

图 4.11 混凝土强度等级对管涵弯矩的影响

2）板厚

覆土厚度取 0.5m，混凝土强度等级为 C30，改变板块厚度来分析其对管涵结构内力的影响，如图 4.12 所示。可以看出，管涵各板的最大弯矩随着板厚的增大而增大。说明结构设计中对管涵结构各板厚度的选择直接影响管涵结构的抗弯承载力。

3）覆土厚度

板厚取 0.25m，混凝土强度等级为 C30，改变覆土厚度（包括路面结构层）来分析其对管涵结构内力的影响，如图 4.13 所示。可以看出，管涵各板的最大弯矩随着覆土厚度的增大而增大，两者基本呈线性关系。说明覆土厚度对管涵抗弯承载力的影响是显著的。

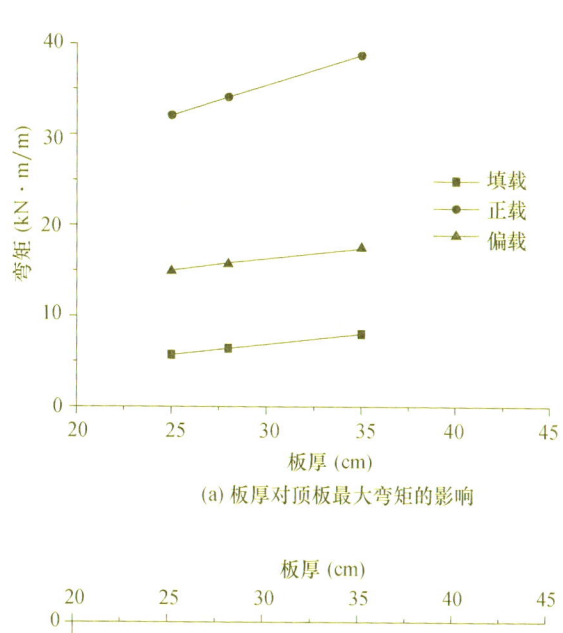

(a) 板厚对顶板最大弯矩的影响

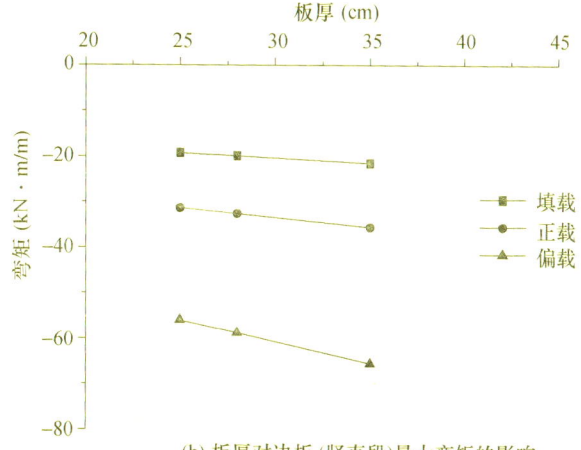

(b) 板厚对边板(竖直段)最大弯矩的影响

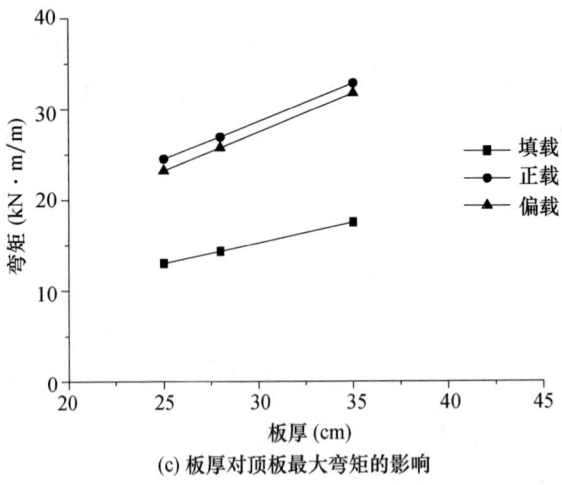

(c) 板厚对顶板最大弯矩的影响

图 4.12 板厚对管涵弯矩的影响

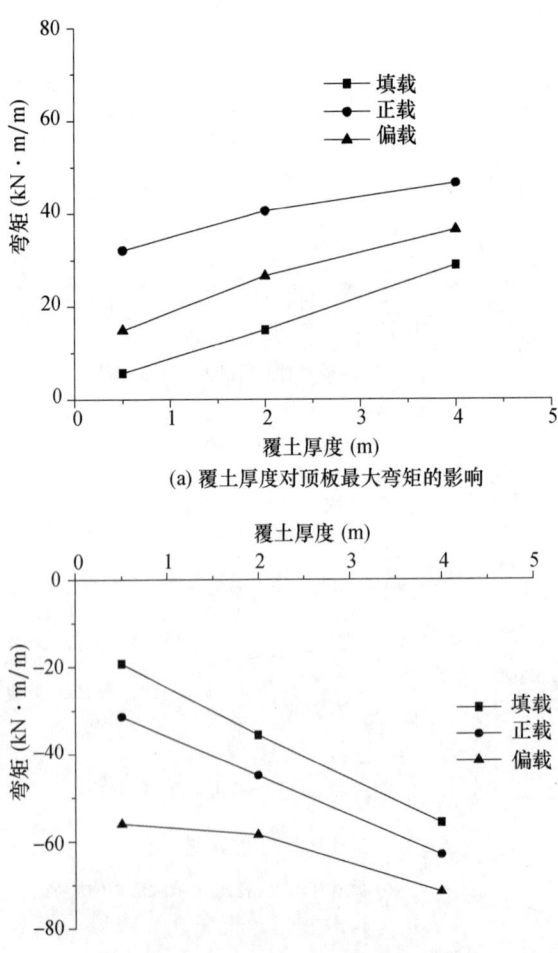

(a) 覆土厚度对顶板最大弯矩的影响

(b) 覆土厚度对边板(竖直段)最大弯矩的影响

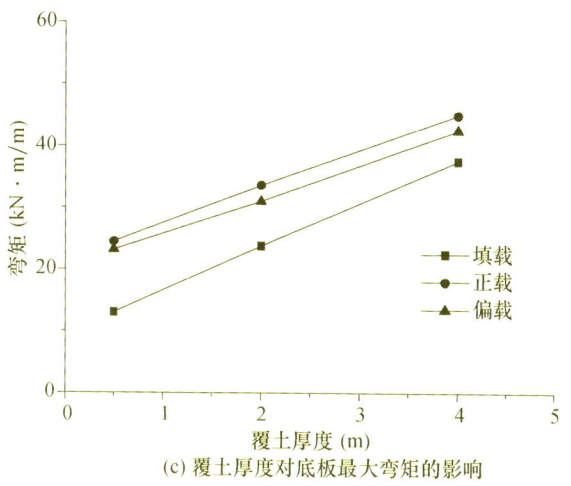

(c) 覆土厚度对底板最大弯矩的影响

图 4.13　覆土厚度对管涵弯矩的影响

4）交通动荷载

装配式管涵投入使用后，路面交通动荷载是影响管涵结构的受力和变形形状的重要因素。车辆动荷载实际上是由两部分组成：（1）车辆静轮轴重；（2）车辆与路面结构相互作用而产生的附加作用力。车辆轮轴动压力主要与车辆运行速度有关，可按下式计算车辆轮轴动压力 P_d：

$$P_d = P_0 \times (1 + \alpha \cdot v) \tag{4.4}$$

式中，P_0 为静轮重；α 为速度影响系数，与车辆运行速度有关，高速公路工程 α 取 0.004；v 为车辆运行速度。根据《公路桥涵设计通用规范》（JTG D 60—2015）高速公路设计车速主要有 80km/h、100km/h、120km/h 三种等级。

采用有限元手段分析管涵内力随设计车速的变化规律，管涵尺寸如图 4.5 所示，采用铰接形式，铰接角度为 46°，计算参数如表 4.1 所示。图 4.12 和图 4.13 分别表示正载和偏载条件下管顶最大土压力与设计车速的关系曲线。可以看出，正载下管顶土压力、偏载下管涵顶板最大土压力与设计车速均呈线性关系，两者随设计车速的增大而增大。同一设计车速填高较低时，考虑填土荷载前后两者变化较小，填高较高时，考虑填土荷载前后两者变化较大。

图 4.14～图 4.27 表示各板最大弯矩、弯矩最大点的轴力在正载和偏载下与设计车速的关系曲线。可以看出，各板最大弯矩、弯矩最大点的轴力在正载或偏载下均与设计车速呈线性关系，随着设计车速的增大而增大。正载下各板最大弯矩随设计车速的增长速率顶板最大，底板最小。偏载下各板最大弯矩随设计车速的增长速率边板最大，顶板最小。同一设计车速不同填高下，填高较低时考虑填土荷载前后各板最大弯矩变化较小，填高较高时考虑填土荷载前后各板最大弯矩变化较大。

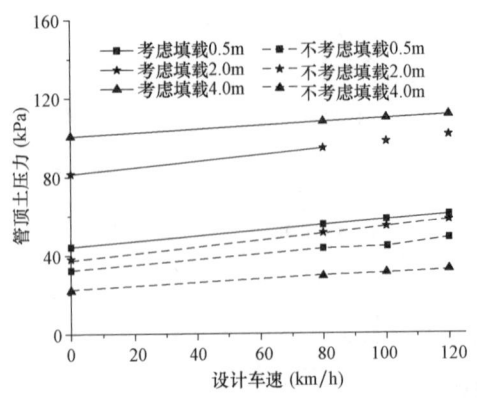

图 4.14 正载下管顶土压力

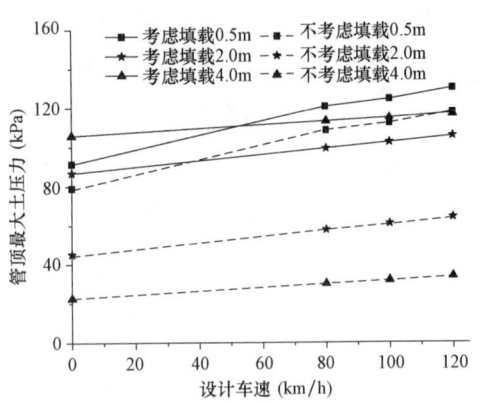

图 4.15 偏载下管涵顶板最大土压力

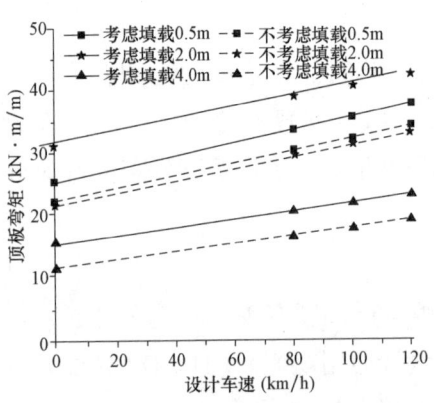

图 4.16 正载下顶板最大弯矩

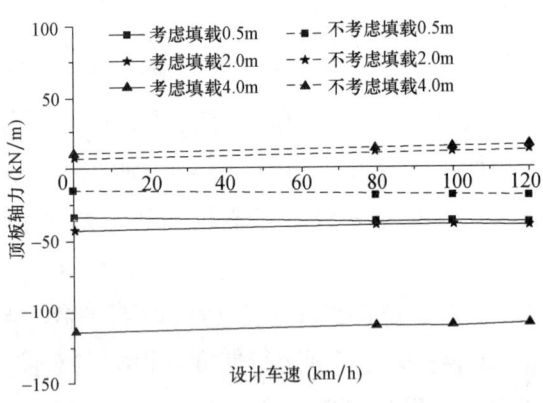

图 4.17 正载下顶板轴力（弯矩最大点）

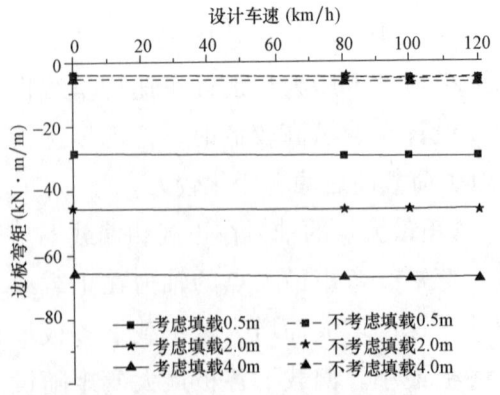

图 4.18 正载下边板最大弯矩

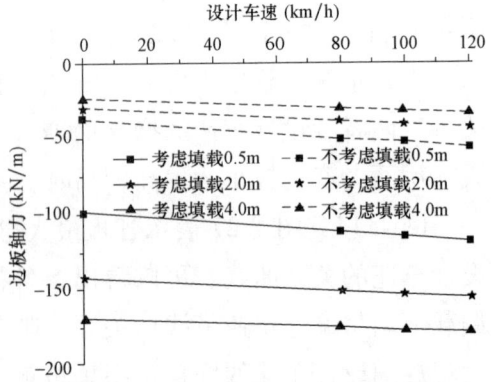

图 4.19 正载下边板轴力（弯矩最大点）

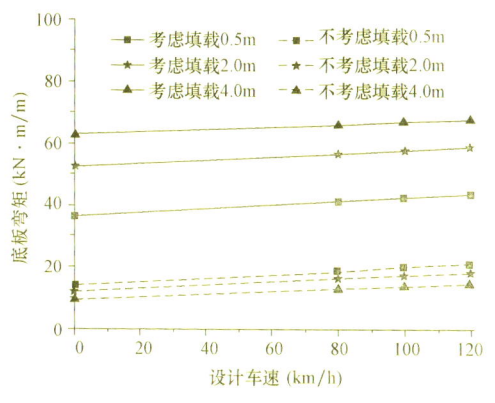

图 4.20　正载下底板最大弯矩

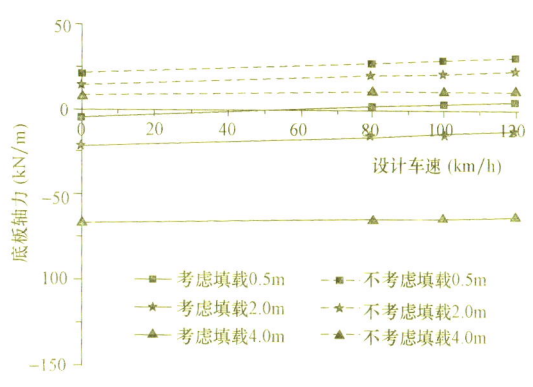

图 4.21　正载下底板轴力（弯矩最大点）

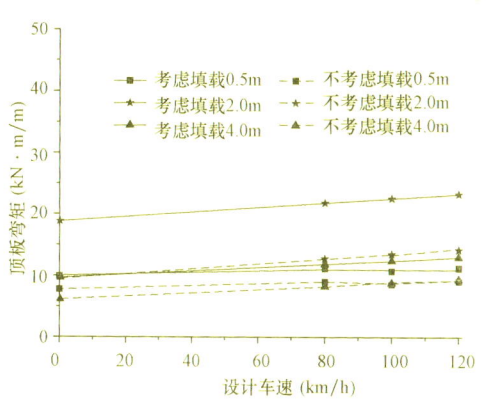

图 4.22　偏载下顶板最大弯矩

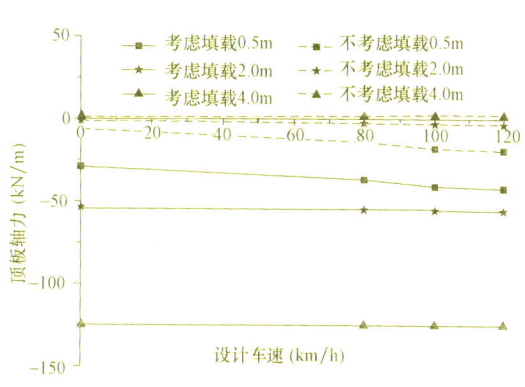

图 4.23　偏载下顶板轴力（弯矩最大点）

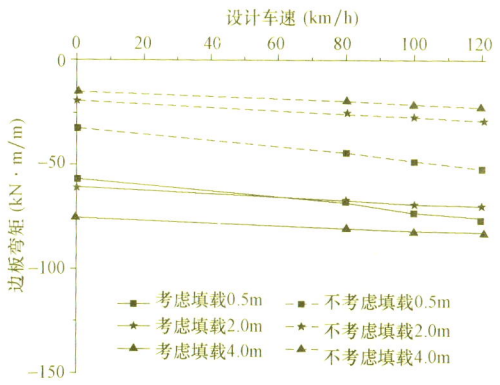

图 4.24　偏载下边板最大弯矩

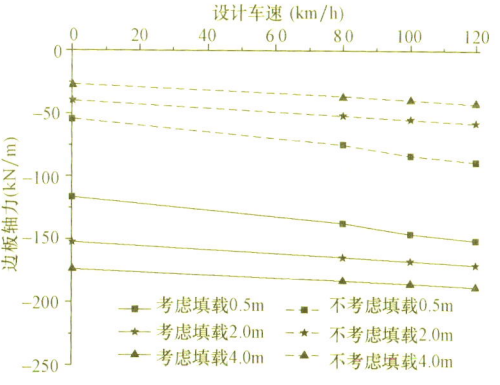

图 4.25　偏载下边板轴力（弯矩最大点）

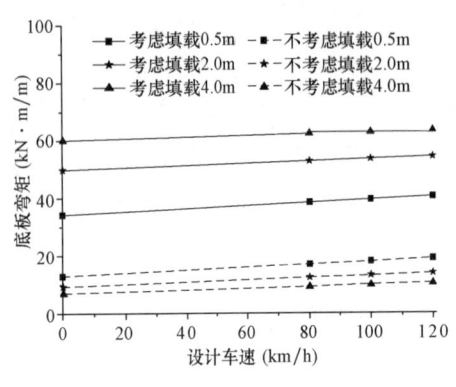

图 4.26 偏载下底板最大弯矩

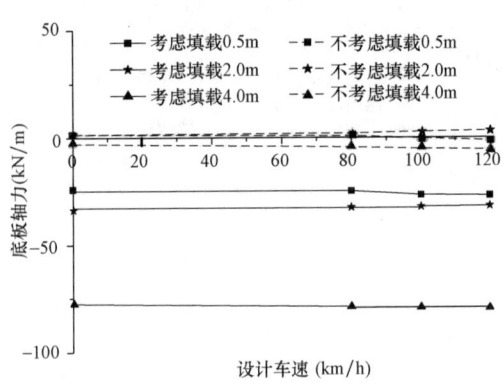

图 4.27 偏载下底板轴力（弯矩最大点）

4.4 地震荷载下多孔联拱管涵结构受力特性

本节采用拟静力法研究地震荷载作用下多孔联拱管涵结构的结构受力和变形特性，为管涵结构的设计提供参考。

4.4.1 埋地管涵的抗震分析

地震对管涵的作用常用地震力来表达。所谓地震力就是当地震发生时，地下结构所受的一种惯性力，它是由地震引起的。地下结构在抗震验算时，一般只计算水平地震力的作用。地震引起的荷载包括：

(1) 地震时地下结构体的惯性力

《建筑抗震设计规范（2016年版）》（GB 50011—2010）给出了全国县级及以上城镇的中心地区的抗震设防烈度、设计基本地震加速度和所属的设计地震分组。六（安）武（汉）路所处场地的抗震设防烈度为7°，按《公路工程抗震规范》（JTG B02—2013）：水平地震系数 $K_h = 0.1$。设计基本地震加速度为 $0.1g$，作为地下结构物-管涵结构的水平惯性力 $F = (a/g)W = 0.1W$。

(2) 地震引起的主动侧土压力增量

土的内摩擦角要发生变化，由原来的 ϕ 值减少为 $\phi - \beta$，其中 ϕ 为土体原先的内摩擦角，β 为地震角，$\beta = \arctan K_h$，$K_h = 0.1$ 为水平地震系数。

4.4.2 有限元模型

采用大型通用有限元软件 ANSYS 建立土与结构相互作用模型研究地震荷载对单孔、双孔、三孔管涵结构受力特性的影响。管涵的高度、板厚、宽度如模型试验中的管涵尺寸,采用碎石回填,地基土和回填土如同于模型试验的碎石填土,管顶填高分 0.5m、1m、2m、5m 四个工况。回填土采用 PLANE42 平面应变单元模拟,为弹塑性模型,管涵结构采用 BEAM3 梁单元模拟,为线弹性模型。管涵两侧的土体计算区域为 2~3 倍的管径,管涵底部以下的土体计算区域为 1 倍的管径。填土回填过程中,模型两侧 x 方向约束,底部 x、y 方向均约束;填土施加地震荷载过程中,模型两侧 y 方向约束,底部 x、y 方向均约束,同时两侧施加水平侧压力。计算步骤包括开挖土体;敷设管涵;回填土体;施加地震荷载。单孔、双孔、三孔管涵计算模型如图 4.28 所示。

(a) 单孔管涵计算模型

(b) 双孔管涵计算模型

(c) 三孔管涵计算模型

图 4.28 多孔联拱管涵计算模型

4.4.3 计算结果分析

管顶填高 5.0m 时 (2 倍管涵高度),不同孔型管涵结构考虑地震荷载作用前后的弯矩分布图和土体水平应力云图分别如图 4.29~图 4.34 所示。

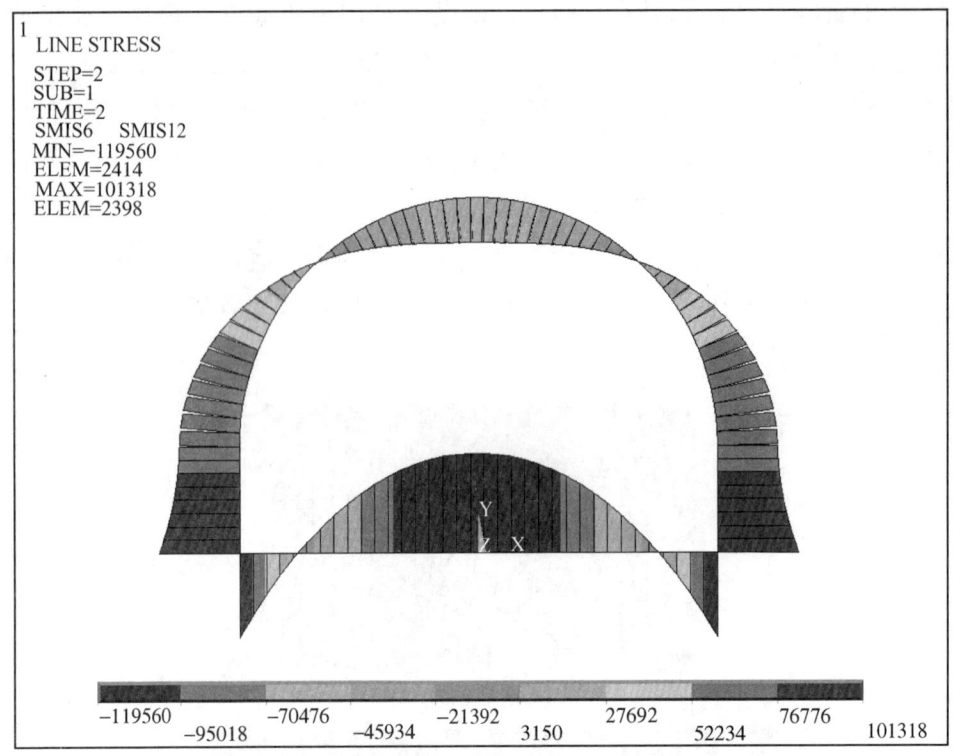

(a) 不考虑地震荷载

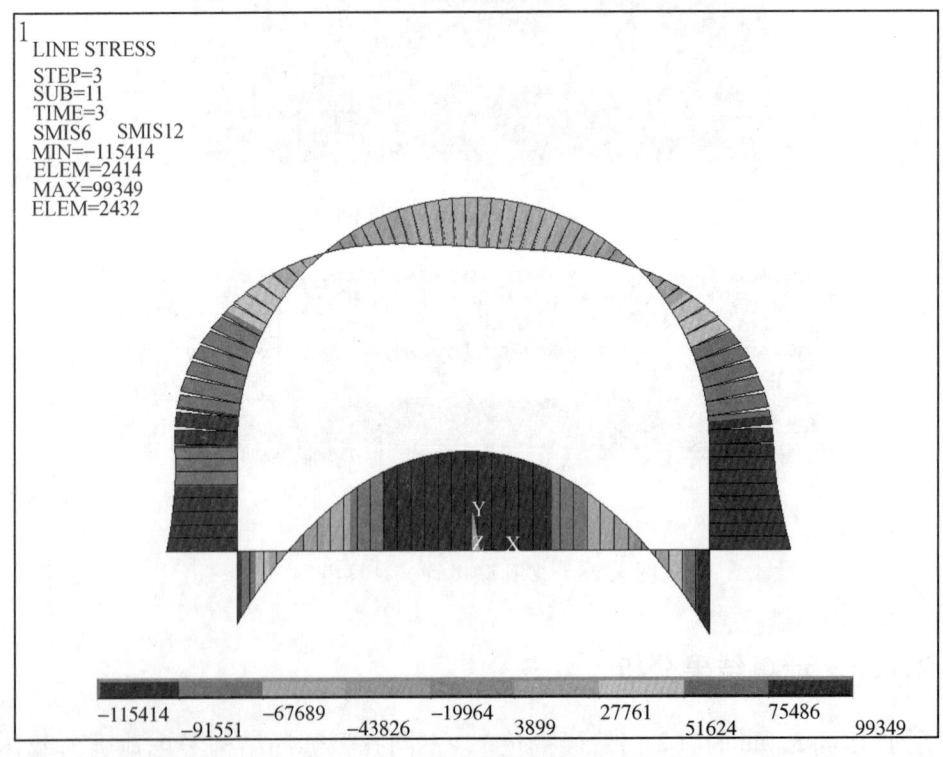

(b) 考虑地震荷载

图 4.29　考虑地震荷载前后单孔管涵弯矩分布

4 管涵结构横向受力变形特性

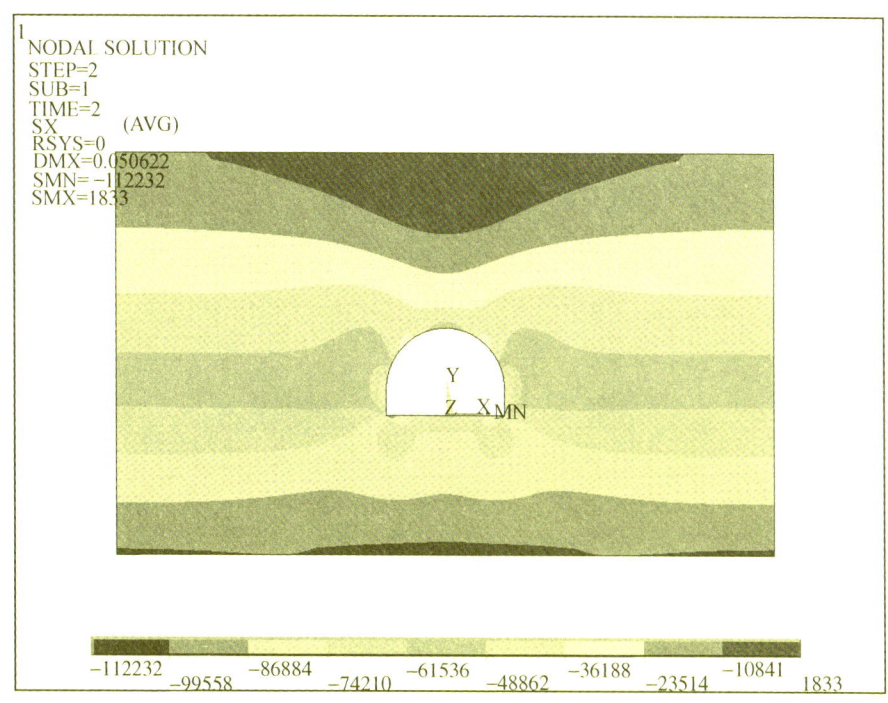

(a) 不考虑地震荷载

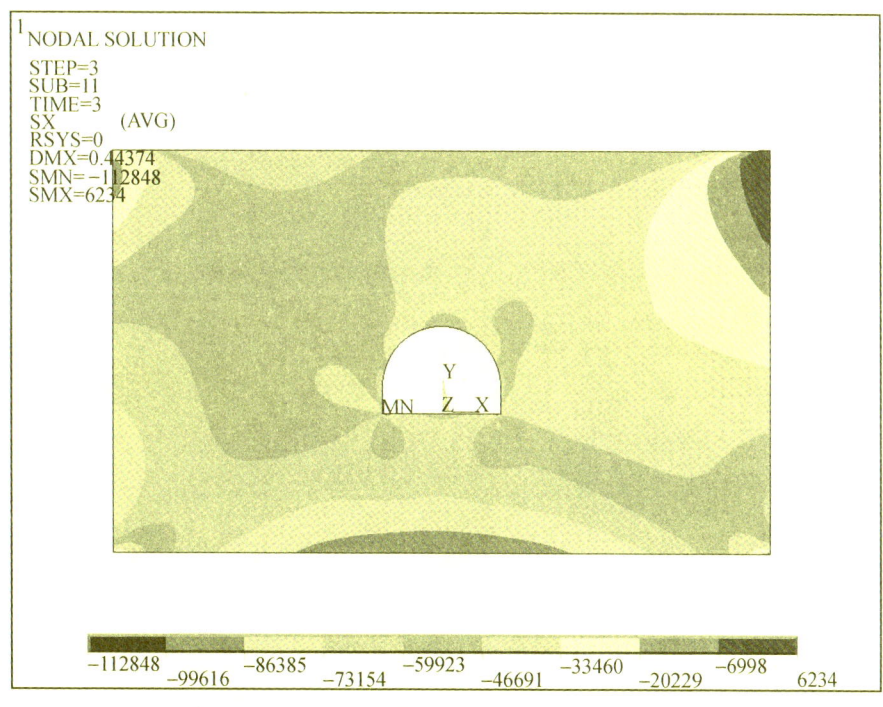

(b) 考虑地震荷载

图 4.30 考虑地震荷载前后单孔管涵周土体水平应力

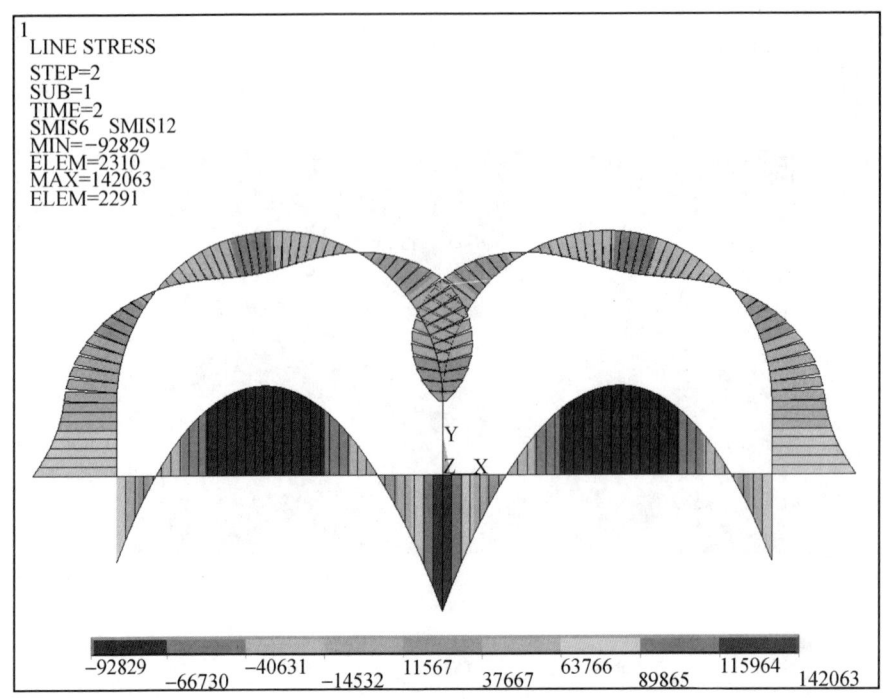

(a) 不考虑地震荷载

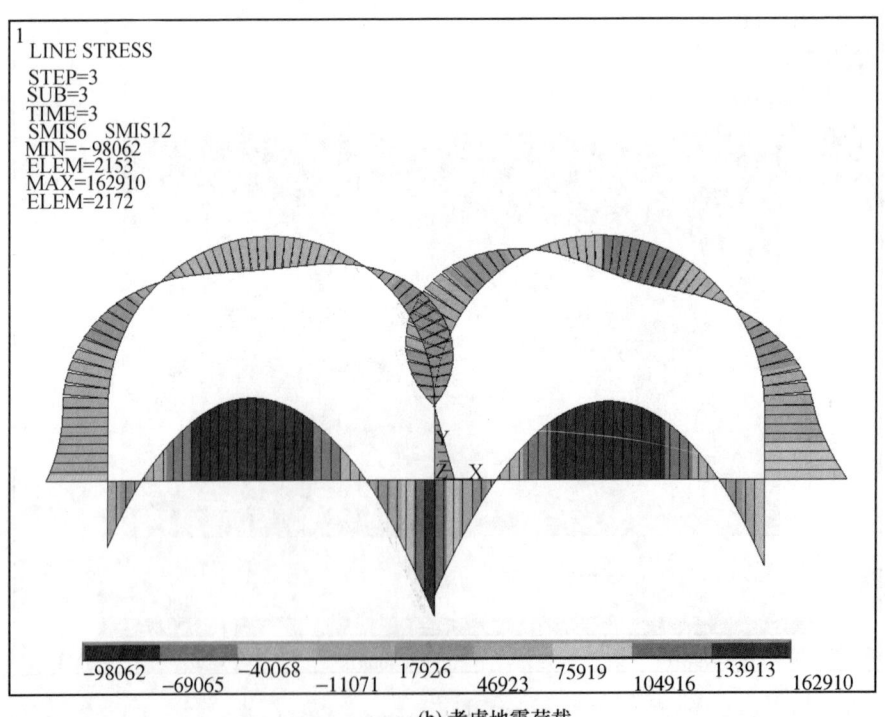

(b) 考虑地震荷载

图 4.31　考虑地震荷载前后双孔管涵弯矩分布

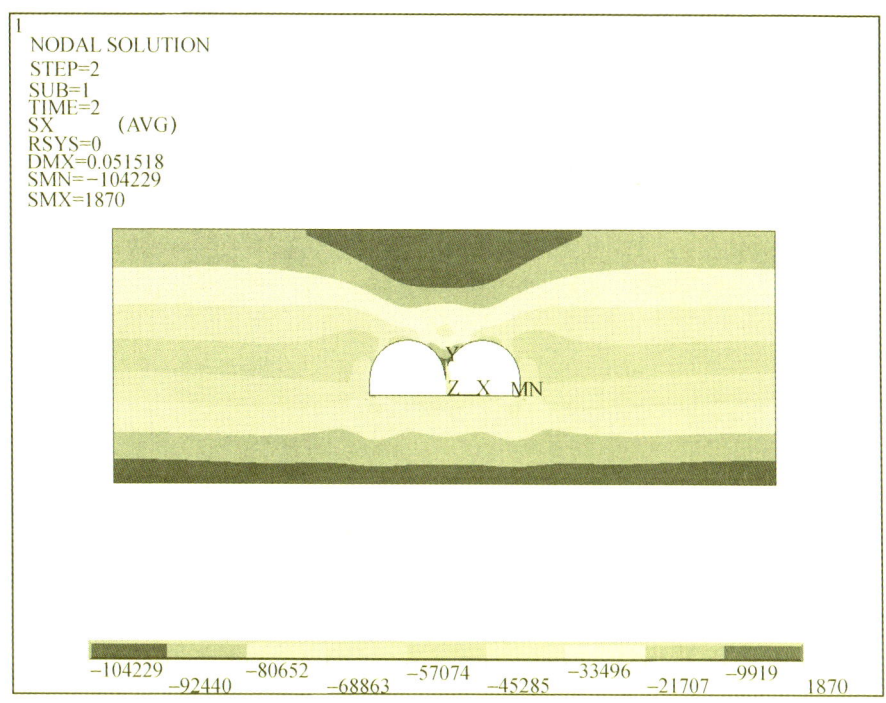

(a) 不考虑地震荷载

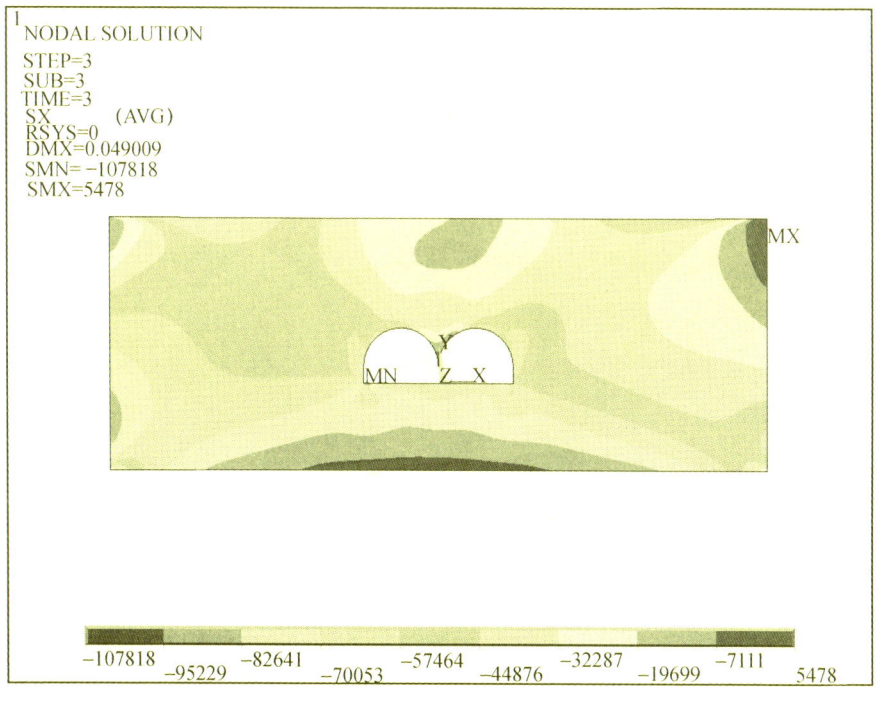

(b) 考虑地震荷载

图 4.32 考虑地震荷载前后双孔管涵周土体水平应力

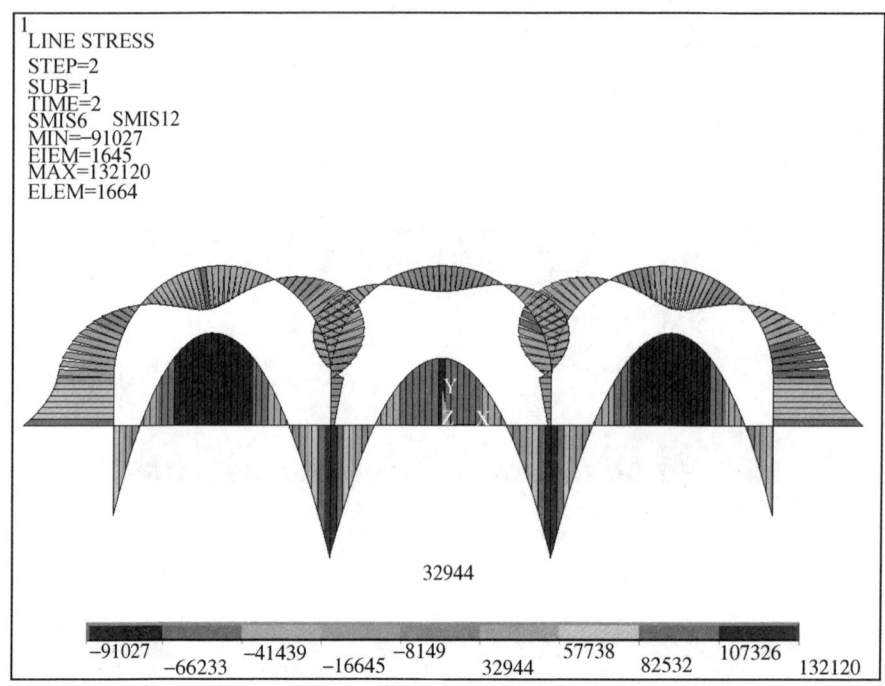

(a) 不考虑地震荷载

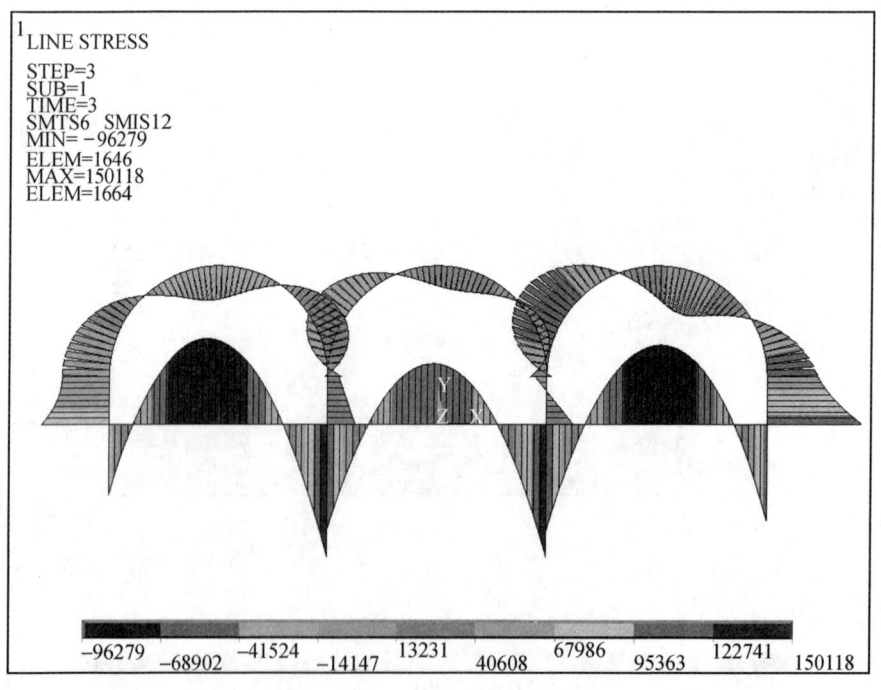

(b) 考虑地震荷载

图 4.33 考虑地震荷载前后三孔管涵弯矩分布

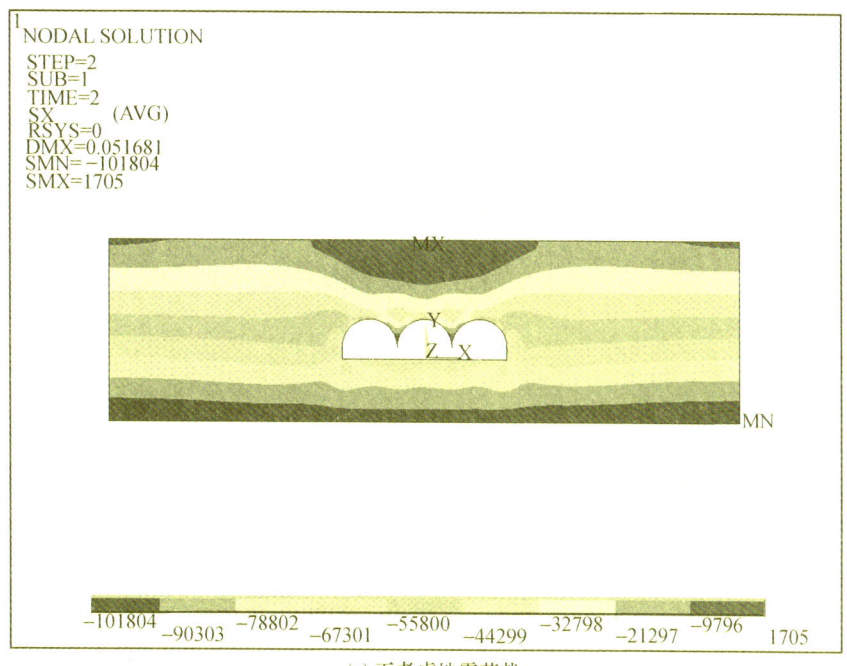

(a) 不考虑地震荷载

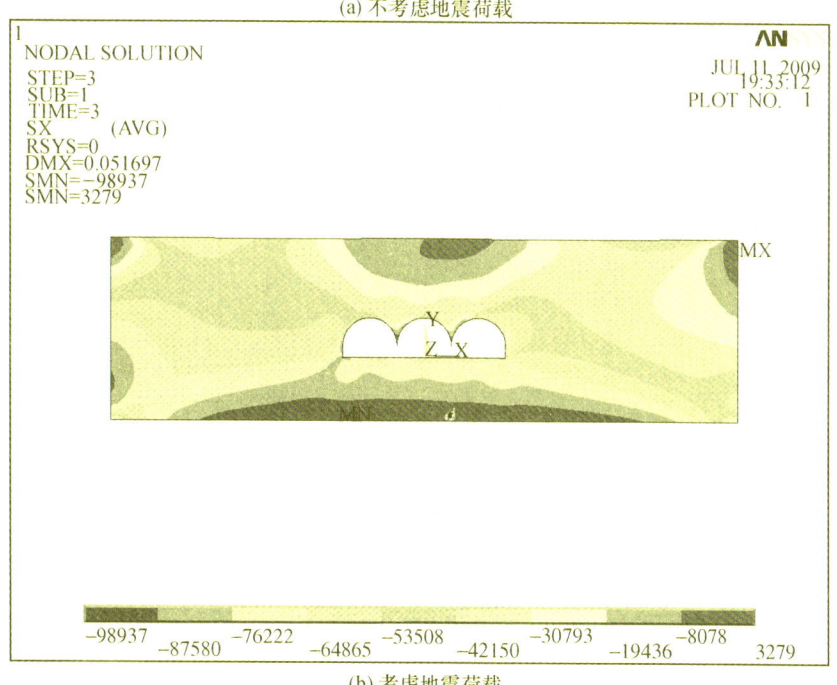

(b) 考虑地震荷载

图 4.34 考虑地震荷载前后三孔管涵周土体水平应力

由于管涵结构的存在，管涵两侧土体在地震荷载作用下，其水平土压力增量并非一致，对管涵结构作用非对称荷载。为更好地阐述考虑地震荷载前后管涵内力，绘制管涵内力特征点，如图 4.35 所示。不同填高、不同孔型、考虑地震荷载作用前后管涵各板的最大弯矩计算结果，如表 4.5 所示。

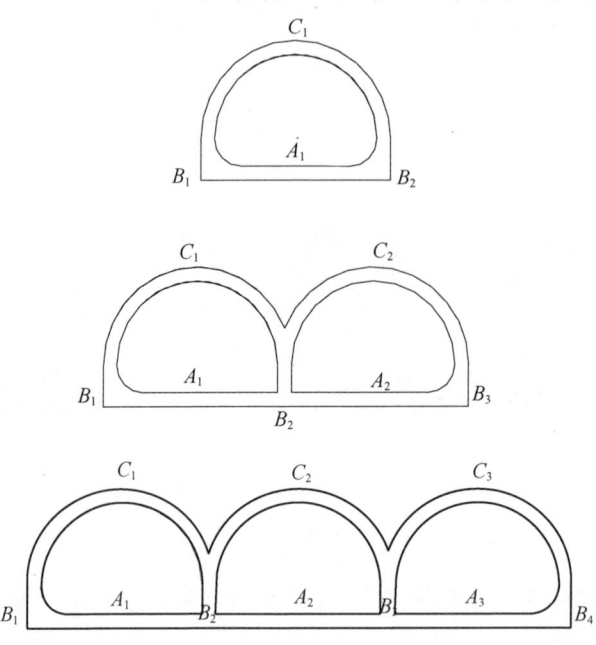

图 4.35 不同孔型管涵内力特征点

表 4.5 不同填高不同孔型考虑地震荷载前后管涵各板弯矩计算值（kN·m/m）

管涵类型	填高(m)	管涵顶板			管涵边板			管涵底板		
		不考虑地震荷载	考虑地震荷载	地震荷载引起的增量	不考虑地震荷载	考虑地震荷载	地震荷载引起的增量	不考虑地震荷载	考虑地震荷载	地震荷载引起的增量
单孔	0.5	C_1点 10.8	C_1点 7.4	C_1点 −31.5%	B_1点 32.8 B_2点 32.8	B_1点 32.0 B_2点 39.9	B_1点 −2.4% B_2点 +21.6%	A_1点 34.8	A_1点 34.8	A_1点 0
	1.0	C_1点 13.7	C_1点 10.2	C_1点 −25.5%	B_1点 40.8 B_2点 40.8	B_1点 39.9 B_2点 48.4	B_1点 −2.2% B_2点 +18.6%	A_1点 43.7	A_1点 44.0	A_1点 +0.7%
	2.0	C_1点 21.1	C_1点 19.6	C_1点 −7.1%	B_1点 56.4 B_2点 56.4	B_1点 53.8 B_2点 63.8	B_1点 −4.6% B_2点 +13.1%	A_1点 62.0	A_1点 64.2	A_1点 +3.5%
	5.0	C_1点 54.0	C_1点 57.4	C_1点 +6.3%	B_1点 101.3 B_2点 101.3	B_1点 86.1 B_2点 99.3	B_1点 −15.0% B_2点 −2.0%	A_1点 119.5	A_1点 115.4	A_1点 −3.4%

续表

管涵类型	填高(m)	管涵顶板			管涵边板			管涵底板		
		不考虑地震荷载	考虑地震荷载	地震荷载引起的增量	不考虑地震荷载	考虑地震荷载	地震荷载引起的增量	不考虑地震荷载	考虑地震荷载	地震荷载引起的增量
双孔	0.5	C_1点 13.6 C_2点 13.6	C_1点 11.1 C_2点 15.0	C_1点 −18.4% C_2点 +10.3%	B_1点 36.5 B_2点 0 B_3点 36.5	B_1点 34.4 B_2点 9.1 B_3点 43.8	B_1点 −5.8% B_2点 净增 B_3点 +20.0%	A_1点 28.2 A_2点 28.2	A_1点 28.7 A_2点 27.7	A_1点 +1.8% A_2点 −1.8%
	1.0	C_1点 16.3 C_2点 16.3	C_1点 13.0 C_2点 19.0	C_1点 −20.2% C_2点 +16.6%	B_1点 43.9 B_2点 0 B_3点 43.9	B_1点 41.3 B_2点 11.6 B_3点 53.0	B_1点 −5.9% B_2点 净增 B_3点 +20.7%	A_1点 35.1 A_2点 35.1	A_1点 36.1 A_2点 34.5	A_1点 +2.8% A_2点 −1.7%
	2.0	C_1点 22.8 C_2点 22.8	C_1点 18.2 C_2点 27.1	C_1点 −20.2% C_2点 +18.9%	B_1点 56.9 B_2点 0 B_3点 56.9	B_1点 52.7 B_2点 16.1 B_3点 68.5	B_1点 −7.4% B_2点 净增 B_3点 +20.4%	A_1点 48.9 A_2点 48.9	A_1点 50.7 A_2点 48.1	A_1点 +3.7% A_2点 −1.6%
	5.0	C_1点 42.3 C_2点 42.3	C_1点 39.6 C_2点 48.4	C_1点 −6.4% C_2点 +14.4%	B_1点 90.2 B_2点 0 B_3点 90.2	B_1点 79.3 B_2点 24.7 B_3点 102.7	B_1点 −12.1% B_2点 净增 B_3点 +13.9%	A_1点 92.8 A_2点 92.8	A_1点 98.1 A_2点 93.0	A_1点 +5.7% A_2点 +0.2%

续表

管涵类型	填高(m)	管涵顶板			管涵边板			管涵底板		
		不考虑地震荷载	考虑地震荷载	地震荷载引起的增量	不考虑地震荷载	考虑地震荷载	地震荷载引起的增量	不考虑地震荷载	考虑地震荷载	地震荷载引起的增量
三孔	0.5	C_1点 12.0 C_2点 12.4 C_3点 12.0	C_1点 10.7 C_2点 12.3 C_3点 13.9	C_1点 −10.8% C_2点 −0.8% C_3点 +15.8%	B_1点 34.7 B_2点 2.5 B_3点 2.5 B_4点 34.7	B_1点 31.2 B_2点 6.2 B_3点 12.6 B_4点 41.4	B_1点 −10.1% B_2点 148% B_3点 404% B_4点 +19.3%	A_1点 26.5 A_2点 20.1 A_3点 26.5	A_1点 27.3 A_2点 20.2 A_3点 25.7	A_1点 +3.0% A_2点 +0.5% A_3点 −3.0%
	1.0	C_1点 14.8 C_2点 13.9 C_3点 14.8	C_1点 12.7 C_2点 13.8 C_3点 18.1	C_1点 −14.2% C_2点 −0.7% C_3点 +22.3%	B_1点 41.8 B_2点 2.7 B_3点 2.7 B_4点 41.8	B_1点 37.9 B_2点 8.9 B_3点 15.7 B_4点 50.4	B_1点 −9.3% B_2点 +230% B_3点 +481% B_4点 +20.6%	A_1点 33.5 A_2点 25.3 A_3点 33.5	A_1点 34.6 A_2点 25.5 A_3点 32.3	A_1点 +3.3% A_2点 +0.8% A_3点 −3.6%
	2.0	C_1点 22.0 C_2点 16.3 C_3点 22.0	C_1点 18.6 C_2点 16.1 C_3点 26.8	C_1点 −15.5% C_2点 −1.2% C_3点 +21.8%	B_1点 54.6 B_2点 5.4 B_3点 5.4 B_4点 54.6	B_1点 49.8 B_2点 13.6 B_3点 21.4 B_4点 68.4	B_1点 −8.8% B_2点 +152% B_3点 +333% B_4点 +25.3%	A_1点 47.5 A_2点 35.2 A_3点 47.5	A_1点 49.4 A_2点 35.7 A_3点 45.8	A_1点 +4.0% A_2点 +2.0% A_3点 −3.6%
	5.0	C_1点 41.6 C_2点 25.2 C_3点 41.6	C_1点 38.4 C_2点 25.4 C_3点 49.4	C_1点 −7.7% C_2点 +0.8% C_3点 +18.8%	B_1点 89.5 B_2点 12.3 B_3点 12.3 B_4点 89.5	B_1点 80.4 B_2点 31.1 B_3点 29.7 B_4点 108.8	B_1点 −10.2% B_2点 +153% B_3点 +141% B_4点 +21.6%	A_1点 91.0 A_2点 66.3 A_3点 91.0	A_1点 96.3 A_2点 68.1 A_3点 89.5	A_1点 +5.8% A_2点 +2.7% A_3点 −1.6%

4 管涵结构横向受力变形特性

不同孔型由于地震荷载引起的管涵弯矩的增量随填高的关系如图 4.36 ~ 图 4.38 所示。可以看出，双孔和三孔管涵结构填高对结构内力的影响大于单孔，且考虑地震荷载结构弯矩增量较大，尤其涵孔之间的连接柱弯矩增量最大。

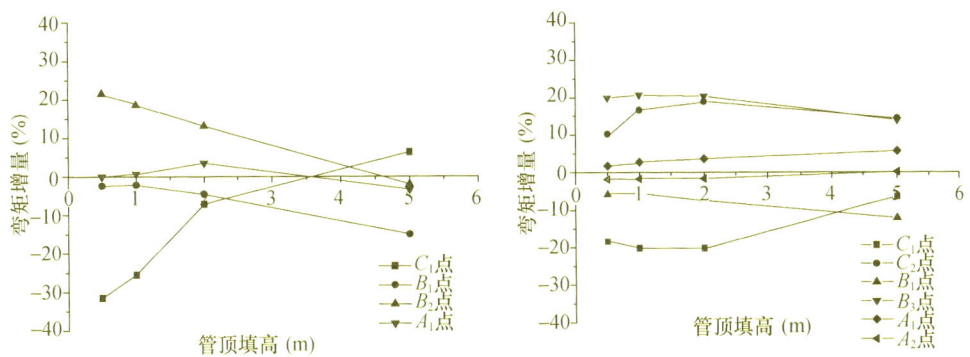

图 4.36　单孔管涵弯矩增量　　　图 4.37　双孔管涵弯矩增量（B_2 点未标注）

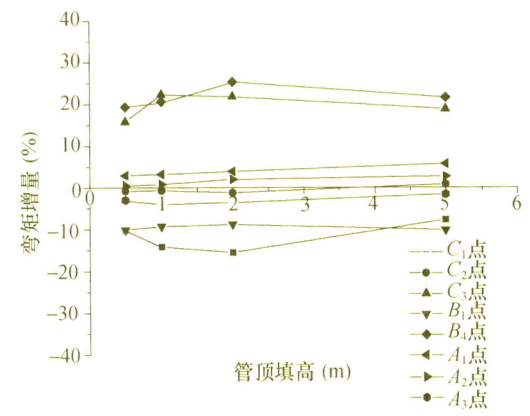

图 4.38　三孔管涵弯矩增量（B_2、B_3 点未标注）

4.5　小结

本章首先采用三种计算方法计算了模型试验采用的管涵内力和变形，而后针对交通荷载下和地震荷载下埋地管涵的受力特性进行详细分析研究，得到以下结论：

（1）三种方法计算的管涵轴力、弯矩、收敛变位值比较吻合。根据管涵的受力特征，板块采用铰接形式，建议铰接角度为46°。

（2）管涵各板最大弯矩随着覆土厚度的增大而增大，两者基本呈线性关系。管涵各板最大弯矩随着板厚的增大而增大。混凝土强度等级的变化对管涵各板的最大弯矩影响不明显。

正载下管顶土压力和偏载下管顶最大土压力与设计车速均呈线性关系，两者随设计车速的增大而增大。

管涵各板最大弯矩和弯矩最大点对应的轴力在正载或偏载下均与设计车速呈线性关系，随着设计车速的增大而增大。

正载下各板最大弯矩随设计车速的增长速率顶板最大，底板最小。偏载下各板最大弯矩随设计车速的增长速率边板最大，顶板最小。

同一设计车速不同填高下，填高较低时考虑填土荷载前后各板最大弯矩变化较小，填高较高时考虑填土荷载前后各板最大弯矩变化较大。

（3）双孔和三孔管涵结构填高对结构内力的影响大于单孔，且考虑地震荷载结构弯矩增量较大，尤其涵孔之间的连接柱弯矩增量最大。

5 多层结构软土本构模型的推广

5.1 引言

　　岩土体的结构性通常是指天然土体成分结构特征。初始状态下的土体结构性和外荷载作用下土体微观结构的损伤是影响土体力学性质的两大因素。沉积过程、地质历史和天然土体成分导致土体表现出各向异性的特征；土体微观结构的损伤使得土体表现出应变软化的特性，这也是很多岩土问题出现渐进累积破坏的主要因素。由此可见，土体性质的复杂性和典型岩土问题边界条件的复杂性，势必要求在实际岩土体设计过程中运用更为高级的数值技术（比如有限元），同时采用更为高级的土体本构模型。土体本构模型的发展影响数值技术方法的运用。为设计出安全经济的岩土结构，必须要求采用可考虑上述天然土体性质和行为的土体本构模型。

　　基于 Taylor 提出的滑动理论得到的多层结构模型，提供了一种微观和宏观材料力学性能联系的简化关系。在此框架内，材料的整体性能是基于滑动面的材料特性得到。土可以被看成无限土颗粒组成的离散体，土颗粒之间存在着胶结，可以相互作用。土体的整体变形包括弹性变形和塑性变形。当荷载作用于土体，随着土体应力的增长，由于土颗粒发生弹性变形导致土体的弹性变形。土体应力继续增长，当土颗粒间正应力和剪应力满足一定法则时，土粒间胶结破坏，土颗粒重新排列，这就导致土颗粒的塑性变形。土体的整体塑性变形大小等于所有土颗粒塑性变形的总和。所以，土体看成离散体后，土体变形可以通过这种方式得到，但是土体内部包含了大量的土颗粒，由于边界值的数值问题，计算将会非常耗时，从实际来讲也是不可行的。

　　依据多层结构模型框架，土体可简化为土颗粒组成的结合体和有限个假想的滑动面，这些滑动面在空间上是任意方向的。那么，土体的整体塑性变形就是这些面上的塑性变形总和。土粒间应力可以假定作用于这些面上，土体的塑性变形假定为这些面上的土粒的塑性滑动。这样，土体的总变形就等于土颗粒的弹性变形和这些面上的塑性变形总和相加。既然假定无限个滑动面是不可能，那么就可以在每一平面上选定具有代表性的一组滑动面，同时具有不同的权重。这些选定的滑动面可以称为"采样面""接触面"或者"积分面"。在本书研究中，统一采用采样面这个名称。模型的准确性就依赖于采样面的数量、方向和分布。

针对一种多层结构模型，屈服函数和塑性位势都是在采样面上独立定义。因此，在采样面上塑性应变也是独立的。故多层结构模型可以考虑土体内部的各向异性，而不需要定义附加参数。各向异性特征，可以通过直接改变采样面上的模型参数来考虑。

按照多层结构模型框架，给定函数是在半径为1的球上进行数值积分。塑性应变是通过数值积分完成。任意连续函数必须能够描述土体的物理特性，同时能够进行数值积分。单元球体表面可以通过球体接触点上的无限个平面积分得到。当采样面数量给定的条件下，接触点的数量也就给定了。球体上的积分都是通过采样面计算得到。数值积分的精确度依赖于采样面的数量、方向和分布。如下式：

$$\int_s h(x,y,z)\,\mathrm{d}S \approx \sum_{i=1}^{n_{SP}} h(x_i,y_i,z_i)w_i \quad (5.1)$$

式中，S 为单元球体表面；n_{SP} 为采样面的数量；$h(x,y,z)$ 为一连续函数；x_i，y_i，z_i 为球体接触点 i 的坐标，也可看成是采样面 i 法向的方向余弦；w_i 为采样面 i 的权重系数。

在有限元分析中，多层结构模型的基本概念如图5.1所示。

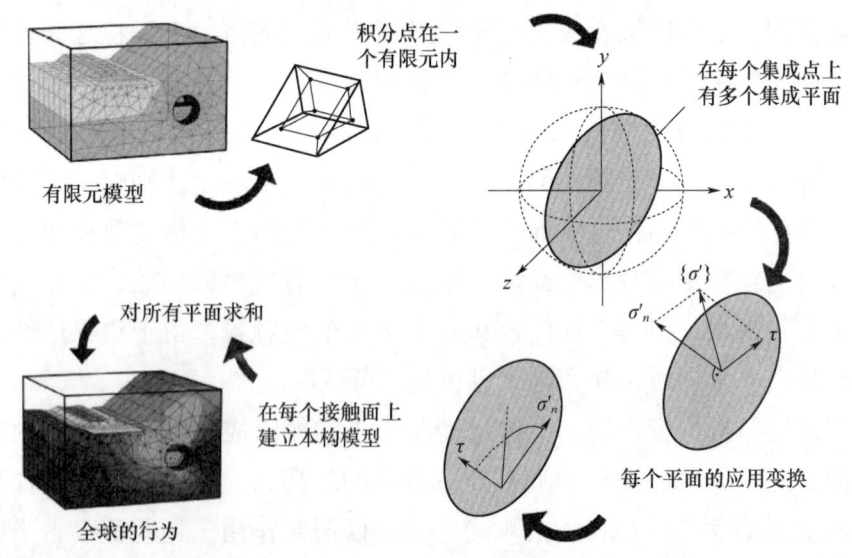

图 5.1　多层结构模型的基本概念

基于多层结构模型框架建立的多层结构软土模型是一种在某一采样面上进行描述的弹塑性模型，但是模型中同样的计算表达式也适用所有的采样面，也就是说，整体行为是由所有采样面的各权重行为的汇总得到。因此，所有计算表达式都是定义在某一个采样面上，而不用再定义整体的屈服函数、每一个采样面上的屈服曲线等。每一个采样面上的屈服曲线是各自采样面上的塑性应变的累积。Wiltafsky 对多层结构软土模型进行修正，可以应用于正常固结或微超固结软土，但在模型中没有考虑天然土体的各向异性和结构性损伤的特征。天然软土的各向异性特征可以通过峰值剪切强度参数和先期固结压力来体现（Galavi & Schweiger, 2006a；Galavi & Schweiger, 2006b）。天然软土的结构性损伤可以通过降低屈服应力从而降低土体结构强度的办法来模拟（Galavi & Schweiger）。本文在 Galavi 修正的多层结构本构计算理论的基础上，采用动态链接库的编辑方式，在 PLAXIS 有限元程序中成功实现了程序化的计算。

本章首先介绍多层结构软土模型的屈服函数、塑性位势和流动法则，然后针对土体各向异性和结构性损伤两大特征在多层结构软土模型中如何数值实现给予详细描述，然后采用室内试验数据验证模型的准确性，最后将多层结构软土模型应用于典型结构软土的工程项目。

5.2 多层结构软土模型

多层结构软土模型的数学函数定义都是在各自采样面上进行的。采用传统的数学符号，拉伸应力和拉伸应变均假定为正值。

5.2.1 屈服函数

屈服函数 f 是应力分量（有效正应力 σ'_n 和剪应力 τ）和硬化参数的标量函数。按照弹塑性理论，当屈服函数 $f<0$ 时材料发生弹性行为，当 $f=0$ 时材料的弹塑性行为开始发生。$f>0$ 是不允许的。多层结构软土模型的屈服函数包括三个独立的有效应力分量函数：f_d、f_v、f_t，分别称为偏量屈服函数、体量屈服函数和拉伸屈服函数。如图 5.2 所示。

三个屈服函数分别代表屈服曲线的每一部分，而且都是相互独立的。偏量屈服函数 f_d 在 $\sigma'_s \leq \sigma'_n \leq \sigma'_t$ 范围内有效，是一条倾斜直线。其中，σ'_s 是 f_d 和 f_v 相交点处的有效正应力；σ'_t 是材料的拉伸强度，拉伸强度是结构胶结力的函数，随着结构性的降低而降低。f_d 的斜率依赖于机动摩擦角 ϕ'_{mob}：

$$f_d = \tau + \sigma'_n \cdot \tan\phi'_{mob} - \frac{c'_{mob} \cdot \tan\phi'_{mob}}{\tan\phi'_{peak}} = 0 \tag{5.2}$$

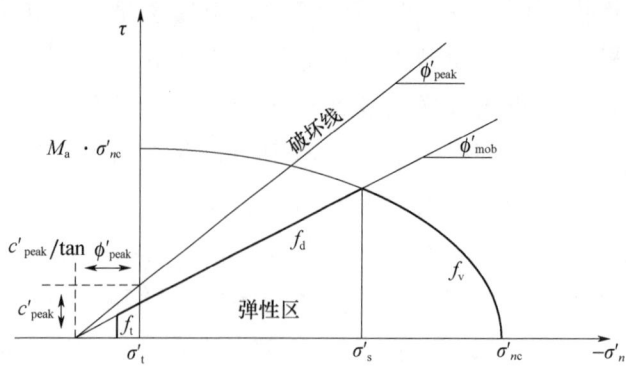

图 5.2 多层结构软土模型在采样面上的屈服曲线

硬化状态，机动摩擦角 ϕ'_{mob} 随着偏量硬化而增加，直到达到峰值有效摩擦角 ϕ'_{peak}。发生应变软化时，机动摩擦角 ϕ'_{mob} 和机动黏聚力 c'_{mob} 均由于偏量软化而减小，直到达到残余强度（ϕ'_{res} 和 c'_{res}）。在峰值点，屈服函数的偏量部分 f_d 服从 M-C 准则：

$$f_d = \tau + \sigma'_n \cdot \tan\phi'_{peak} - c'_{peak} = 0 \tag{5.3}$$

当 $\sigma'_n < \sigma'_s$ 时，体量屈服函数 f_v 有效，是一椭圆形状的函数。Wiltafsky 通过考虑椭圆主轴的顶点位置的变化，修正了体量屈服函数，使得模拟体变行为更为可行。

$$f_v = \frac{\sigma'^2_n}{\sigma'^2_{nc}} + \frac{\tau^2}{(M_\alpha \cdot \sigma'_{nc})^2} - 1 = 0 \tag{5.4}$$

式中，σ'_{nc} 为各自采样面上的预固结有效应力。椭圆的短轴大小等于 $M_\alpha \cdot \sigma'_{nc}$。形状参数 M_α 决定了 f_v 的形状，定义为

$$M_\alpha = \alpha \cdot \tan\phi'_{peak} \tag{5.5}$$

$$\alpha \approx 1 - \sin(0.67\phi'_{peak}) \tag{5.6}$$

式中，α 为 Wiltafsky 通过对天然软土的不同固结应力路径的模拟确定的，默认值取 0.67。

当 $\sigma'_n = \sigma'_t$ 时，拉伸屈服函数 f_t 有效，此屈服函数提供了一种拉伸截断准则。当不考虑拉伸截断时，拉伸强度 $\sigma'_t = c'_{peak}/\tan\phi'_{peak}$。

$$f_t = \sigma'_n - \sigma'_t = 0 \tag{5.7}$$

5.2.2 应变硬化

在多层结构软土模型中，由于剪应变和体应变增加而引起的屈服函数偏量硬化和体量硬化均假定是各自独立发生的。

1) 偏量硬化

偏量屈服函数服从 M-C 破坏准则，通过引进机动摩擦角 ϕ'_{mob} 而得到的一条倾斜直线。偏量硬化时，此倾斜角度会随着累积偏应变分量 $\varepsilon^p_{\gamma,d}$ 增加而增加。当机动摩擦角增大到峰值摩擦角 ϕ'_{peak} 时，硬化停止，如图 5.3 所示。

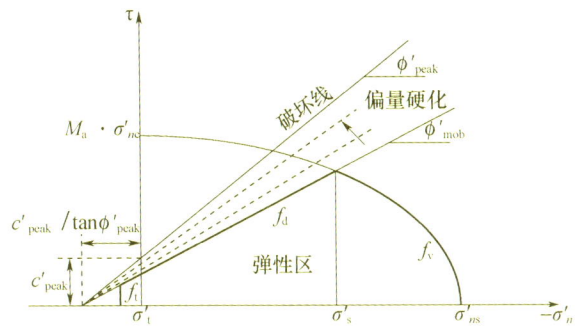

图 5.3 采样面上的偏量硬化

Wiltafsky 采用了 Pietruszczak & Niu 建议的方法，引进偏量硬化规律，如下式：

$$\tan\phi'_{mob} = \tan\phi'_i + (\tan\phi'_{mob} - \tan\phi'_i) \cdot \frac{\varepsilon^p_{\gamma,d}}{\varepsilon^p_{\gamma,d} + A_{mat}} \quad (5.8)$$

$$R_f = \frac{\tan\phi'_{mob}}{\tan\phi'_{peak}} \quad (5.9)$$

式中，ϕ'_i 为采样面上的初始有效摩擦角；R_f 为破坏比，限定式（5.8）所述双曲线的形状，明显小于1，缺省值设为0.9；A_{mat} 为控制偏量硬化的比例参数，可以通过对三轴试验数据处理得到。Wiltafsky 指出：A_{mat} 值越大，意味着机动摩擦角很小的改变将会引起较大的塑性剪应变，以致峰值强度将在很大的剪应变条件下才可达到。

2) 体量硬化

体量屈服函数是一条体量硬化过程中随累积塑性正应变 $\varepsilon^p_{n,v}$ 增加而膨胀的椭圆曲线，如图 5.4 所示。

下式描述了体量屈服函数的膨胀性能：

$$\sigma'^*_{nc} = \sigma'^*_{nc,i} \cdot pe^{-K \cdot \varepsilon^p_{n,v}} \quad (5.10)$$

式中，σ'^*_{nc} 为重塑土的屈服应力；$\sigma'^*_{nc,i}$ 为重塑土的先期固结压力；K 为硬化参数，定义为

$$K = \frac{1+e}{\lambda^* - \kappa^*} \quad (5.11)$$

式中，λ^* 为重塑土 $\ln p' - e$ 坐标下正常压缩曲线的斜率；κ^* 为重塑土 $\ln p' - e$ 坐标下加卸载曲线的斜率；e 是孔隙比。

如图 5.4 中所示，σ'_{nc} 是原状土的屈服应力，是 σ'^{*}_{nc} 的相关函数。

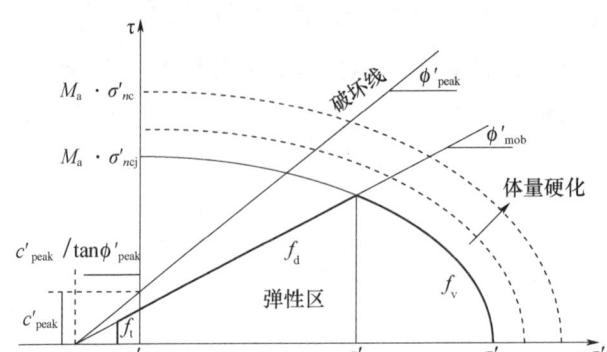

图 5.4　采样面上的体量硬化

5.2.3　塑性位势

按照塑性理论，塑性应变矢量的方向是由塑性势函数的梯度决定的。假定 f_d 服从不相关联的流动准则，f_v 和 f_t 服从相关联的流动准则。

1）塑性势函数的偏量部分

偏量屈服曲线的塑性势函数服从非相关联的流动准则，引入机动膨胀角 ψ_{mob}：

$$g_d = \tau + \sigma'_n \cdot \tan\psi_{mob} \tag{5.12}$$

这是 Rowe 提出的应力-剪胀理论，后来很多学者对此不断修正。Soreide et al. 指出其缺陷，认为不排水条件下较小的机动内摩擦角 ϕ'_{mob} 会引起不真实的超孔隙水压力。因此，Wiltafsky 在多层结构软土模型中引进了修正的应力-剪胀理论即运动硬化模型。

$$\sin\psi_{mob} = \left(\frac{\sin\phi'_{mob} - \sin\phi'_{cv}}{1 - \sin\phi'_{mob} \cdot \sin\phi'_{cv}} \right) \cdot \left(\frac{\sin\phi'_{mob}}{\sin\phi'_{peak}} \right)^p \tag{5.13}$$

$$\sin\phi'_{cv} = \frac{\sin\phi'_{peak} - \sin\psi}{1 - \sin\phi'_{peak} \cdot \sin\psi} \tag{5.14}$$

式中，机动剪胀角 ψ_{mob} 是 ϕ'_{mob} 的函数，ϕ'_{mob} 由（5.8）式计算得到；p 为幂指数，这是为在较小的机动内摩擦角条件下可以使机动剪胀角 ψ_{mob} 很快降级而引入此参数。

2）塑性势函数的体量和拉伸部分

假定体量屈服函数和拉伸截断服从相关联的流动准则，故塑性势函数等同于屈服函数：

$$g_v = f_v = \frac{\sigma_n'^2}{\sigma_{nc}'^2} + \frac{\tau^2}{(M_a \cdot \sigma_{nc}')^2} - 1 \qquad (5.15)$$

$$g_t = f_t = \sigma_n' - \sigma_t' \qquad (5.16)$$

5.2.4 流动法则

图5.5给出了采样面上的屈服曲线和塑性应变的流动方向。需要指出的是，多层结构模型的一个缺陷就是没有具体的数学表达式可以描述整体应力空间中的屈服面形状。因此，多层结构软土模型是通过对采样面上的屈服曲线的数值积分来得到整体的屈服面。

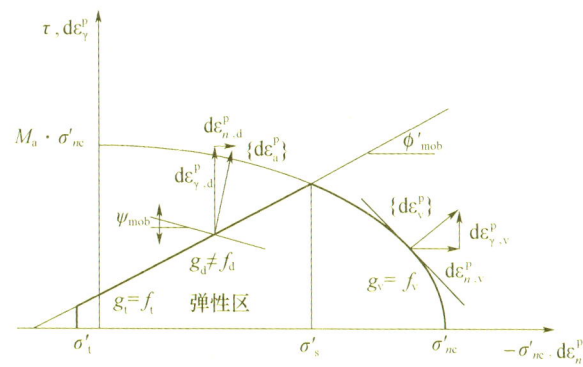

图5.5 采样面上的流动法则

图5.6给出了无黏性土在强度各向同性条件下（所有方向 $\phi'_{peak} = 30°$）的多层结构软土模型屈服面。

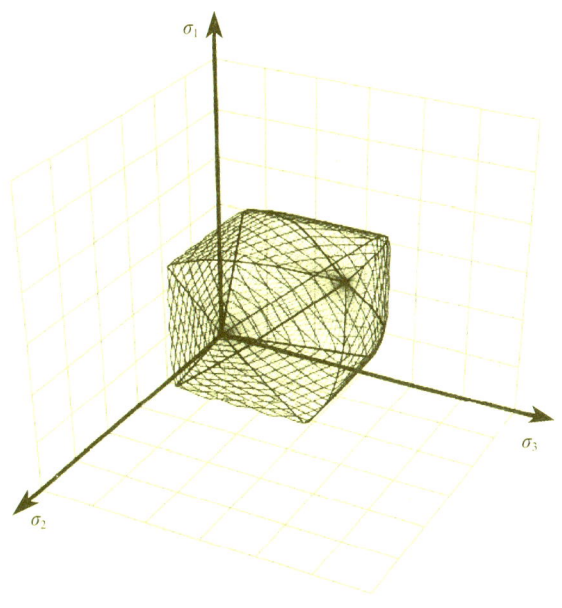

图5.6 多层结构软土模型屈服面

图 5.7 给出了多层结构软土模型和 M-C 模型屈服面的偏量部分在偏平面上的对比情况。

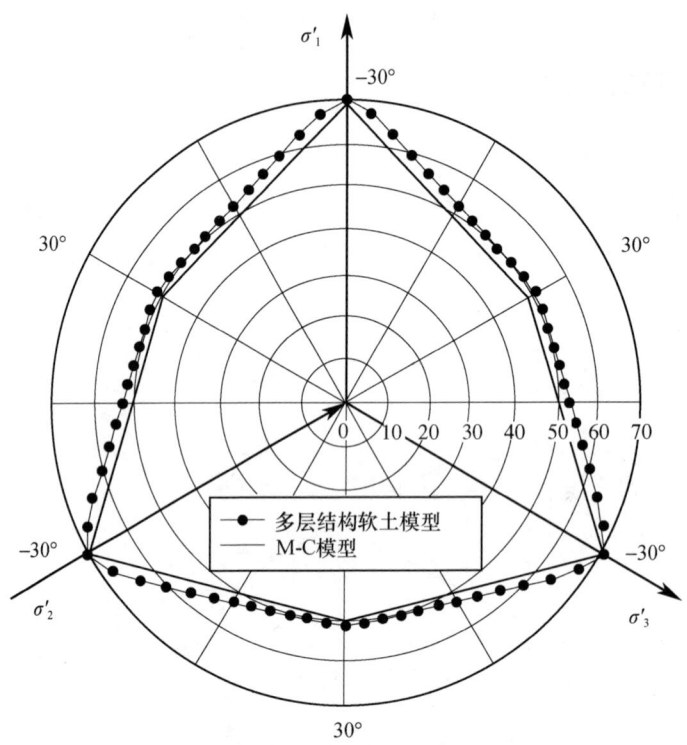

图 5.7　多层结构软土模型和 M-C 模型的屈服面对比
($p' = 100\text{kPa}$，$\phi'_{peak} = 30°$，$c'_{peak} = 0$)

5.2.5　弹性行为

多层结构软土模型中，各向同性的弹性行为是假定在整体空间上定义的。

$$\varepsilon^e = (D^e)^{-1} \sigma' \tag{5.17}$$

式中

$$(D^e)^{-1} = \frac{1}{E'} \begin{bmatrix} 1 & -\nu' & -\nu' & 0 & 0 & 0 \\ -\nu' & 1 & -\nu' & 0 & 0 & 0 \\ -\nu' & -\nu' & 1 & 0 & 0 & 0 \\ 0 & 0 & 0 & 2(1+\nu') & 0 & 0 \\ 0 & 0 & 0 & 0 & 2(1+\nu') & 0 \\ 0 & 0 & 0 & 0 & 0 & 2(1+\nu') \end{bmatrix} \tag{5.18}$$

$$E' = 3(1 - 2\nu') \cdot K' \tag{5.19}$$

$$K' = \frac{(1+e)}{\kappa^*} \cdot p' \tag{5.20}$$

5.3 各向异性特征在多层结构软土模型中的实现

在有限元分析中，有很多本构模型可以模拟岩土体的各向异性。比如，转动硬化模型可以较为准确地模拟三轴压缩试验中的土体行为。但这些本构模型（Whittle & Kavvadas；Pestana & Whittle）非常复杂，需要引进附加参数，而且这些参数并不能从传统的试验中得到。在微观结构模型中，土体内任何方向的强度可以通过一个微观结构张量来模拟。在此类本构模型中，就可以通过微观结构张量定义的标量各向异性参数来考虑强度各向异性的影响，那么在多层结构软土模型中通过改变采样面上的参数可实现土体的强度各向异性。Pietruszczak & Pande 采用相同方法在多层结构框架内实现了强度各向异性的模拟。Cudny & Vermeer 也采用同样的方法成功模拟了方向相关性的超固结比。可见，在多层结构模型中，完全可以通过引进各向异性的概念来实现模拟低应力和破坏状态下的土体各向异性行为。

5.3.1 各向异性

几乎所有土体（超固结或正常固结）和岩体在强度和刚度上表现出各向异性。如果材料的特性在不同方向上是不同的，即称为各向异性材料。Casagrande & Carrillo 指出，土体的各向异性是在土体沉积过程和加载历史中形成的。他们同时指出，在土体沉积或者变形过程中，由于土颗粒的重新排列导致了土体的初始各向异性，沉积之后对土层的加载作用导致了土体的后续各向异性，这也是由土体固结完成时的初始应力状态决定的。

一般来说，初始各向异性与土体的天然组成成分相关，这也就是导致强度各向异性的原因。即使初始应力状态是各向同性的，但土体的初始各向异性仍然会表现出来。后续各向异性与土体受荷方向相关。即使土体表现出强度各向同性，但由于初始应力状态的各向异性而表现为后续各向异性。

Zdravkovic & Potts 采用初始各向异性的概念统一了两者，定义为"现场的土体单元不仅在实际的应力状态下具有各向异性的特征，而且在不同的应力历史下也表现出各向异性的特征。"

5.3.2 强度各向异性

通常土体沉积成层，一维受荷后表现出强度各向异性，这是由于静止土压力系数 K_0 通常比初始压缩状态时小。对于超固结土，K_0 要比初始状态大，所以土颗粒表现为竖向定向排列。土的不同沉积模式导致颗粒的优选定向排列和不同变形。Casagrande & Carrillo 建议采用下式考虑软土不排水剪切强度的方向性影响：

$$S_{u(i)} = S_{u(h)}[1 + (R-1)\cos^2\beta] \tag{5.21}$$

式中，$S_{u(h)}$ 为水平向不排水剪切强度；$S_{u(i)}$ 为土体最大正应力方向和竖向呈 β 角度时对应的不排水剪切强度，β 为主应力方向的转角，如图 5.8 所示；R 是各向异性系数，定义为

$$R = \frac{S_{u(v)}}{S_{u(h)}} \tag{5.22}$$

式中，$S_{u(v)}$ 为竖向不排水剪切强度。$S_{u(h)}$ 和 $S_{u(v)}$ 可看成主方向不排水剪切强度。各向异性系数 R 是在 0.75~2 之间波动，在超固结土中 R 通常小于 1（Chen）。

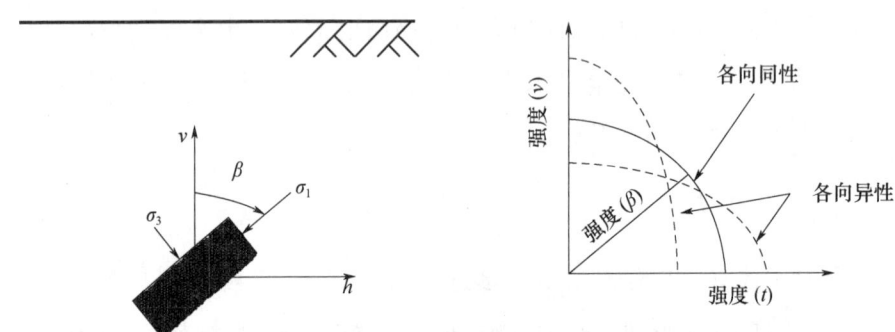

图 5.8 主应力方向转角

5.3.3 强度各向异性的数学表达式

在采样面上采用 Pietruszczak & Mroz 建议的方法，直接引入不同的峰值摩擦角 ϕ'_{peak} 和峰值黏聚力 c'_{peak} 来考虑土体的强度各向异性，如下式：

$$c'_{\text{peak}} = c'_0 \cdot \left[1 \frac{A_r - 1}{A_r + 2}(1 - 3(t_v)^2)\right] \tag{5.23}$$

$$\phi'_{\text{peak}} = \tan^{-1}\left(\tan\phi'_0 \cdot \left[1 - \frac{A_r - 1}{A_r + 2}(1 - 3(t_v)^2)\right]\right) \tag{5.24}$$

$$c'_0 = \frac{c'_{\text{peak},v} + 2c'_{\text{peak},h}}{3} \tag{5.25}$$

$$\tan\phi'_0 = \frac{\tan\phi'_{\text{peak},v} + 2\tan\phi'_{\text{peak},h}}{3} \tag{5.26}$$

$$A_r = \frac{c'_{\text{peak},v}}{c'_{\text{peak},h}} = \frac{\tan\phi'_{\text{peak},v}}{\tan\phi'_{\text{peak},h}} \tag{5.27}$$

式中，t_v 为采样面上剪应力矢量的单位矢量 t 的竖向分量，其中 $t = \dfrac{\sigma'n - (\sigma'n \cdot n) n}{\|\sigma'n - (\sigma'n \cdot n) n\|}$，$\sigma'$ 为有效应力张量，n 为各自采样面的法向单位矢量；c'_0 和 ϕ'_0 分别是平均有效黏聚力和平均有效内摩擦角；A_r 为各向异性比。

5.4 结构性损伤特征在多层结构软土模型中的实现

土体的结构性损伤可以看成由于力学、化学或者气候等因素影响下土体结构性的逐步丧失过程。已有一些模型来研究土体结构性损伤的影响，但是还没有一种模型可以同时考虑土体强度各向异性和结构性损伤的共同影响。下面阐述在多层结构框架内如何将土体结构性损伤和初始各向异性两大特征共同体现出来。

5.4.1 结构性损伤

土体结构性带来的影响之一是天然土体的极限屈服面在相应的重塑土的极限屈服面上方。因此，为很好地模拟天然土的结构性损伤，要求天然状态的屈服面要比重塑状态的大，就是说，土体的初始屈服面随着塑性应变的增长而逐渐变小，直到发生很大的塑性应变后两类屈服面才重合。

试验表明，体应变和剪应变均对土体结构性的损伤均有影响。但是，很难区分两种应变的影响程度，所以相关文献中关于这方面的本构模型研究均不统一。Liu & Carter 和 Cudny & Vermeer 仅采用体积塑性应变，而其他学者（Rouainia & Muir Wood；Kavvadas & Amorosi；Nova et al.；Baudet & Stallebrass）采用两种应变来研究土体结构性损伤。

本书假定塑性体应变和塑性剪应变均对土体结构性的损伤均有影响，相互间的比例通过比例参数 A_d 来反应，类似的假定也已被很多学者采用（Kavvadas & Amorosi；Koskinen et al.；Rouainia & Muir Wood）。

5.4.2 损伤准则

假定土体结构胶结度是初始胶结力的函数，同时也是损伤应变率的函数。土体的结构程度随着损伤应变增大而降低，如下式：

$$\frac{db'}{b'} = -h \cdot d\varepsilon_d \tag{5.28}$$

式中，h 为结构损伤系数，是无量纲参数；b' 为控制胶结程度的参数。

对式（5.28）进行积分，得到

$$b' = b_i \exp(-h\varepsilon_{di}) \tag{5.29}$$

式中，b_i 为采样面上的初始胶结力，是土体总体屈服点对应的胶结力。

那么，采用塑性大变形对应的胶结力可以很好地描述土体结构性的稳定程度，如下式：

$$b' = b_{ult} + (b_i - b_{ult}) \exp(-h\varepsilon_{di}) \tag{5.30}$$

式中，b_{ult} 为结构性稳定的单元体对应的极限胶结力。

1）压缩状态的损伤

图 5.9 所示为结构性土的屈服曲线。σ'^*_{nc} 和 σ'_{nc} 分别是重塑土和原状土的先期固结压力。两者之比是结构胶结力的函数：

$$\frac{\sigma'^*_{nc}}{\sigma'_{nc}} = f(b') \tag{5.31}$$

$$f(b') = 1 + b' \tag{5.32}$$

联立式（5.30）、式（5.31）、式（5.32），可以得到

$$\frac{\sigma'^*_{nc}}{\sigma'_{nc}} = 1 + b_{ult} + (b_i - b_{ult}) \exp(-h_v \varepsilon_{di}) \tag{5.33}$$

式中，h_v 为由于正应力引起的结构强度降低的比例系数，是无量纲参数。

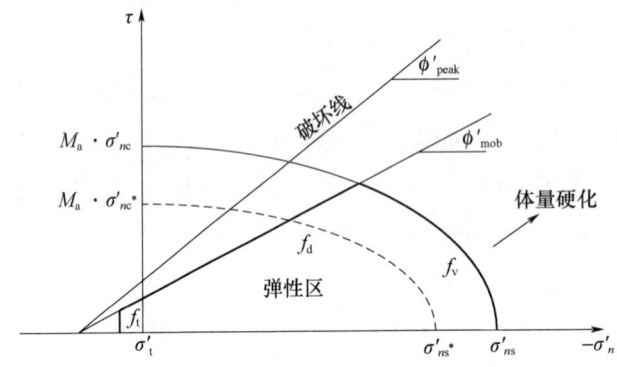

图 5.9 结构性土的屈服曲线

所有的结构性损伤参数，如 b_i、b_{ult}、h_v 都是有具体的物理含义，可从固结试验结果计算得到。

从式（5.33）得到原状土的先期固结压力：

$$\sigma'_{nc} = \sigma'^*_{nc} \cdot \{1 + b_{ult} + (b_i - b_{ult}) \exp(-h_v \varepsilon_{di})\} \tag{5.34}$$

联立式（5.10）和式（5.34），可以得到

$$\sigma' = (\sigma'^*_{nc,i} \cdot e^{-K \cdot \varepsilon^p_{n,v}}) \cdot \{1 + b_{ult} + (b_i - b_{ult}) e^{-h_v \varepsilon di}\} \tag{5.35}$$

式中，$\sigma'^*_{nc,i}$ 为重塑土的先期固结压力；K 为硬化参数，如式（5.11）所示。

$$b_i = \frac{\sigma'_{nc,i}}{\sigma'^{*}_{nc,i}} - 1 = \frac{\sigma'_{vy}}{\sigma'^{*}_{vy}} - 1 \tag{5.36}$$

式中，σ'_{vy} 和 σ'^{*}_{vy} 分别为原状土和重塑土的屈服应力，可从固结试验中获得，如图 5.10 所示。

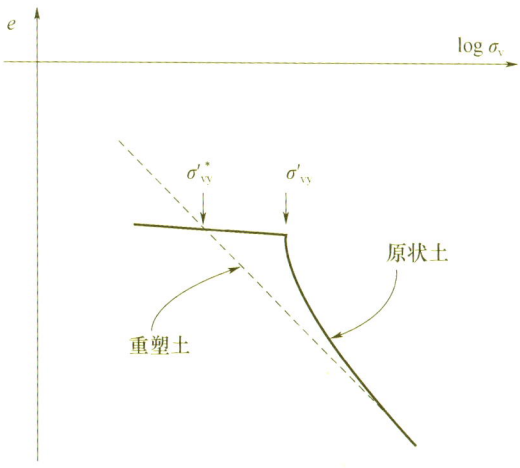

图 5.10 结构性土的压缩曲线

2）拉伸状态的损伤

类似压缩状态的损伤，拉伸强度的降低也可通过结构损伤来模拟，如图 5.11 所示。

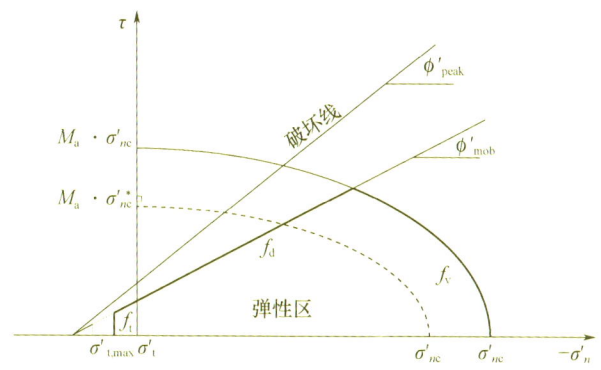

图 5.11 结构性土的屈服曲线

$$\frac{\sigma'_t}{\sigma'_{t,\max}} = \alpha_t b_i \exp(-h_v \varepsilon_{di}) \tag{5.37}$$

式中，$\sigma'_{t,\max}$ 为初始拉伸强度（最大拉伸强度）；σ'_t 为损伤应变 ε_{di} 对应的拉伸强度；α_t 为拉伸强度降低比例系数，是无量纲参数。上式表明，拉伸强度随着结构损伤应变的增加趋向于零。

5.4.3　各向异性对结构性损伤的影响

前面已提到，初始胶结力 b_i 是在采样面上定义的。由于多层结构框架内的数学计算式都是独立于各自采样面的，同时土体的结构性导致了不同方向的屈服面也是不同的，因此可以合理地假定：在各向异性土体中，初始胶结力在不同方向上是不同的，b_i 具有方向相关性，如下式：

$$b_i = b_0 \left[1 - \frac{A_r - 1}{A_r + 2}(1 - 3(n_v)^2) \right] \quad (5.38)$$

式中，b_0 为初始胶结力的平均值；A_r 为各向异性比；n_v 为各自采样面的法向单位矢量的竖向分量。b_0 和 A_r 的表达式分别如下：

$$b_0 = \frac{b_{i,v} + 2b_{i,h}}{3} \quad (5.39)$$

$$A_r = \frac{b_{i,v}}{b_{i,h}} = \frac{\sigma'_{nc,i,v} - \sigma'^*_{nc,i}}{\sigma'_{nc,i,h} - \sigma'^*_{nc,i}} \quad (5.40)$$

式中，$\sigma'_{nc,i,v}$ 为荷载作用方向垂直于土体沉积平面时对应的天然软土屈服应力；$\sigma'_{nc,i,h}$ 为荷载作用方向平行于土体沉积平面时对应的天然软土屈服应力。

式（5.40）和式（5.27）计算得到的 A_r 假定是相同的，这是由于胶结力的各向异性是导致初始各向异性行为的原因。而先期固结压力和拉伸应力的定义均采用了方向相关的胶结参数，所以这些参数也具有方向相关性。多层结构软土模型中最为重要的特征之一：先期固结压力、拉伸应力、胶结力、强度等参数都是与方向相关的参数。

5.5　模型验证和应用

荷兰公司研发的岩土有限元专业程序 PLAXIS 允许用户自定义土体本构模型，但必须采用 FORTRAN 语言编写，然后通过动态链接库来编译，添加到 PLAXIS 程序目录中。在自定义计算程序中要完成 4 个主要任务：（1）状态变量的初始化；（2）本构应力的计算（在某一步由材料模型算得的应力）；（3）有效材料刚度矩阵的生成；（4）弹性材料刚度矩阵的生成。按照上述任务，本书编制求解了多层结构软土模型的有限元程序，通过动态链接库的编辑方式，将其集成到岩土工程专业有限元软件 PLAXIS 中，实现了考虑结构性软土各向异性和结构性损伤的程序化计算。表 5.1 列出了多层结构软土模型的基本输入参数，表 5.2 列出了多层结构软土模型考虑各向异性和结构性损伤的输入参数。

表 5.1 多层结构软土模型的基本输入参数

参数符号	单位	缺省值	含义
ϕ_0'	°	—	平均有效内摩擦角
c_0'	kPa	—	平均内聚力
ψ	°	—	极限剪胀角
λ^*	—	—	重塑土的修正压缩指标
κ^*	—	—	重塑土的修正膨胀指标
ν'	—	—	泊松比
e_0	—	—	初始孔隙比
A_{mat}	—	—	控制偏量硬化比例的参数
α	—	0.67	定义 f_c 形状的参数
$\sigma'_{t,max}$	kPa	$c'_{peak}/\tan\phi'_{peak}$	最大拉伸强度
R_f	—	0.9	破坏比
p	—	0.0	控制体积收缩的幂指数

表 5.2 多层结构软土模型控制土体各向异性和结构性损伤的输入参数

参数意义	参数符号	单位	缺省值	含义
控制土体各向异性的参数	A_r	—	1.0	各向异性比
	β	°	0.0	主应力方向的转角
控制土体结构性损伤的参数	A_d	—	—	体应变与剪应变对结构性损伤的影响程度比
	b_0	—	0.0	平均胶结力
	b_{ult}	—	0.0	极限胶结力
	h_v	—	—	结构强度降低比例系数
	α_t	—	—	拉伸强度降低比例系数

5.5.1 模型验证

为验证模型的准确性,建立土体的一维压缩模型,将室内试验结果和模拟计算结果进行对比,如图 5.12 所示。计算参数如表 5.3 中黏土 5 所示。可以看出,模型模拟结果与试验结果较为一致,说明模型可以很好地模拟软土的结构性特征。结构强度降低比例系数决定了土体结构性损伤的快慢程度,如图 5.13 所示。针对该一维压缩模型,各向异性比对土体压缩特性的影响不是很显著,如图 5.14 所示。

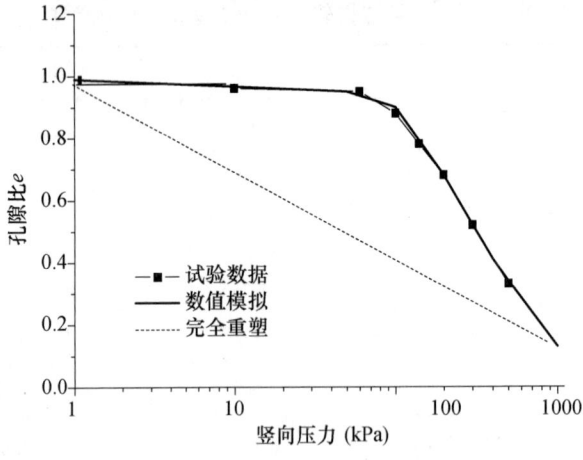

图 5.12　试验和模拟计算结果对比

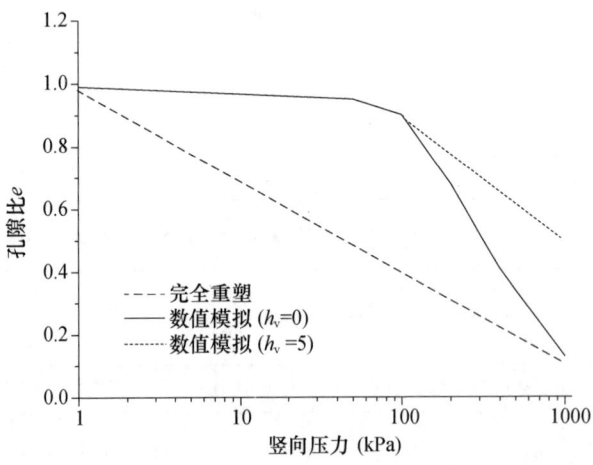

图 5.13　结构强度降低比例系数的影响

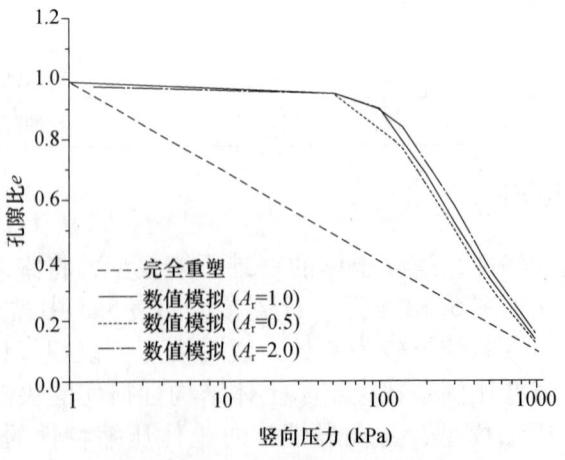

图 5.14　各向异性比的影响

表5.3 计算参数

参数符号	单位	淤泥1	淤泥2	淤泥质黏土3	黏土5
λ^*	—	0.294	0.334	0.217	0.058
κ^*	—	0.060	0.066	0.044	0.012
ν'	—	0.2	0.2	0.2	0.2
A_{mat}	—	0.025	0.025	0.025	0.025
α	—	0.67	0.67	0.67	0.67
e_0	—	2.00	1.98	1.75	0.99
c'_0	kPa	8.6	8.7	11.9	28.1
ϕ'_0	°	21.1	17.4	24.0	25.0
ψ	°	0	0	0	0
$\sigma'_{t,max}$	kPa	0	0	0	0
R_f	—	0.9	0.9	0.9	0.9
b_0	—	2.1	1.9	1.69	1.09
h_v	—	10	10	5	5
A_d	—	0	0	0	0

5.5.2 模型应用

海积软土在海堤荷载下的沉降变形通常是堤防建造和围海造陆等重大工程中的重要环节。浙江乐清电厂海堤填筑工程正是在典型结构性海积软土上进行的项目，姜民在室内单元体试验的基础上，采用修正 Cam-clay 模型改进来的软土模型模拟结构性土，建立数值分析模型，很好地模拟分析了大面积均匀堆载和新建海堤不均匀荷载作用下海积软土的长期沉降和超静孔隙水压力消散特性。但是，分析迭代计算过程复杂，计算过程中需人为地不断查看土体的结构屈服强度，而后调整材料参数。

本书采用多层结构软土模型来模拟土体的结构性特征，将计算结果和现场监测结果进行详细对比。计算参数如表5.3所示。该套计算参数取自土体的单元体室内试验。塑料排水板的模拟采用姜民建议的方法。监测点的布置图如图5.15所示。海堤荷载进程如图5.16所示。基于平面应变假设，建立海堤的有限元分析模型如图5.17所示，为减小模型两侧的边界对计算结果的影响，模型长度取为255m，除海堤本体部分尺寸外，另外向厂区方向取100m，向海平面方向155m，模型中地基底面标高为-50m，已达基岩处。模型左右两侧的竖向位移保持自由，底部以及两侧水平位移均约束。

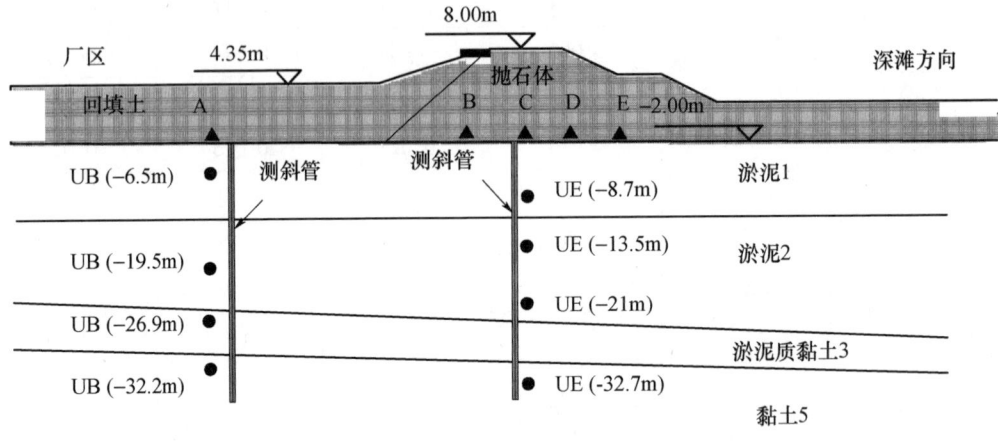

注：UE—海堤处孔隙水压力计；UB—回填区下方孔隙水压力计。

图 5.15 海堤的纵向断面图和监测点布置

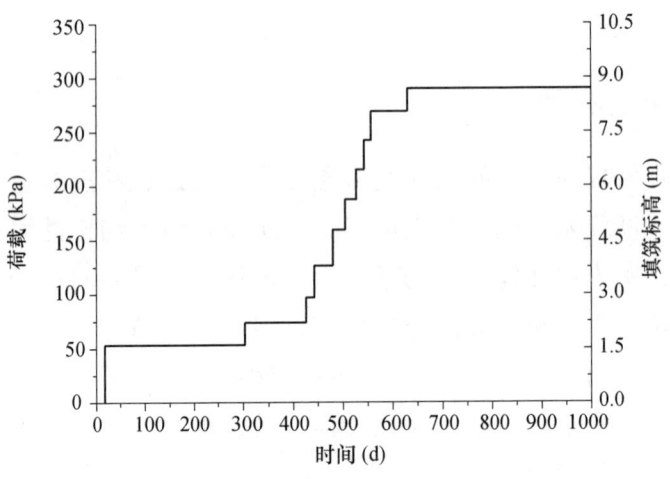

图 5.16 海堤的填筑进程

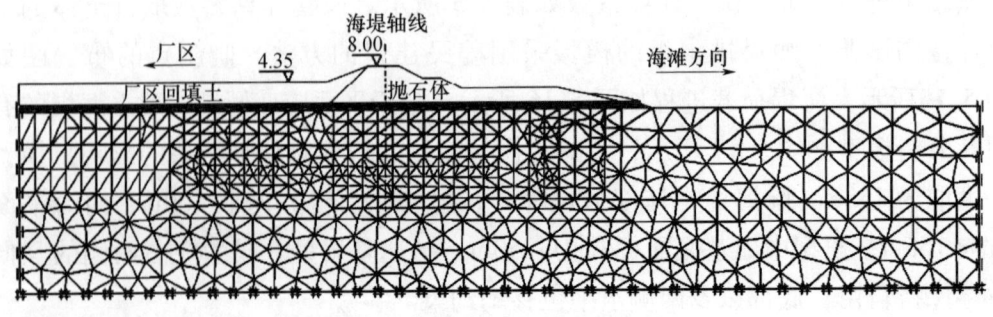

图 5.17 海堤的有限元计算模型

1）地表沉降

图 5.18 和图 5.19 分别给出了海堤处和厂区地表沉降数值分析结果和现场实测结果的对比情况。可以看出，有限元模型的计算结果与实测结果符合得较好。第一级加载固结 260d 的沉降计算值略微偏小，这是由于有限元分析模型中的初始荷载是瞬时施加的，而实际施工过程中是逐步施加的。随着加载过程的进行，两者吻合得更好。不考虑软黏土的结构性，忽略固结过程中有效应力增大造成土体结构损伤从而导致的强度降低，会使得沉降计算结果相比实测结果明显偏小。

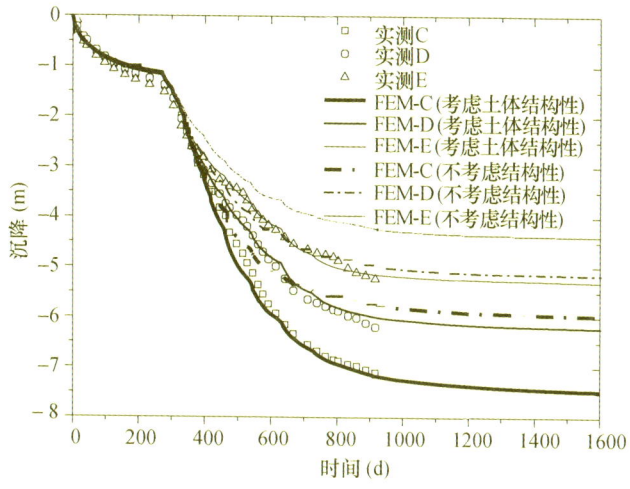

图 5.18　海堤下方沉降

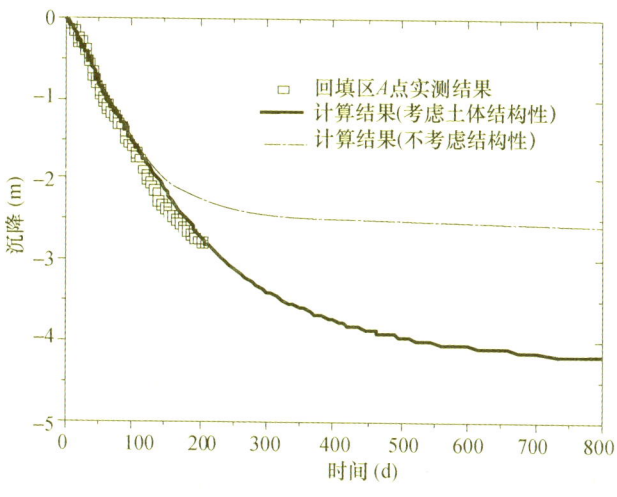

图 5.19　回填区沉降

2）水平位移

图 5.20 和图 5.21 分别给出了海堤中心地基和回填区地基水平位移沿深度的分布规律。可以看出，不考虑土体结构性时的计算结果基本是偏小的，考虑土体的结构性时，数值分析结果跟实测数据较为接近，基本反映了地基水平位移随深度的分布情况。海堤下方的沉降变形主要是由于海堤两侧结构布置非完全对称和下方地层分布不均匀的原因，而回填区地基下方发生的侧向变形是由海堤填筑堆载导致的。从图中看出，实测 450d 时回填区地基 A 点水平位移最大值发生在地表约 0.38m 处，分析模型的计算结果较准确地反映了地基水平位移的发展模式。

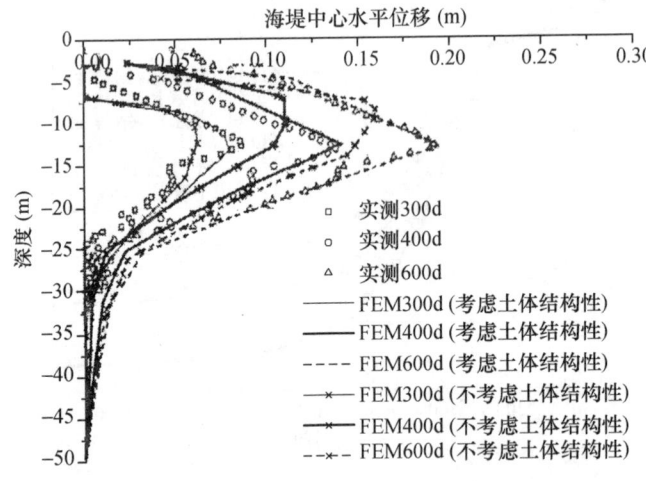

图 5.20 海堤中心地基（测点 C）水平位移分布

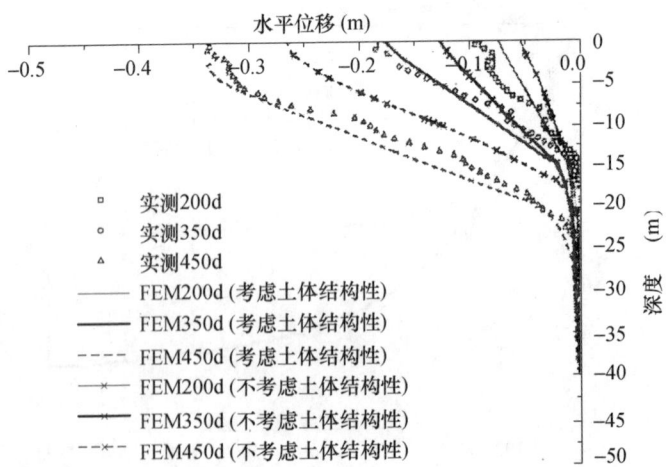

图 5.21 回填区地基（测点 A）水平位移分布

3）孔隙水压力

图 5.22 和图 5.23 分别给出了海堤中心测点和回填区测点考虑结构性前后孔隙水压力的消散规律。可以看出，回填区塑料排水板插入深度 24m，所以位于排水板深度范围内的测点（-6.5m 和 -19.1m）处的超静孔压消散较快，而在排水板下方的 -26.9m 和 -32.2m 处孔压消散相对较慢。考虑土体结构性的数值计算结果较好地反映实际测试结果。

同时发现，由于海堤中心测点的填筑过程较长，因此实测结果主要反映加载过程中超静孔压上升的过程，而下降部分较少，但是从回填区的测试结果可知采用本分析模型模拟超静孔隙水压力消散是可靠的。海堤中心处塑料排水板插入深度为 -27m，因此前 3 个测点排水效果较为明显，总体上考虑土体结构性损伤后的计算结果与实测数据较为一致。

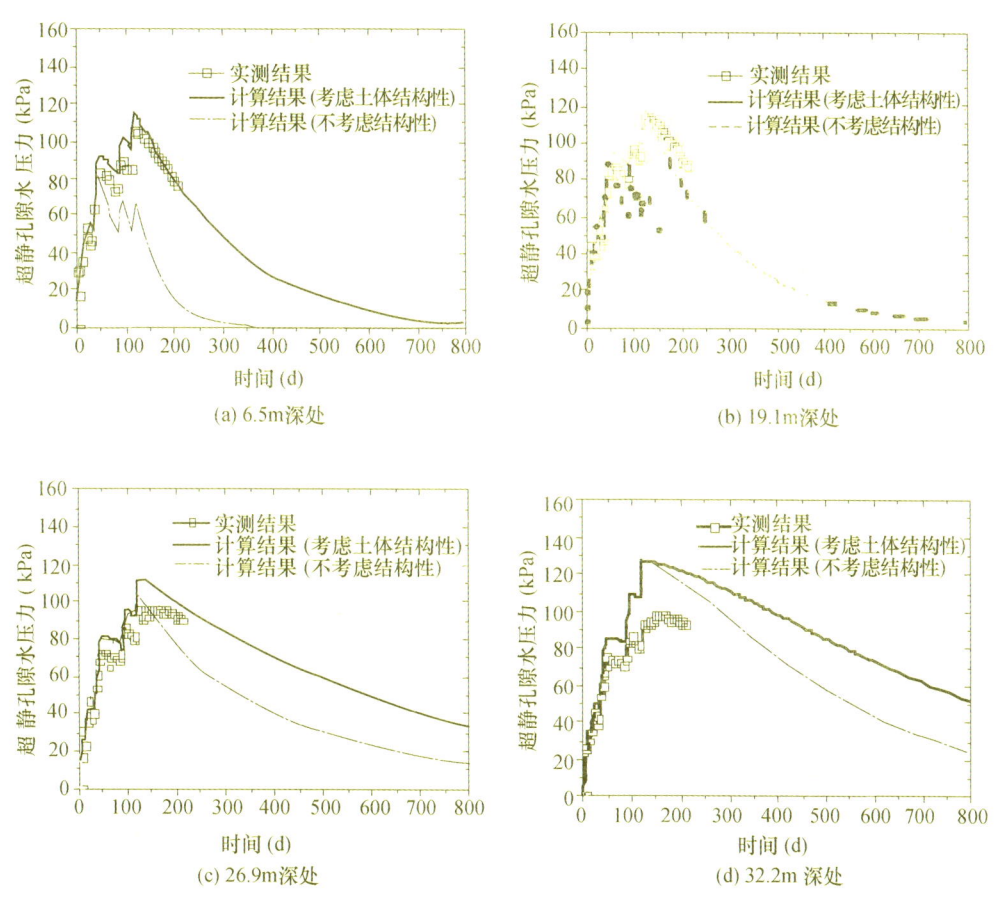

图 5.22 回填区（测点 A）不同深度超静孔隙水压力分布

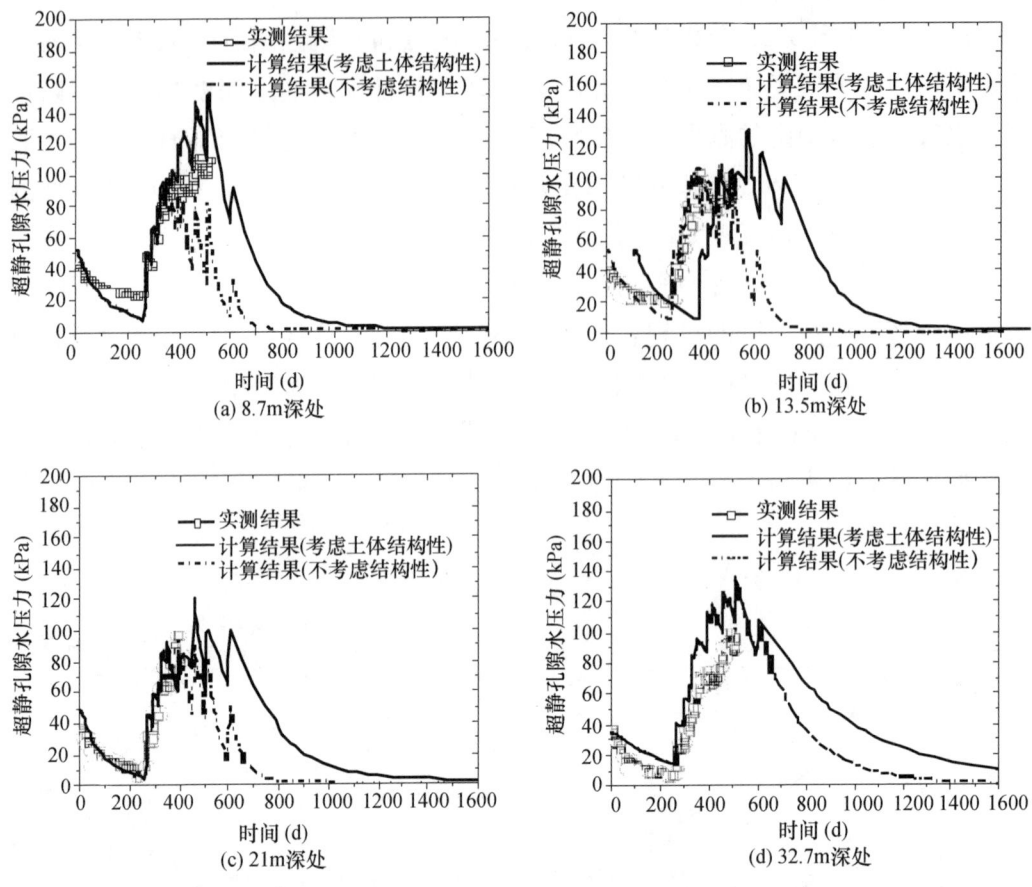

图 5.23　海堤中心下方（测点 C）不同深度超静孔隙水压力分布

5.6　小结

本章详细阐述多层结构软土模型的屈服函数、塑性位势和流动法则，描述软土各向异性和结构性损伤两大特征在多层结构软土模型中的数值实现，通过动态链接库的编辑方式，实现了程序化计算，而后进行了模型的验证和应用，得到以下结论：

（1）各向异性和结构性特征是软黏土的两大重要特征。各向异性特征可以通过峰值剪切强度参数和先期固结压力来体现，而天然软土的结构性损伤可以通过降低屈服应力从而降低土体结构强度的办法来模拟。

（2）本章通过动态链接库的编辑方式，成功实现了多层结构软土模型的程序化计算。通过对室内压缩试验的模拟分析得出：采用多层结构软土模型来计算分析结构性软黏土的变形问题是可行的。

（3）采用多层结构软土模型能较好地模拟海积软土的结构性特征，准确预测海积软土在堆填荷载作用下的变形特性，包括竖向和侧向变形，同时可以合理反映超静孔压的积累和消散过程。不考虑土体的结构性会导致预测的地基沉降量、变形发生的所需时间以及超静孔压偏小等问题。

6 管涵结构纵向受力变形特性

6.1 引言

近些年来，公路埋地管涵常有破裂、失效等事故发生。如2007年杭金衢高速公路因管径2.4m的管涵发生破裂，导致该地段路面塌陷。高速公路埋地管涵开裂事故原因可归结为（1）管涵本身强度不足；（2）车辆荷载、土压力等外荷载过大；（3）地基处理不当发生不均匀沉降。故在管涵结构设计中，仅考虑管涵横断面设计荷载引起的应力，忽略地基不均匀沉降造成的管涵纵向受力性能的变化是不够的，尤其管涵所处地基条件差异较大、有软弱土、基岩等土体时。因此，研究地基不均匀沉降对埋地管涵结构纵向力学性状的影响是非常有必要的。

本章采用Pasternak双参数地基模型建立了较为合理的考虑地基不均匀沉降的埋地管涵的纵向力学理论模型，得到沉陷区埋地管涵的挠曲线表达式，进而对埋地管涵的纵向力学性状要素进行分析，最后提出埋地管涵的安全性判别方法。

6.2 理论模型

管涵结构纵向受力分析时，可将其简化成弹性地基梁来计算。地基梁的计算，首先须建立地基计算模型。Winkler地基模型，由于其表达式简单，数学处理方便，被很多学者广泛采用。Rajani提出了基于Winkler地基理论的考虑温度效应、管涵内压等因素的管涵纵向受力计算模型。张土乔等基于Winkler弹性地基模型对管涵结构的纵向受力性状进行了分析研究。然而，Winkler地基模型在理论上存在着明显的缺陷：相邻弹簧的位移不连续，不能考虑土体的抗剪性和应力扩散等特性。针对Winkler地基模型的缺陷，一些学者提出了双参数地基模型，如Filonenko-Borodich模型、Pasternak模型、Vlazov模型等。

Pasternak双参数弹性地基模型由于其实用性广泛，计算参数意义明确，本文基于Pasternak地基模型，建立了考虑地基差异沉降的埋地管涵纵向力学计算模型。计算模型示意图如图6.1所示。Ⅰ区土体的最终沉降量为Δ_1，Ⅱ区土体

的最终沉降量为 Δ_2，不妨设 $\Delta_2 > \Delta_1$，差异沉降交界面处为坐标原点。

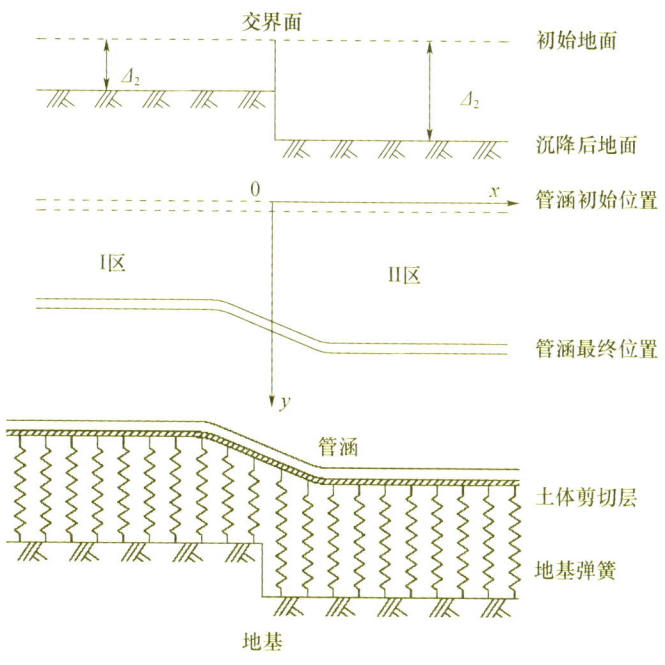

图 6.1　计算模型示意图

6.3　公式推导

取管涵结构上一任意微元 dx，受力分析如图 6.2 所示。忽略由温度效应、内压等因素引起的轴向力作用，假定管涵上方作用均布荷载，且管涵纵向长度很长，视其为两侧自由边界约束的连续梁。

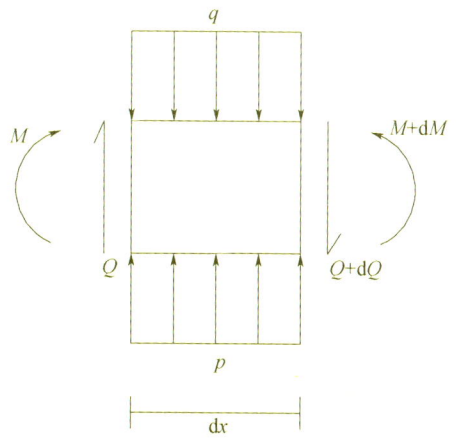

图 6.2　管涵微元 dx 的受力分析

管涵微元段 dx 的平衡关系为

$$\frac{dQ}{dx} = pb - qb \tag{6.1}$$

$$\frac{dM}{dx} = Q \tag{6.2}$$

式中，Q、M 分别为梁横截面上的剪力和弯矩；b 为梁的宽度；q、p 分别为梁所受的均布荷载和地基反力。

Pasternak 模型的地基反力 p 表达式为

$$p(x,z) = K_s y(x,z) - G_p \nabla^2 y(x,z) \tag{6.3}$$

式中，K_s、G_p 分别为地基反力系数和土体剪切层的剪切刚度。

再根据梁的挠曲微分方程：

$$EIy'' = -M \tag{6.4}$$

联立式（6.1）~式（6.4）得到 Pasternak 弹性地基上管涵的弯曲微分方程：

$$EIy_i^{(4)} - G_p b^* y_i'' + K_s b^* (y_i - \Delta_i) = qb \tag{6.5}$$

式中，EI 为管涵的抗弯刚度。

令

$$\beta = \sqrt[4]{\frac{K_s b^*}{4EI}} \qquad \gamma = \sqrt{\frac{K_s}{G_p}} \qquad \rho = \frac{\beta}{\gamma} = \frac{G_p}{\sqrt[2]{K_s EI/b^*}}$$

$$\phi_1 = \beta\sqrt{1+\rho} \qquad \phi_2 = \beta\sqrt{1-\rho}$$

式中，β、γ、ρ、ϕ_1、ϕ_2 均为 Pasternak 模型的特征参数，$\rho < 1$ 适用于大多数工程实际情况；b^* 为 Pasternak 模型中梁的有效作用宽度，$b^* = b[1 + \sqrt{G_p/K_s/b}]$。

进一步变形式（6.5）可化为

$$y_i^{(4)} - 4\beta^2 \rho y_i'' + 4\beta^4 y_i = (qb + K_s b^* \Delta_i)/EI \tag{6.6}$$

其通解形式为

$$y_i = e^{\phi_1 x}[c_1 \cos(\phi_2 x) + c_2 \sin(\phi_2 x)] +$$

$$e^{-\phi_1 x}[c_3 \cos(\phi_2 x) + c_4 \sin(\phi_2 x)] + \frac{qb}{K_s b^*} + \Delta_i \tag{6.7}$$

由于管涵通常敷设深度都不很深，即 $qb/K_s b^* \ll \Delta_i$，故 $qb/K_s b^*$ 可忽略，则

$$y_i = e^{\phi_1 x}[c_1 \cos(\phi_2 x) + c_2 \sin(\phi_2 x)] +$$

$$e^{-\phi_1 x}[c_3 \cos(\phi_2 x) + c_4 \sin(\phi_2 x)] + \Delta_i \tag{6.8}$$

利用边界条件

$$x \to -\infty, \quad y_1 = \Delta_1$$

$$x \to +\infty, \quad y_2 = \Delta_2$$

$$x = 0, \quad y_1 = y_2, \quad y_1' = y_2', \quad y_1'' = y_2'', \quad y_1''' = y_2''' \tag{6.9}$$

可以解得管涵结构的挠曲线表达式分别为：

Ⅰ区：

$$y_1 = \frac{\Delta_2 - \Delta_1}{4\phi_1(4\phi_1^2 - \phi_2 + 5\phi_2^2)} e^{\phi_1 x} \left[\frac{(\phi_2^4 - \phi_2^3 + 9\phi_1^2\phi_2^2 - \phi_1^2\phi_2 + 8\phi_1^4)}{\phi_1} \cos(\phi_2 x) + \frac{4(\phi_2^4 - \phi_1^4)}{\phi_2} \sin(\phi_2 x) \right] + \Delta_1 \tag{6.10}$$

Ⅱ区：

$$y_2 = \frac{\Delta_2 - \Delta_1}{4\phi_1(4\phi_1^2 - \phi_2 + 5\phi_2^2)} e^{-\phi_1 x} \left[\frac{(\phi_2^4 - \phi_2^3 - 11\phi_1^2\phi_2^2 + 3\phi_1^2\phi_2 - 8\phi_1^4)}{\phi_1} \cos(\phi_2 x) + \frac{2(\phi_2^2 - \phi_1^2)(2\phi_1^2 - \phi_2 + 3\phi_2^2)}{\phi_2} \sin(\phi_2 x) \right] + \Delta_2 \tag{6.11}$$

再由关系式 $\theta = y'$，$M = -EIy''$，$Q = -EIy''' + G_p b^* y'$ 即可确定相应荷载下的转角、弯矩和广义剪力，从而确定截面的内力和变形。其中，广义剪力 Q 包括两部分：一部分是由地基梁承受的剪力 $Q_b = -EIy'''$，另一部分是由土体剪切层承受 $Q_s = G_p b^* y'$。

6.4 纵向力学要素分析

本节分析地基差异沉降对管涵纵向力学性状要素（挠度、转角、弯矩、剪力）的影响规律。计算参数取值如表6.1所示。地基模型参数 K_s、G_p 的确定是依据 Tanahashi 提出的方法。假定管涵外径 $D = 2.0\text{m}$，内径 $d = 1.8\text{m}$，土体弹性模量 $E_0 = 20\text{MPa}$，泊松比 $\mu = 0.3$，弹性层厚度 $H = 10\text{m}$，$\Delta_2 = 0.25\text{m}$，$\Delta_1 = 0.15\text{m}$。采用固定 Δ_2 变化 Δ_1 来分析沉降差引起的纵向力学性状要素的变化，固定管涵截面尺寸改变其弹模 E 来分析管涵抗弯刚度对纵向力学性能的影响。

表6.1 计算参数

地基基床系数 K_s (MN/m³)	土体剪切刚度 G_p (MN/m)	管涵抗弯刚度 EI (kN/m²)	均布荷载 q (kPa)	沉降差 $\Delta_2 - \Delta_1$ (m)
2.69	9.26	8.1×10^6	100	0.10

图 6.3 给出了在地基沉降差 0.10m 下管涵的挠度、转角、弯矩、剪力与管涵长宽比 x/b 的关系曲线。可以看出，各要素在土层交界即差异沉降处均发生突变，且受不均匀沉降的影响范围有限。按照表 6.1 的参数计算，$x/b=10$ 以内可认为是地基差异沉降的影响范围。梁的转角、弯矩、剪力在远离差异沉降处的两侧边界，均趋于零，这与梁的两端为无约束边界的假定符合。Pasternak 地基模型考虑了土层剪切层对纵向力学性状的影响，图 6.3（d）表明 Q_s 最大处土体剪切层承受了广义剪力的 12.5%，Q 最大处土体剪切层承受了广义剪力的 5.2%。

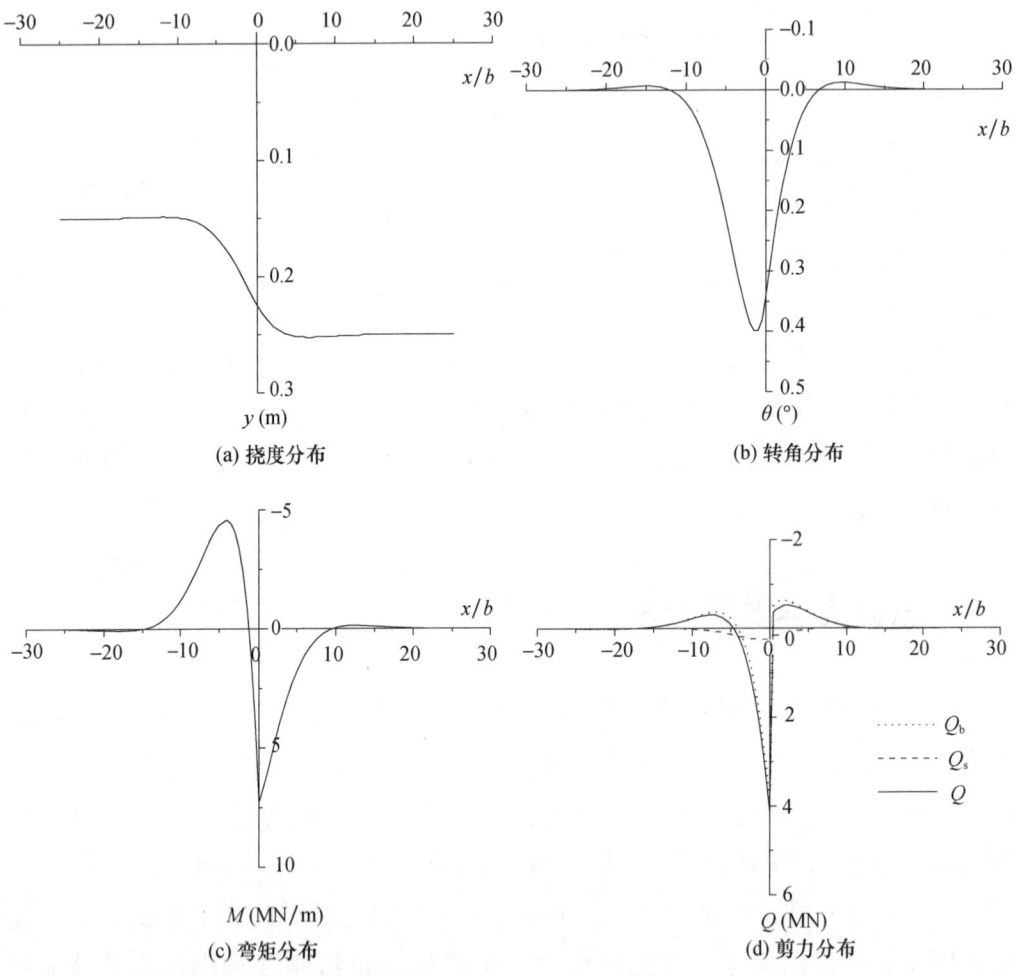

图 6.3 纵向力学要素的分布

图 6.4 给出了不同地基差异沉降值对管涵挠度、转角、弯矩、剪力的影响曲线。可以看出：挠度在 Ⅰ 区随着沉降差的增大而增大，在 Ⅱ 区除土层交界处附近处有变化外，保持不变；转角、弯矩、剪力在土层交界处均随着沉降差的增大而增大，呈正比关系。

(a)挠度与沉降差的关系　(b) 转角与沉降差的关系

(c) 弯矩与沉降差的关系　(d) 剪力与沉降差的关系

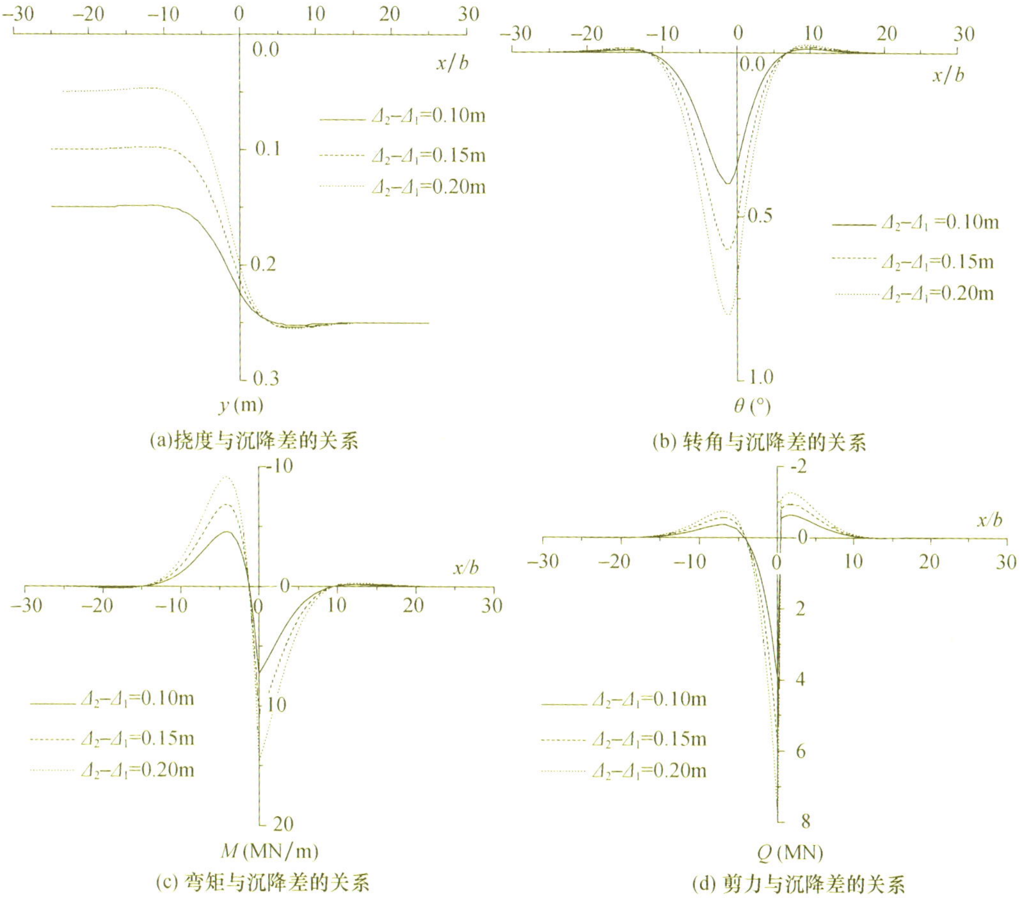

图 6.4　纵向力学要素与沉降差的关系

图 6.5 给出了不同管涵抗弯刚度对管涵挠度、转角、弯矩、剪力的影响曲线。可以看出：在交界面附近，管涵挠度随着管涵抗弯刚度的增大而增大，转角随着管涵抗弯刚度的增大在 Ⅰ 区先减后增，在 Ⅱ 区逐渐减小，弯矩和剪力随着管涵抗弯刚度的增大而增大。

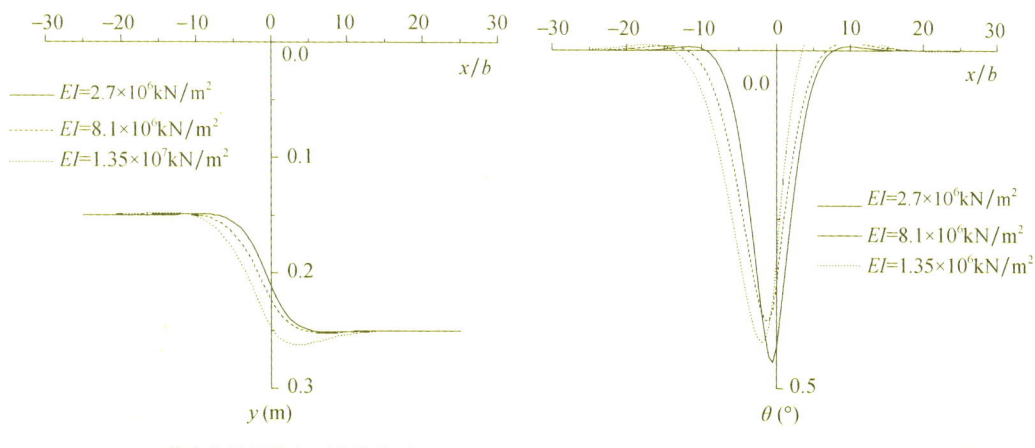

(a) 挠度与管涵抗弯刚度的关系　(b) 转角与管涵抗弯刚度的关系

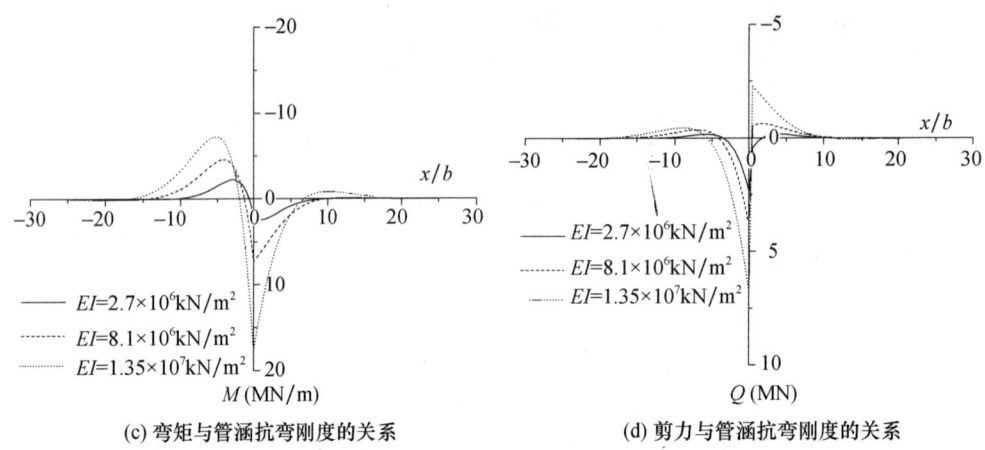

(c) 弯矩与管涵抗弯刚度的关系　　(d) 剪力与管涵抗弯刚度的关系

图 6.5　纵向力学要素与管涵抗弯刚度的关系

图 6.6 给出了地基反力系数对管涵挠度、转角、弯矩、剪力的影响曲线。可以看出：在交界面附近，挠度随着地基反力系数的增大而减小，转角随着地基反力系数的增大而增大，弯矩和剪力随着地基反力系数的增大在Ⅰ区逐渐增大，在Ⅱ区先减小后增大。

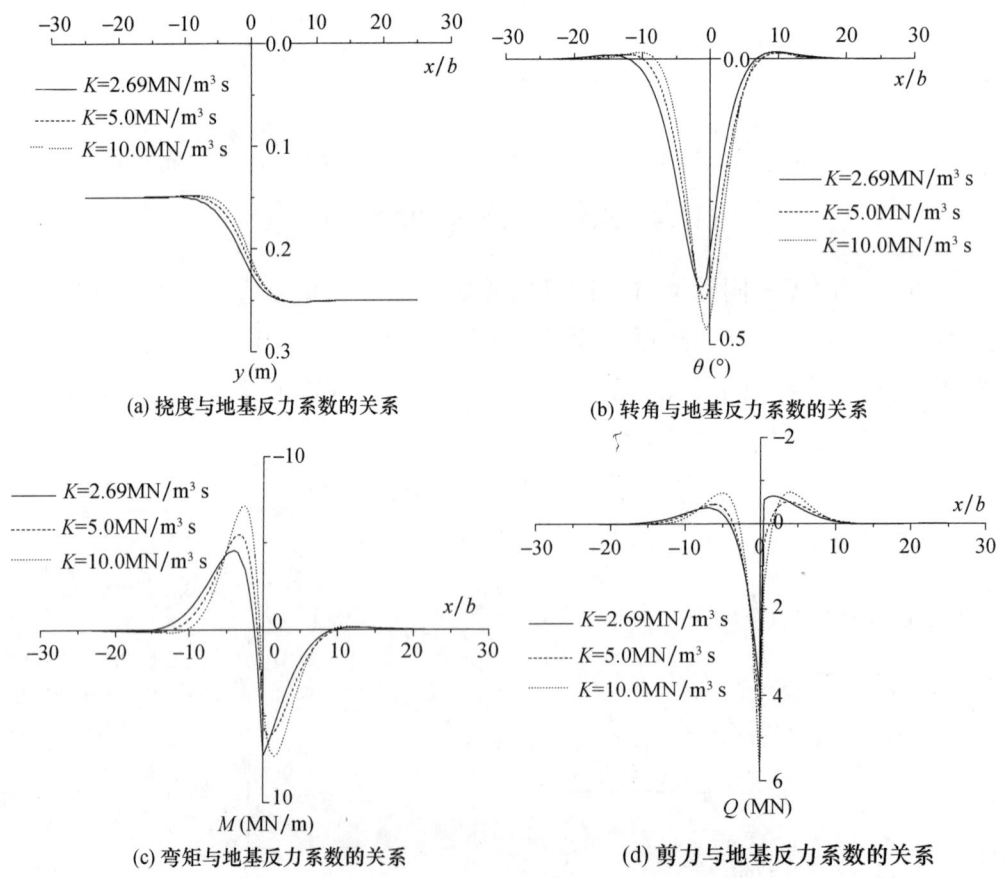

(a) 挠度与地基反力系数的关系　　(b) 转角与地基反力系数的关系

(c) 弯矩与地基反力系数的关系　　(d) 剪力与地基反力系数的关系

图 6.6　纵向力学要素与地基反力系数的关系

图 6.7 给出了土体剪切刚度对管涵挠度、转角、弯矩、剪力的影响曲线。可以看出：在交界面附近，挠度、转角和弯矩随着土体剪切刚度的增大而减小，剪力随着土体剪切刚度的增大而增大。

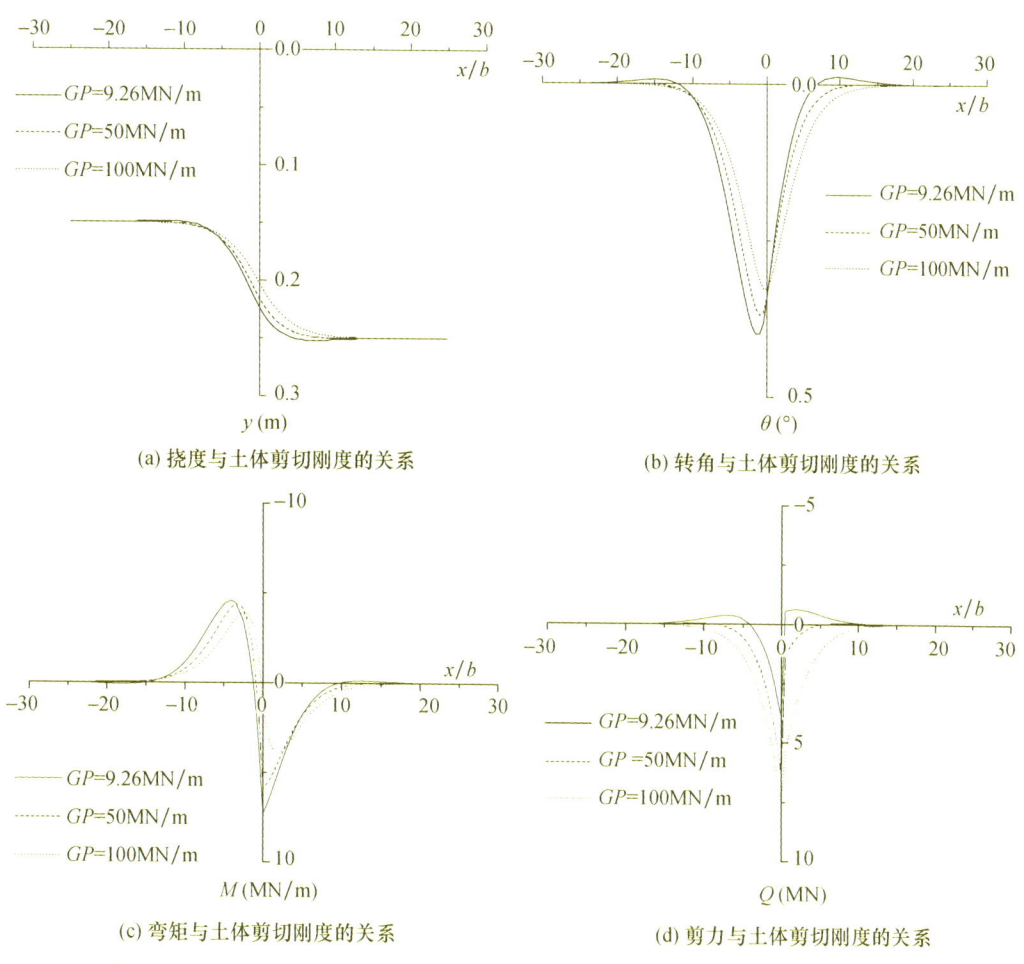

(a) 挠度与土体剪切刚度的关系

(b) 转角与土体剪切刚度的关系

(c) 弯矩与土体剪切刚度的关系

(d) 剪力与土体剪切刚度的关系

图 6.7　纵向力学要素与土体剪切刚度的关系

6.5　埋地管涵的安全性判别方法

埋地管涵的安全性不仅包括管涵变形的控制，也包括结构强度的安全。埋地管涵在施工与运行中允许有一定的偏转角度 $[\theta]$。为防止管涵的开裂变形过大，影响管涵使用，要求管涵上任意一点的转角 θ 都不应大于 $[\theta]$。分别式（6.10）、式（6.11）求导，可得到Ⅰ区、Ⅱ区管涵上出现极大转角的位置和整条管涵上的最大转角 $\theta_{\max}$。管涵变形的控制满足：

$$\theta_{\max} \leqslant [\theta] \qquad (6.12)$$

采用材料力学中有关强度理论对管涵进行强度校核，用于判别管涵强度方面的安全控制。分别式（6.10）、式（6.11）求二阶导数，可得到Ⅰ区、Ⅱ区管涵上出现极大弯矩的位置和整条管涵上的最大弯矩 M_{max}。同样，也可以确定最大剪力 Q_{max} 以及作用点的位置。采用下两式计算圆环形管涵截面上的最大拉压应力 σ_{max} 和最大剪应力 τ_{max}：

$$\sigma_{max} = \frac{M_{max}}{W} \tag{6.13}$$

$$\tau_{max} = \frac{2Q_{max}}{A} \tag{6.14}$$

式中，W 为管涵的抗弯截面模量，针对环形截面管涵，$W = \frac{D^3}{32}\pi(1-\alpha^4)$，其中 $\alpha = \frac{d}{D}$，D 为管涵外径，d 为管涵内径；A 为管涵环形截面面积。

管涵处于安全状态，要求管涵最危险截面处的最大拉压应力和最大剪应力满足下式：

$$\sigma_{max} \leqslant [\sigma] \tag{6.15}$$

$$\tau_{max} \leqslant [\tau] \tag{6.16}$$

式中，$[\sigma]$ 为管涵材料的容许抗拉压强度；$[\tau]$ 为管涵材料的容许抗剪强度。

6.6 小结

本章采用 Pasternak 双参数地基模型建立了较为合理的考虑地基差异沉降的埋地管涵纵向力学理论模型，得到了沉陷区埋地管涵的挠曲线表达式，进而对埋地管涵的纵向力学性状要素进行分析，得到以下结论：

（1）管涵纵向力学性状各要素在地基不均匀沉降处均发生突变，且受地基不均匀沉降的影响范围有限。依据本书计算参数，$x/b = 10$ 以内可认为是地基差异沉降的影响范围。

（2）在地基差异沉降发生的交界面附近管涵纵向力学要素主要有以下规律：挠度在Ⅰ区随着沉降差的增大而增大，在Ⅱ区除土层交界处附近处有变化外，保持不变，转角、弯矩、剪力在土层交界处均随着沉降差的增大而增大。挠度随着管涵抗弯刚度的增大而增大，转角随着管涵抗弯刚度的增大在Ⅰ区先减后增，在Ⅱ区逐渐减小，弯矩和剪力随着管涵抗弯刚度的增大而增大。挠度随着地基反力系数的增大而减小，转角随着地基反力系数的增大而增大，弯矩和剪力随着地基反力系数的增大在Ⅰ区逐渐增大，在Ⅱ区先减小后增大。挠度、转角和弯矩均随着土体剪切刚度的增大而减小，剪力随着土体剪切刚度的增大而增大。

（3）地基不均匀沉降、地基模型参数、管涵抗弯刚度是影响管涵纵向受力性状的三个主要因素，而地基不均匀沉降的影响最大。故在管涵实际施工中，应对地基土体进行相应处理，减小地基不均匀沉降，从而减小由于地基差异沉降造成的管涵纵向受力性能的影响。

7 工程应用

本书研究内容紧密结合工程实践，针对装配式埋地管-土相互作用及管涵横纵向受力特性进行研究，研究方法涵盖物理模型试验、理论研究和数值分析。研究内容应反馈于实际工程应用。

本书研究的工程背景为六安至武汉高速公路安徽段。本章首先对六（安）武（汉）高速公路的工程概况进行阐述，而后针对不同尺寸类型的装配式管涵结构设计提出了设计建议，最后采用有限元分析研究交通荷载下不同尺寸的装配式管涵结构受力特性。

7.1 工程概况

六（安）武（汉）高速公路安徽段地处皖西大别山区，是国家新规划的沪汉蓉高速公路的重要地段，是连接华东与中、西部地区的交通要道。该路将105国道、312国道、318省道、210省道、209省道串联起来，形成大别山区公路网的骨架。

路线所处行政区域隶属于安徽省六安市所辖霍邱和金寨两县，起自霍邱县大顾店，与已建成通车的合六叶高速公路衔接，自东北向西南途经素有"将军县"之称的金寨县范围内的五个乡镇——梅山、槐树湾、古碑、南溪、斑竹园，止于安徽、湖北两省交界长岭关，路线穿行于崇山峻岭、山谷荒泽之中，沿途地形、地貌复杂多样，全路段按四车道高速公路标准建设，全长90.8479km，工程概算投资53.72亿元，工期4年，已于2009年年底建成通车。

全线共设互通立交4座、服务区2处、停车区1处。有特大桥3座共计长约4.27km，大中桥74座，分离立交和支线上跨共23座，隧道8座共计长约9.19km，管涵273道，桥隧比例在41%以上。

六（安）武（汉）高速公路管涵现场预制工作于2006年10月4日开始，2007年8月完成全部预制工作。管涵预制工作如图7.1～图7.4所示，装配工作如图7.5、图7.6所示。管涵装配工作自2007年4月开始，于2007年年底结束。已拼装好的装配式管涵现场实景如图7.7所示。

7　工程应用

图7.1　管节预制现场

图7.2　预制好的管节

图7.3　管节吊离底座

图7.4　管节翻身

图 7.5　管节试拼现场

图 7.6　管节拼装现场

图 7.7　已拼装成型的装配式管涵

7.2 装配式管涵结构设计

六（安）武（汉）高速公路的管涵结构形式有两种跨径：一种是本书模型试验中的管涵结构形式，另一种是宽 6.3m，高 4.5m，过水面积 17.49m² 的结构形式，如图 7.8 所示。颜丹青针对大跨径的管涵结构进行了现场测试和理论分析，提出了管涵土压力的计算方法，并对交通荷载下的大跨径管涵受力特性进行了详细的分析研究与现场实测结果对比吻合较好。

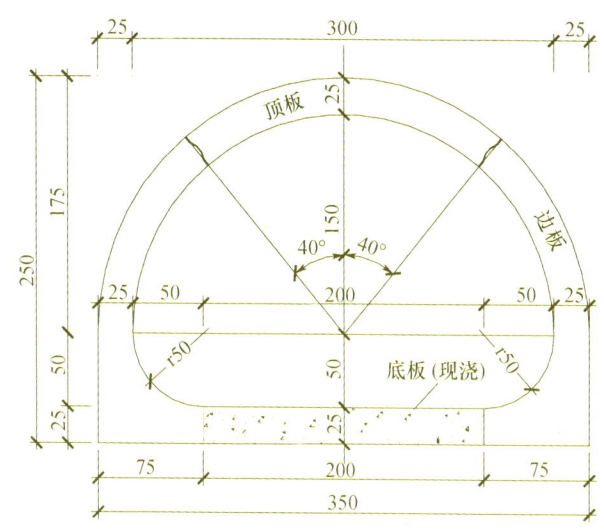

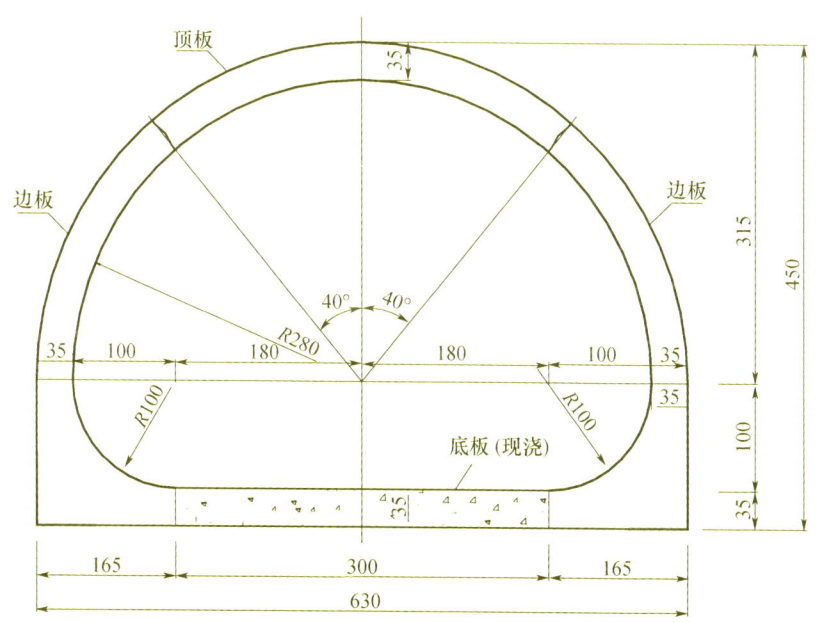

图 7.8 六（安）武（汉）路装配式管涵断面图（单位：cm）

本书提出的管涵土压力计算方法已被用于管涵结构设计的复核，同时建议在管涵结构设计中：（1）遇到软弱地基，应进行地基处理，针对地基中的土体取样进行室内单元体试验，了解土体的结构性特征，采用本书建议的修正多层结构软土模型进行土体变形的预测，以减少发生不均匀沉降造成的管涵结构损害问题。（2）管涵结构设计不仅包括横断面的设计，同时应对纵向管涵结构的受力特性进行详细分析，针对管涵纵向配筋设计工作进行复核。分析研究管-土相互作用，顺利完成了不同尺寸的管涵结构标准图的设计工作，如图7.9所示。

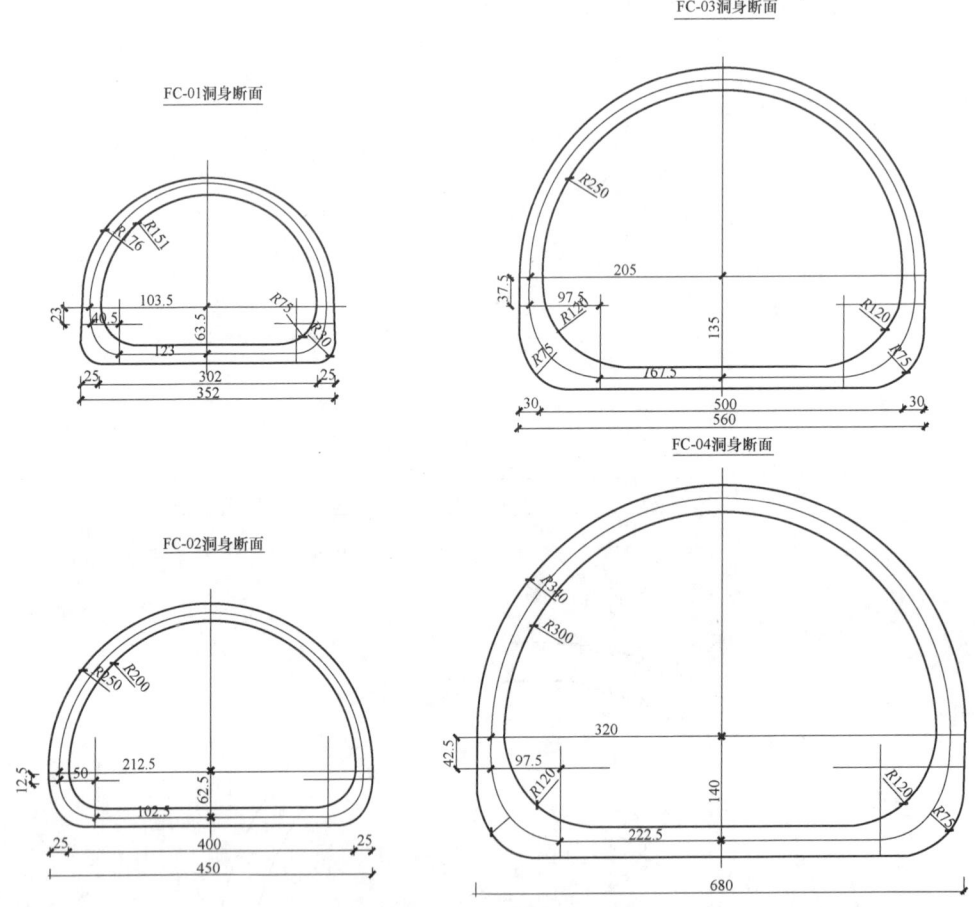

图7.9 不同尺寸的装配式管涵断面图（单位：cm）

7.3 交通荷载下不同尺寸的管涵受力特性

针对图7.9结构编号FC-01、FC-02、FC-03、FC-04四种尺寸的埋地管涵结构形式，按照第4章4.3节的计算方法和计算参数，板块铰接划分角度α取45°（便于钢模板的制作），碎石涵台背回填，填土高度（包括路面结构层）分别为

0.5m、2.0m、4.0m，计算了三种典型工况下（填载、正载、偏载）不同板厚和不同混凝土强度等级的结构内力，如表7.1～表7.12所示。管涵特征点、特征角度示意如图7.10所示。

同一尺寸类型的管涵结构，正载条件下顶板中点弯矩最大，偏载条件下边板竖直段弯矩最大。FC-01、FC-02、FC-03、FC-04四种类型的管涵尺寸，同一荷载条件下各板最大弯矩增大均随着几何尺寸的增大而增大。

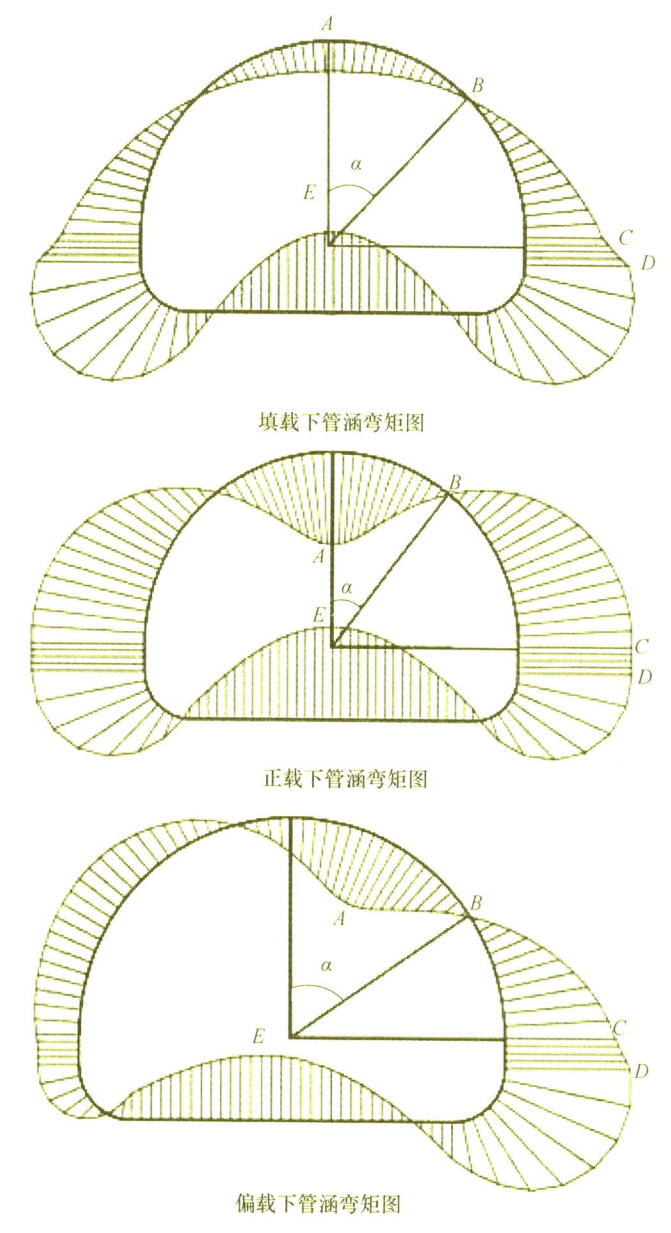

填载下管涵弯矩图

正载下管涵弯矩图

偏载下管涵弯矩图

图7.10 管涵特征点、特征角度示意图

表 7.1 编号 FC-01、填高 0.5m 特征点的结构内力标准值

板厚与混凝土强度等级	荷载类型	顶板 A 点内力标准值 N (kN/m)	顶板 A 点内力标准值 Q (kN/m)	顶板 A 点内力标准值 M (kN·m/m)	边板 C 点内力标准值 N (kN/m)	边板 C 点内力标准值 Q (kN/m)	边板 C 点内力标准值 M (kN·m/m)	边板 D 点内力标准值 N (kN/m)	边板 D 点内力标准值 Q (kN/m)	边板 D 点内力标准值 M (kN·m/m)	底板 E 点内力标准值 N (kN/m)	底板 E 点内力标准值 Q (kN/m)	底板 E 点内力标准值 M (kN·m/m)	铰接处 B 点内力标准值 N (kN/m)	铰接处 B 点内力标准值 Q (kN/m)	铰接处 B 点内力标准值 M (kN·m/m)
板厚25cm 混凝土C30	填载	−14.8	0.0	5.7	−75.5	15.9	−14.2	−78.8	28.1	−19.3	−27.8	0.0	13.0	−30.7	8.1	0.0
板厚25cm 混凝土C30	正载	−30.6	0.0	32.1	−119.9	5.8	−29.6	−118.1	8.8	−31.4	1.0	0.0	24.5	−75.7	36.5	0.0
板厚25cm 混凝土C30	偏载	−22.2	1.5	14.9	−121.2	26.3	−49.4	−127.7	31.4	−56.0	−15.7	0.1	23.2	−46.6	40.9	0.0
板厚25cm 混凝土C40	填载	−14.6	0.0	5.9	−75.5	15.9	−14.4	−78.8	28.0	−19.5	−28.2	0.0	13.3	−30.6	8.3	0.0
板厚25cm 混凝土C40	正载	−30.3	0.0	32.6	−119.9	6.0	−30.0	−118.2	8.9	−31.7	0.2	0.0	25.0	−75.5	37.2	0.0
板厚25cm 混凝土C40	偏载	−21.9	−1.7	15.1	−121.6	26.7	−50.2	−128.0	31.6	−56.9	−16.6	−0.1	23.7	−46.4	41.3	0.0
板厚28cm 混凝土C30	填载	−15.0	0.0	6.4	−76.3	15.5	−14.9	−79.8	27.1	−19.9	−28.4	0.0	14.3	−31.4	8.8	0.0
板厚28cm 混凝土C30	正载	−29.7	0.0	34.1	−120.5	5.4	−31.0	−119.2	8.2	−32.6	−1.2	0.0	26.9	−75.8	39.6	0.0
板厚28cm 混凝土C30	偏载	−21.3	−0.9	15.7	−123.3	26.5	−52.3	−129.7	31.1	−58.8	−18.2	−0.6	25.7	−46.8	43.0	0.0
板厚28cm 混凝土C40	填载	−14.9	0.0	6.5	−76.3	15.5	−15.1	−79.7	27.0	−20.0	−28.8	0.0	14.5	−31.3	9.0	0.0
板厚28cm 混凝土C40	正载	−29.4	0.0	34.4	−120.5	5.6	−31.2	−119.1	8.2	−32.9	−1.9	0.0	27.3	−75.6	40.2	0.0
板厚28cm 混凝土C40	偏载	−21.0	−0.7	15.9	−123.7	26.8	−53.0	−130.0	31.3	−59.6	−19.0	−0.9	26.1	−46.7	43.4	0.0

7 工程应用

表7.2 编号FC-01、填高2.0m特征点的结构内力标准值

板厚与混凝土强度等级	荷载类型	顶板A点内力标准值 N (kN/m)	顶板A点内力标准值 Q (kN/m)	顶板A点内力标准值 M (kN·m/m)	边板C点内力标准值 N (kN/m)	边板C点内力标准值 Q (kN/m)	边板C点内力标准值 M (kN·m/m)	边板D点内力标准值 N (kN/m)	边板D点内力标准值 Q (kN/m)	边板D点内力标准值 M (kN·m/m)	底板E点内力标准值 N (kN/m)	底板E点内力标准值 Q (kN/m)	底板E点内力标准值 M (kN·m/m)	铰接处B点内力标准值 N (kN/m)	铰接处B点内力标准值 Q (kN/m)	铰接处B点内力标准值 M (kN·m/m)
板厚25cm 混凝土C30	填载	-43.1	0.0	15.0	-143.9	26.9	-27.1	-144.4	45.6	-35.6	-39.9	0.0	23.8	-78.5	18.2	0.0
板厚25cm 混凝土C30	正载	-34.4	0.0	40.6	-176.4	20.6	-38.6	-175.8	30.0	-44.9	-18.8	0.0	33.6	-98.5	45.1	0.0
板厚25cm 混凝土C30	偏载	-44.0	0.8	26.6	-181.0	32.8	-48.8	-185.1	48.2	-58.5	31.8	0.4	31.0	-84.0	46.1	0.0
板厚25cm 混凝土C40	填载	-43.0	0.0	15.2	-143.9	26.8	-27.5	-144.5	45.3	-35.9	-40.6	0.0	24.3	-75.5	18.4	0.0
板厚25cm 混凝土C40	正载	-34.1	0.0	41.2	-176.5	20.3	-39.2	-176.1	30.0	-45.5	-19.8	0.0	34.3	-98.5	45.9	0.0
板厚25cm 混凝土C40	偏载	-43.7	0.9	27.1	-181.2	32.8	-49.7	-185.4	48.2	-59.3	-32.9	0.3	31.6	-83.9	46.6	0.0
板厚28cm 混凝土C30	填载	-44.1	0.0	16.3	-145.7	25.7	-28.8	-146.5	43.1	-36.8	-39.6	0.0	26.1	-77.9	19.5	0.0
板厚28cm 混凝土C30	正载	-34.2	0.0	43.6	-178.4	18.6	-40.9	-178.2	27.6	-46.7	-20.0	0.0	36.9	-100.6	48.6	0.0
板厚28cm 混凝土C30	偏载	-44.1	1.4	28.8	-184.7	32.2	-52.1	-188.6	46.0	-61.3	-32.7	-0.3	34.0	-85.9	48.7	0.0
板厚28cm 混凝土C40	填载	-43.2	0.0	16.2	-144.1	25.6	-28.8	-145.3	43.2	-36.8	-41.7	0.0	26.5	-76.2	19.4	0.0
板厚28cm 混凝土C40	正载	-33.4	0.0	43.7	-176.9	18.3	-41.0	-176.9	29.5	-46.8	-22.0	0.0	37.4	-99.1	48.9	0.0
板厚28cm 混凝土C40	偏载	-43.3	1.3	28.8	-182.8	31.9	-52.5	-187.3	47.0	-61.7	-34.9	-0.4	34.6	-84.3	48.8	0.0

表 7.3　编号 FC-01、填高 4.0m 特征点的结构内力标准值

板厚与混凝土强度等级	荷载类型	顶板 A 点内力标准值			边板 C 点内力标准值			边板 D 点内力标准值			底板 E 点内力标准值			铰接处 B 点内力标准值		
		N (kN/m)	Q (kN/m)	M (kN·m/m)	N (kN/m)	Q (kN/m)	M (kN·m/m)	N (kN/m)	Q (kN/m)	M (kN·m/m)	N (kN/m)	Q (kN/m)	M (kN·m/m)	N (kN/m)	Q (kN/m)	M (kN·m/m)
板厚 25cm 混凝土 C30	填载	−70.5	0.0	28.9	−225.0	39.5	−43.5	−223.0	64.8	−55.8	−52.9	0.0	37.5	−127.5	33.3	0.0
	正载	−61.0	0.0	46.6	−249.8	35.6	−52.1	−248.2	55.1	−63.1	−40.8	0.0	45.0	−140.0	53.6	0.0
	偏载	−72.1	−0.8	36.5	−253.5	45.9	−57.9	−253.7	69.5	−71.6	−51.4	0.3	42.5	−133.3	51.7	0.0
板厚 25cm 混凝土 C40	填载	−70.3	0.0	29.3	−225.0	39.3	−44.2	−223.3	64.5	−56.4	−54.1	0.0	38.2	−127.3	33.9	0.0
	正载	−60.6	0.0	47.3	−249.8	35.2	−52.8	−248.4	55.6	−63.7	−42.1	0.0	45.9	−140.0	54.7	0.0
	偏载	−71.8	−0.8	37.1	−253.7	45.7	−58.8	−254.3	69.5	−72.5	−52.7	0.2	43.4	−133.1	52.5	0.0
板厚 28cm 混凝土 C30	填载	−70.6	0.0	30.5	−225.2	37.6	−45.5	−224.2	62.1	−57.2	−55.4	0.0	41.0	−127.9	35.0	0.0
	正载	−60.3	0.0	49.3	−250.3	33.1	−54.4	−249.7	54.5	−64.8	−43.9	0.0	49.2	−140.5	57.1	0.0
	偏载	−71.7	−0.7	38.6	−254.8	44.2	−60.8	−256.1	67.8	−74.0	−54.2	−0.1	46.4	−133.6	54.3	0.0
板厚 28cm 混凝土 C40	填载	−70.4	0.0	30.8	−225.1	37.3	−46.0	−224.4	61.8	−57.6	−56.5	0.0	41.6	−127.8	35.5	0.0
	正载	−60.0	0.0	49.9	−250.4	32.8	−55.0	−250.2	54.4	−65.3	−45.1	0.0	50.0	−140.3	57.9	0.0
	偏载	−71.4	−0.7	39.1	−254.9	44.1	−61.6	−256.3	67.6	−74.8	−55.4	−0.2	47.1	−133.4	54.8	0.0

表 7.4 编号 FC-02、填高 0.5m 特征点的结构内力标准值

板厚与混凝土强度等级	荷载类型	顶板 A 点内力标准值			边板 C 点内力标准值			边板 D 点内力标准值			底板 E 点内力标准值			铰接处 B 点内力标准值		
		N (kN/m)	Q (kN/m)	M (kN·m/m)	N (kN/m)	Q (kN/m)	M (kN·m/m)	N (kN/m)	Q (kN/m)	M (kN·m/m)	N (kN/m)	Q (kN/m)	M (kN·m/m)	N (kN/m)	Q (kN/m)	M (kN·m/m)
板厚 25cm 混凝土 C30	填载	−19.1	0.0	9.1	−110.4	31.2	−30.0	−112.0	40.3	−34.4	−35.8	0.0	26.2	−41.1	10.3	0.0
	正载	−43.9	0.0	45.8	−152.4	19.0	−48.7	−151.2	21.1	−51.2	1.1	0.0	40.9	−98.7	31.2	0.0
	偏载	−29.3	−1.5	26.4	−166.5	33.5	−73.5	−170.4	41.5	−78.3	−14.9	−1.2	38.6	−66.4	50.7	0.0
板厚 25cm 混凝土 C40	填载	−18.9	0.0	9.4	−110.3	31.0	−30.5	−111.9	40.0	−34.9	−36.7	0.0	26.8	−40.9	10.8	0.0
	正载	−43.1	0.0	46.8	−152.6	19.1	−49.3	−151.1	21.4	−51.9	−0.5	0.0	41.9	−98.0	32.3	0.0
	偏载	−28.5	−1.1	27.0	−166.6	33.9	−74.8	−17.6	41.8	−79.6	−16.5	−1.5	39.5	−65.5	50.7	0.0
板厚 28cm 混凝土 C30	填载	−19.2	0.0	10.4	−111.3	29.6	−31.1	−113.1	38.1	−35.3	−37.2	0.0	29.7	−42.1	11.9	0.0
	正载	−41.4	0.0	50.0	−154.0	18.1	−50.3	−152.7	20.3	−52.7	−2.9	0.0	46.2	−97.3	35.7	0.0
	偏载	−27.9	−0.1	28.4	−168.1	32.1	−77.5	−172.3	39.8	−82.0	−18.4	−2.2	43.8	−65.9	52.3	0.0
板厚 28cm 混凝土 C40	填载	−19.0	0.0	10.7	−111.2	29.5	−31.5	−113.1	37.9	−35.7	−38.0	0.0	30.3	−41.9	12.1	0.0
	正载	−40.6	0.0	50.9	−154.1	18.3	−50.8	−152.9	20.6	−53.2	−4.3	0.0	47.1	−96.7	36.6	0.0
	偏载	−27.2	0.2	28.7	−16.4	32.3	−78.8	−172.6	39.9	−83.4	−19.8	−2.6	44.7	−65.2	52.5	0.0

表 7.5 编号 FC-02、填高 2.0m 特征点的结构内力标准值

板厚与混凝土强度等级	荷载类型	顶板 A 点内力标准值		边板 C 点内力标准值			边板 D 点内力标准值			底板 E 点内力标准值			铰接处 B 点内力标准值		
		N (kN/m)	Q (kN/m)	M (kN·m/m)	N (kN/m)	Q (kN/m)	M (kN·m/m)	N (kN/m)	Q (kN/m)	M (kN·m/m)	N (kN/m)	Q (kN/m)	M (kN·m/m)	N (kN/m)	Q (kN/m)	M (kN·m/m)
板厚 25cm 混凝土 C30	填载	-57.1	0.0	20.3	-195.9	52.7	-53.8	-194.3	65.1	-61.2	-48.0	0.0	44.5	-96.2	21.6	0.0
	正载	-50.0	0.0	54.7	-228.6	43.5	-69.8	-226.9	45.8	-75.4	-19.0	0.0	57.7	-126.4	42.9	0.0
	偏载	-59.0	-1.9	35.5	-236.7	57.3	-83.6	-237.0	64.2	-91.3	-33.4	-0.1	54.5	-105.2	52.6	0.0
板厚 25cm 混凝土 C40	填载	-56.9	0.0	20.9	-196.4	52.2	-54.7	-194.5	64.6	-62.0	-49.6	0.0	45.6	-95.0	21.2	0.0
	正载	-49.3	0.0	56.2	-228.8	43.6	-70.8	-227.1	45.9	-76.4	-20.7	0.0	59.2	-126.1	44.3	0.0
	偏载	-58.4	-1.9	36.8	-236.6	56.9	-85.0	-237.1	64.6	-92.8	-35.2	-0.3	55.9	-104.9	53.7	0.0
板厚 28cm 混凝土 C30	填载	-57.4	0.0	22.7	-196.6	48.8	-55.4	-195.7	60.8	-62.3	-50.2	0.0	50.5	-99.2	25.0	0.0
	正载	-49.0	0.0	60.3	-230.1	41.2	-72.2	-228.5	44.0	-77.3	-22.7	0.0	65.3	-127.8	47.9	0.0
	偏载	-58.4	-1.7	40.0	-238.1	54.2	-87.0	-239.2	62.7	-94.4	-37.0	-0.8	61.7	-107.4	59.4	0.0
板厚 28cm 混凝土 C40	填载	-57.2	0.0	23.2	-196.7	48.4	-56.2	-196.0	60.3	-63.0	-51.5	0.0	51.5	-99.0	25.8	0.0
	正载	-48.5	0.0	61.5	-230.4	40.9	-72.8	-228.8	44.0	-78.1	-24.3	0.0	66.6	-127.5	48.7	0.0
	偏载	-58.0	-1.5	40.9	-238.6	54.0	-88.5	-239.7	62.8	-95.8	-38.6	-1.0	63.0	-107.1	60.0	0.0

7 工程应用

表 7.6 编号 FC-02、填高 4.0m 特征点的结构内力标准值

板厚与混凝土强度等级	荷载类型	顶板 A 点内力标准值 N (kN/m)	Q (kN/m)	M (kN·m/m)	边板 C 点内力标准值 N (kN/m)	Q (kN/m)	M (kN·m/m)	边板 D 点内力标准值 N (kN/m)	Q (kN/m)	M (kN·m/m)	底板 E 点内力标准值 N (kN/m)	Q (kN/m)	M (kN·m/m)	铰接处 B 点内力标准值 N (kN/m)	Q (kN/m)	M (kN·m/m)
板厚 25cm 混凝土 C30	填载	-93.3	0.0	41.5	-295.4	76.6	-84.4	-291.3	86.7	-94.8	-58.6	0.0	67.4	-165.6	38.1	0.0
板厚 25cm 混凝土 C30	正载	-81.0	0.0	67.7	-322.3	69.7	-97.2	-320.0	72.7	-106.1	-39.0	0.0	79.4	-181.8	62.0	0.0
板厚 25cm 混凝土 C30	偏载	-92.8	-2.1	52.9	-327.7	81.6	-105.9	-325.9	86.3	-116.6	-49.9	3.8	76.3	-170.1	62.3	0.0
板厚 25cm 混凝土 C40	填载	-92.9	0.0	42.6	-295.9	75.8	-85.6	-291.9	86.6	-95.9	-60.7	0.0	70.1	-165.4	39.0	0.0
板厚 25cm 混凝土 C40	正载	-80.3	0.0	69.4	-322.9	69.7	-98.6	-320.4	72.8	-107.5	-41.3	0.0	81.4	-181.6	63.5	0.0
板厚 25cm 混凝土 C40	偏载	-92.5	-2.1	55.0	-328.2	81.0	-107.7	-326.4	86.4	-118.3	-52.0	3.8	78.2	-169.9	63.9	0.0
板厚 28cm 混凝土 C30	填载	-93.8	0.0	45.1	-297.1	70.4	-86.6	-293.9	83.5	-96.3	-62.0	0.0	77.4	-167.0	41.1	0.0
板厚 28cm 混凝土 C30	正载	-80.3	0.0	73.8	-324.8	64.8	-99.8	-322.5	70.0	-108.4	-43.7	0.0	89.8	-182.8	67.0	0.0
板厚 28cm 混凝土 C30	偏载	-92.7	-1.9	58.6	-330.1	76.1	-109.7	-328.1	84.5	-119.9	-54.2	3.7	86.3	-171.1	67.0	0.0
板厚 28cm 混凝土 C40	填载	-93.5	0.0	46.0	-297.4	69.7	-87.7	-294.3	83.2	-97.3	-64.0	0.0	79.0	-166.8	42.0	0.0
板厚 28cm 混凝土 C40	正载	-79.7	0.0	75.3	-325.2	64.3	-101.0	-322.9	70.2	-109.6	-46.0	0.0	91.6	-182.7	68.2	0.0
板厚 28cm 混凝土 C40	偏载	-92.2	-1.9	59.7	-330.7	75.5	-111.3	-328.9	84.8	-121.5	-56.3	3.6	88.0	-170.9	68.1	0.0

表 7.7 编号 FC-03、填高 0.5m 特征点的结构内力标准值

板厚与混凝土强度等级	荷载类型	顶板 A 点内力标准值			边板 C 点内力标准值			边板 D 点内力标准值			底板 E 点内力标准值			铰接处 B 点内力标准值		
		N (kN/m)	Q (kN/m)	M (kN·m/m)	N (kN/m)	Q (kN/m)	M (kN·m/m)	N (kN/m)	Q (kN/m)	M (kN·m/m)	N (kN/m)	Q (kN/m)	M (kN·m/m)	N (kN/m)	Q (kN/m)	M (kN·m/m)
厚30cm 混凝土 C30	填载	-29.4	0.0	13.6	-159.0	25.8	-47.0	-173.4	58.0	-62.5	-76.9	0.0	46.8	-60.1	15.2	0.0
厚30cm 混凝土 C30	正载	-51.3	0.0	70.0	-219.3	19.7	-67.9	-222.5	55.3	-81.9	-49.0	0.0	66.7	-119.0	34.2	0.0
厚30cm 混凝土 C30	偏载	-43.1	2.4	19.4	-195.4	40.6	-103.4	-218.1	65.8	-122.6	-63.6	1.8	60.9	-67.9	42.2	0.0
厚30cm 混凝土 C40	填载	-28.7	0.0	14.3	-159.1	26.3	-48.0	-173.4	57.9	-63.5	-78.8	0.0	47.7	-59.6	15.2	0.0
厚30cm 混凝土 C40	正载	-50.1	0.0	71.6	-219.1	19.9	-69.2	-222.7	54.7	-83.1	-51.1	0.0	68.1	-118.2	35.6	0.0
厚30cm 混凝土 C40	偏载	-42.5	2.8	19.9	-195.9	41.6	-105.6	-218.0	65.8	-125.1	-65.7	1.5	62.2	-67.3	43.0	0.0
厚34cm 混凝土 C30	填载	-28.8	0.0	16.5	-162.5	26.0	-50.0	-176.4	55.5	-65.1	-81.3	0.0	52.9	-61.0	16.6	0.0
厚34cm 混凝土 C30	正载	-48.0	0.0	77.1	-221.0	18.5	-72.9	-225.3	50.7	-85.8	-54.9	0.0	75.2	-117.6	40.1	0.0
厚34cm 混凝土 C30	偏载	-42.7	-1.1	21.4	-200.6	42.5	-111.5	-221.2	63.3	-13.7	-68.9	0.6	69.0	-68.4	45.1	0.0
厚34cm 混凝土 C40	填载	-28.5	0.0	17.0	-162.3	26.2	-50.8	-176.1	55.3	-65.9	-83.0	0.0	53.7	-60.7	17.0	0.0
厚34cm 混凝土 C40	正载	-47.1	0.0	78.4	-220.5	18.5	-74.0	-225.1	50.0	-86.8	-56.9	0.0	76.4	-116.8	41.3	0.0
厚34cm 混凝土 C40	偏载	-42.3	-0.8	21.8	-201.1	43.3	-113.5	-221.3	63.4	-133.0	-71.0	0.2	70.1	-68.0	45.6	0.0
厚38cm 混凝土 C30	填载	-29.1	0.0	18.9	-165.6	25.5	-51.8	-179.1	53.2	-66.3	-84.5	0.0	58.7	-62.5	18.2	0.0
厚38cm 混凝土 C30	正载	-46.0	0.0	82.6	-222.4	17.1	-76.2	-227.5	46.9	-88.1	-59.7	0.0	82.8	-117.2	44.9	0.0
厚38cm 混凝土 C30	偏载	-43.6	0.4	22.6	-206.4	42.9	-117.3	-225.7	61.2	-136.3	-73.2	-0.6	76.4	-69.9	46.7	0.0
厚38cm 混凝土 C40	填载	-28.8	0.0	19.2	-165.4	25.7	-52.5	-178.8	53.1	-67.0	-86.0	0.0	59.4	-62.3	18.6	0.0
厚38cm 混凝土 C40	正载	-45.3	0.0	83.6	-222.0	17.0	-77.2	-227.2	46.4	-89.0	-61.7	0.0	83.9	-116.7	45.8	0.0
厚38cm 混凝土 C40	偏载	-43.3	0.7	22.8	-207.0	43.4	-119.1	-226.2	61.5	-138.3	-75.1	-1.0	77.4	-69.6	47.1	0.0

表 7.8 编号 FC-03、填高 2.0m 特征点的结构内力标准值

板厚与混凝土强度等级	荷载类型	顶板 A 点内力标准值			边板 C 点内力标准值			边板 D 点内力标准值			底板 E 点内力标准值			铰接处 B 点内力标准值		
		N (kN/m)	Q (kN/m)	M (kN·m/m)	N (kN/m)	Q (kN/m)	M (kN·m/m)	N (kN/m)	Q (kN/m)	M (kN·m/m)	N (kN/m)	Q (kN/m)	M (kN·m/m)	N (kN/m)	Q (kN/m)	M (kN·m/m)
厚 30cm 混凝土 C30	填载	-81.6	0.0	27.6	-285.3	42.1	-74.5	-292.3	90.5	-99.3	-106.2	0.0	71.5	-132.0	26.1	0.0
	正载	-72.4	0.0	76.8	-330.7	40.6	-93.9	-327.5	92.0	-119.0	-79.9	0.0	89.8	-169.4	52.2	0.0
	偏载	-88.4	1.2	42.5	-317.8	43.8	-116.9	-334.7	101.8	-144.2	-92.6	0.9	84.8	-143.5	61.4	0.0
厚 30cm 混凝土 C40	填载	-81.3	0.0	28.5	-285.3	42.3	-76.1	-292.3	89.8	-100.8	-108.8	0.0	72.9	-131.8	26.6	0.0
	正载	-71.9	0.0	78.9	-331.1	40.2	-95.8	-328.3	90.7	-120.6	-82.7	0.0	91.7	-169.2	53.7	0.0
	偏载	-87.9	1.5	43.7	-318.6	44.3	-119.8	-335.3	101.0	-147.0	-95.4	0.5	86.6	-143.2	62.4	0.0
厚 34cm 混凝土 C30	填载	-81.8	0.0	31.7	-287.7	41.3	-79.5	-294.5	85.3	-103.2	-111.8	0.0	80.8	-133.2	28.5	0.0
	正载	-71.0	0.0	86.1	-333.6	37.2	-100.6	-332.0	84.1	-123.4	-87.4	0.0	101.4	-170.5	58.1	0.0
	偏载	-88.1	-1.6	48.0	-323.7	44.4	-126.7	-339.8	96.1	-152.9	-99.7	-0.5	95.8	-144.1	65.7	0.0
厚 34cm 混凝土 C40	填载	-81.7	0.0	32.4	-287.3	41.3	-80.9	-294.1	84.6	-104.4	-114.0	0.0	82.1	-133.5	29.4	0.0
	正载	-70.5	0.0	87.9	-333.5	36.8	-102.2	-332.4	82.9	-124.7	-90.1	0.0	103.1	-170.4	59.3	0.0
	偏载	-87.7	-1.4	49.1	-324.4	44.9	-129.2	-340.3	95.5	-155.4	-102.4	-0.9	97.4	-143.9	66.7	0.0
厚 38cm 混凝土 C30	填载	-82.6	0.0	34.8	-289.5	40.0	-82.5	-296.3	80.9	-105.1	-115.7	0.0	89.5	-135.5	30.6	0.0
	正载	-70.5	0.0	93.1	-335.3	34.3	-104.9	-334.9	77.7	-125.9	-93.1	0.0	111.8	-172.1	62.3	0.0
	偏载	-88.2	-0.7	52.3	-328.4	44.2	-133.4	-343.8	91.4	-158.7	-105.0	-1.7	105.8	-145.8	68.9	0.0
厚 38cm 混凝土 C40	填载	-82.5	0.0	35.4	-289.3	40.0	-83.7	-296.1	80.4	-106.2	-117.9	0.0	90.6	-135.4	31.1	0.0
	正载	-70.2	0.0	94.6	-335.2	34.0	-106.4	-335.0	76.7	-127.2	-95.5	0.0	113.3	-172.0	63.2	0.0
	偏载	-87.9	-0.6	53.2	-329.4	45.1	-135.5	-334.5	91.3	-160.9	-107.6	-2.2	107.2	-145.3	69.6	0.0

表7.9 编号FC-03、填高4.0m特征点的结构内力标准值

板厚与混凝土强度等级	荷载类型	顶板A点内力标准值 N (kN/m)	Q (kN/m)	M (kN·m/m)	边板C点内力标准值 N (kN/m)	Q (kN/m)	M (kN·m/m)	边板D点内力标准值 N (kN/m)	Q (kN/m)	M (kN·m/m)	底板E点内力标准值 N (kN/m)	Q (kN/m)	M (kN·m/m)	铰接处B点内力标准值 N (kN/m)	Q (kN/m)	M (kN·m/m)
厚30cm 混凝土 C30	填载	-127.7	0.0	61.9	-430.0	62.4	-110.8	-425.2	129.9	-146.9	-132.0	0.0	105.3	-220.0	46.8	0.0
厚30cm 混凝土 C30	正载	-112.0	0.0	101.1	-462.8	62.7	-128.3	-453.3	130.4	-165.1	-111.7	0.0	121.6	-240.7	73.4	0.0
厚30cm 混凝土 C30	偏载	-129.5	1.9	77.0	-458.7	66.1	-142.9	-460.8	139.6	-181.8	-121.5	6.8	116.7	-227.1	77.2	0.0
厚30cm 混凝土 C40	填载	-127.5	0.0	63.5	-430.1	62.0	-113.1	-426.1	128.2	-148.9	-135.5	0.0	107.5	-220.2	48.0	0.0
厚30cm 混凝土 C40	正载	-111.4	0.0	103.6	-463.0	61.8	-131.0	-454.0	129.1	-167.2	-115.3	0.0	124.1	-240.5	75.0	0.0
厚30cm 混凝土 C40	偏载	-129.0	2.1	79.1	-459.4	66.0	-146.3	-462.1	138.1	-148.8	-125.2	6.7	119.2	-226.9	78.7	0.0
厚34cm 混凝土 C30	填载	-128.1	0.0	68.7	-431.4	58.7	-118.5	-429.3	120.1	-152.0	-140.6	0.0	118.9	-221.7	51.4	0.0
厚34cm 混凝土 C30	正载	-111.2	0.0	112.2	-464.7	563	-137.2	-458.5	119.9	-170.5	-121.6	0.0	137.1	-241.8	80.1	0.0
厚34cm 混凝土 C30	偏载	-128.9	2.7	85.9	-462.6	62.9	-154.2	-466.9	129.6	-190.4	-131.4	6.3	131.7	-228.1	83.4	0.0
厚34cm 混凝土 C40	填载	-127.9	0.0	70.1	-431.4	58.5	-120.5	-429.8	118.9	-153.8	-144.0	0.0	120.8	-221.6	52.3	0.0
厚34cm 混凝土 C40	正载	-110.7	0.0	114.4	-464.7	55.6	-139.6	-459.4	118.2	-172.3	-125.3	0.0	139.4	-241.7	81.7	0.0
厚34cm 混凝土 C40	偏载	-128.4	2.9	87.7	-463.2	63.0	-157.1	-467.6	128.5	-193.1	-135.2	6.1	133.9	-227.9	84.7	0.0
厚38cm 混凝土 C30	填载	-129.3	0.0	73.5	-432.1	55.3	-123.3	-431.6	112.4	-154.8	-147.0	0.0	131.3	-223.9	54.4	0.0
厚38cm 混凝土 C30	正载	-111.4	0.0	120.2	-466.2	51.3	-143.0	-463.1	110.5	-173.4	-130.2	0.0	151.1	-243.6	85.1	0.0
厚38cm 混凝土 C30	偏载	-129.4	3.4	92.1	-465.9	60.3	-161.7	-471.0	121.7	-195.9	-139.0	5.8	145.3	-229.8	87.5	0.0
厚38cm 混凝土 C40	填载	-129.2	0.0	74.6	-432.0	55.2	-125.1	-431.8	111.5	-156.3	-150.3	0.0	133.0	-223.9	55.1	0.0
厚38cm 混凝土 C40	正载	-111.0	0.0	121.9	-466.1	50.7	-145.0	-463.6	109.1	-175.0	-134.0	0.0	153.0	-243.5	86.4	0.0
厚38cm 混凝土 C40	偏载	-129.1	3.5	93.5	-466.3	60.4	-164.3	-471.5	120.7	-198.3	-142.6	5.6	147.2	-229.7	88.6	0.0

表 7.10 编号 FC-04、填高 0.5m 特征点的结构内力标准值

板厚与混凝土强度等级	荷载类型	顶板 A 点内力标准值 N (kN/m)	Q (kN/m)	M (kN·m/m)	边板 C 点内力标准值 N (kN/m)	Q (kN/m)	M (kN·m/m)	边板 D 点内力标准值 N (kN/m)	Q (kN/m)	M (kN·m/m)	底板 E 点内力标准值 N (kN/m)	Q (kN/m)	M (kN·m/m)	铰接处 B 点内力标准值 N (kN/m)	Q (kN/m)	M (kN·m/m)
厚 40cm 混凝土 C30	填载	-34.4	0.0	30.1	-224.1	44.7	-97.4	-239.7	85.3	-124.8	-110.2	0.0	99.7	-80.5	26.7	0.0
	正载	-54.7	0.0	109.3	-281.4	36.4	-124.7	-287.4	79.0	-149.1	-84.1	0.0	128.2	-140.4	47.6	0.0
	偏载	-50.7	-1.5	43.3	-271.0	52.0	-177.0	297.1	93.4	-206.8	-95.4	5.0	121.5	-98.0	69.3	0.0
厚 40cm 混凝土 C40	填载	-34.1	0.0	30.8	-223.7	44.8	-98.8	-239.4	84.8	-126.1	-112.0	0.0	101.0	-80.1	27.3	0.0
	正载	-53.8	0.0	111.0	-280.9	36.2	-126.4	-287.3	78.0	-150.6	-86.3	0.0	130.0	-139.7	48.9	0.0
	偏载	-50.0	-1.0	44.0	-271.1	52.7	-179.9	-297.1	92.8	-209.7	-97.6	4.7	123.3	-97.5	70.1	0.0
厚 44cm 混凝土 C30	填载	-34.6	0.0	337	-227.5	44.2	-101.0	-242.9	82.5	-127.7	-113.4	0.0	106.8	-82.0	28.7	0.0
	正载	-52.9	0.0	116.3	-283.7	35.0	-129.8	-290.5	74.9	-153.1	-88.6	0.0	137.1	-141.2	52.7	0.0
	偏载	-50.6	0.5	46.5	-275.5	52.4	-185.4	-301.0	89.9	-214.6	-99.6	4.1	130.2	-99.2	72.4	0.0
厚 44cm 混凝土 C40	填载	-34.1	0.0	34.5	-227.2	44.4	-102.1	-242.7	82.2	-128.8	-115.4	0.0	107.9	-81.7	29.1	0.0
	正载	-52.0	0.0	117.9	-283.3	35.0	-131.3	-290.4	74.2	-154.4	-91.0	0.0	138.7	-140.8	53.9	0.0
	偏载	-50.0	0.9	47.2	-275.8	53.1	-188.0	-301.1	89.6	-217.3	-101.8	3.8	131.7	-98.8	73.0	0.0
厚 48cm 混凝土 C30	填载	-35.0	0.0	36.9	-231.4	43.8	-103.2	-246.3	80.3	-129.3	-116.3	0.0	113.3	-83.9	30.3	0.0
	正载	-51.7	0.0	122.1	-286.6	33.9	-133.2	-293.6	71.7	-155.6	-92.5	0.0	145.2	-142.8	56.9	0.0
	偏载	-50.7	-1.8	49.4	-280.7	52.4	-191.2	-305.6	87.5	-220.20	-103.3	3.3	138.1	-100.7	74.6	0.0
厚 48cm 混凝土 C40	填载	-34.6	0.0	37.5	-231.0	43.9	-104.2	-246.1	79.9	-130.3	-118.1	0.0	114.3	-83.6	30.7	0.0
	正载	-51.0	0.0	123.4	-286.1	33.8	-134.5	-293.5	71.1	-156.7	-94.7	0.0	146.6	-142.5	58.1	0.0
	偏载	-50.2	-1.5	50.0	-281.0	52.9	-193.5	-305.7	87.3	-222.3	-105.4	3.0	139.4	-100.4	75.2	0.0

表 7.11 编号 FC-04、填高 2.0m 特征点的结构内力标准值

板厚与混凝土强度等级	荷载类型	顶板A点内力标准值			边板C点内力标准值			边板D点内力标准值			底板E点内力标准值			铰接处B点内力标准值		
		N (kN/m)	Q (kN/m)	M (kN·m/m)	N (kN/m)	Q (kN/m)	M (kN·m/m)	N (kN/m)	Q (kN/m)	M (kN·m/m)	N (kN/m)	Q (kN/m)	M (kN·m/m)	N (kN/m)	Q (kN/m)	M (kN·m/m)
厚40mm 混凝土C30	填载	-97.4	0.0	49.8	-373.1	69.8	-146.8	-377.9	126.7	-188.5	-146.3	0.0	145.6	-165.2	39.2	0.0
	正载	-86.6	0.0	121.3	-420.2	65.4	-173.5	-415.0	123.5	-213.9	-121.5	0.0	172.5	-207.9	67.4	0.0
	偏载	-107.1	0.3	64.0	-406.7	73.6	-208.5	-422.8	137.2	-253.2	-135.9	2.0	164.0	-170.5	79.2	0.0
厚40mm 混凝土C40	填载	-97.3	0.0	50.9	-372.9	69.7	-149.0	-377.8	125.6	-190.4	-149.1	0.0	147.6	-165.1	40.2	0.0
	正载	-86.2	0.0	123.7	-420.2	64.7	-175.8	-415.6	121.9	-215.6	-124.8	0.0	174.9	-206.7	67.4	0.0
	偏载	-106.8	0.6	65.5	-407.2	73.9	-212.1	-423.4	136.1	-256.6	-138.8	1.6	166.3	-170.4	80.7	0.0
厚44mm 混凝土C30	填载	-98.2	0.0	54.5	-375.6	68.2	-152.2	-380.4	121.5	-192.4	-150.7	0.0	155.8	-167.3	41.6	0.0
	正载	-86.4	0.0	130.2	-422.7	62.1	-179.8	-418.7	116.7	-217.9	-127.5	0.0	184.4	-209.6	71.8	0.0
	偏载	-107.4	1.5	69.6	-411.7	73.1	-218.1	-427.4	131.9	-261.6	-141.1	0.8	175.5	-172.2	83.1	0.0
厚44mm 混凝土C40	填载	-98.1	0.0	55.5	-375.2	68.1	-154.0	-380.3	120.5	-194.0	-153.2	0.0	157.6	-167.4	42.3	0.0
	正载	-86.1	0.0	132.3	-422.5	61.5	-181.9	-419.0	115.4	-219.5	-130.4	0.0	186.6	-209.2	72.5	0.0
	偏载	-107.2	1.7	70.8	-412.5	73.6	-221.2	-428.0	131.3	-264.7	-144.1	0.4	177.4	-172.1	83.9	0.0
厚48mm 混凝土C30	填载	-99.3	0.0	58.2	-377.8	66.3	-155.7	-382.8	116.9	-194.5	-153.7	0.0	165.3	-169.9	43.6	0.0
	正载	-86.8	0.0	137.3	-424.7	59.1	-184.2	-421.7	110.9	-220.4	-131.6	0.0	195.3	-211.7	75.2	0.0
	偏载	-108.4	-1.3	74.0	-416.9	72.6	-225.0	-431.8	127.7	-267.4	-145.3	-0.2	185.9	-174.4	85.7	0.0
厚48mm 混凝土C40	填载	-99.3	0.0	59.1	-377.6	66.3	-157.2	-382.7	116.2	-195.9	-156.2	0.0	166.8	-169.9	44.1	0.0
	正载	-86.6	0.0	139.0	-424.4	58.7	-186.0	-421.8	109.8	-221.8	-134.3	0.0	197.2	-211.8	76.3	0.0
	偏载	-108.2	-1.2	75.1	-417.5	72.9	-227.8	-432.2	127.2	-270.2	-148.0	-0.6	187.6	-174.3	86.4	0.0

表7.12 编号FC-04、填高4.0m特征点的结构内力标准值

板厚号	荷载类型	顶板A点内力标准值 N (kN/m)	Q (kN/m)	M (kN·m/m)	边板C点内力标准值 N (kN/m)	Q (kN/m)	M (kN·m/m)	边板D点内力标准值 N (kN/m)	Q (kN/m)	M (kN·m/m)	底板E点内力标准值 N (kN/m)	Q (kN/m)	M (kN·m/m)	铰接处B点内力标准值 N (kN/m)	Q (kN/m)	M (kN·m/m)
厚40mm 混凝土C30	填载	-151.7	0.0	103.9	-545.1	97.1	-211.9	-534.3	172.7	-269.6	-180.1	0.0	207.8	-268.7	66.4	0.0
厚40mm 混凝土C30	正载	-132.5	0.0	161.7	-580.1	96.8	-236.2	-564.7	166.6	-293.6	-160.0	0.0	231.9	-290.2	93.5	0.0
厚40mm 混凝土C30	偏载	-156.5	18.1	119.9	-580.7	104.7	-259.1	-574.1	183.2	-321.0	-170.9	-9.4	224.4	-274.1	103.4	0.0
厚40mm 混凝土C40	填载	-151.6	0.0	106.0	-545.1	96.2	-215.0	-535.4	170.7	-271.9	-183.9	0.0	210.7	-268.8	67.7	0.0
厚40mm 混凝土C40	正载	-132.2	0.0	164.8	-580.3	95.4	-239.4	-565.4	166.3	-296.1	-164.1	0.0	235.2	-290.5	95.5	0.0
厚40mm 混凝土C40	偏载	-154.1	3.0	125.8	-581.3	103.9	-263.3	-575.5	181.5	-324.5	-175.0	9.5	227.6	-274.0	104.8	0.0
厚44mm 混凝土C30	填载	-152.8	0.0	111.1	-546.7	92.7	-219.5	-539.1	163.9	-274.2	-186.7	0.0	222.1	-271.2	70.3	0.0
厚44mm 混凝土C30	正载	-133.0	0.0	172.5	-582.4	90.2	-244.3	-569.4	160.9	-298.3	-168.4	0.0	247.7	-293.1	100.0	0.0
厚44mm 混凝土C30	偏载	-154.9	3.5	131.9	-584.6	100.6	-270.0	-580.4	175.1	-328.9	-178.9	9.1	239.8	-276.1	107.9	0.0
厚44mm 混凝土C40	填载	-152.8	0.0	112.8	-546.5	92.1	-222.2	-539.5	162.2	-276.3	190.2	0.0	224.6	-271.2	71.3	0.0
厚44mm 混凝土C40	正载	-132.7	0.0	175.2	-582.6	89.1	-247.1	-570.2	159.4	-300.3	-172.3	0.0	250.6	-293.2	101.8	0.0
厚44mm 混凝土C40	偏载	-154.7	3.7	134.1	-585.0	100.1	-273.7	-581.4	173.5	-332.1	-182.7	8.9	242.6	-276.0	108.9	0.0
厚48mm 混凝土C30	填载	-154.5	0.0	116.5	-547.7	88.9	-224.7	-542.0	156.5	-276.9	-191.9	0.0	235.2	-273.9	73.2	0.0
厚48mm 混凝土C30	正载	-134.0	0.0	180.8	-584.2	84.9	-250.0	-573.6	153.0	-300.8	-175.1	0.0	262.1	-296.1	105.0	0.0
厚48mm 混凝土C30	偏载	-156.2	4.1	138.5	-587.9	97.2	-277.7	-585.1	167.9	-334.2	-184.9	8.6	253.8	-278.6	111.0	0.0
厚48mm 混凝土C40	填载	-154.5	0.0	118.0	-547.4	88.5	-227.0	-572.2	155.2	-278.8	-195.4	0.0	237.5	-273.9	74.1	0.0
厚48mm 混凝土C40	正载	-133.8	0.0	183.1	-584.1	84.1	-252.4	-574.2	151.5	-302.7	-179.1	0.0	264.6	-296.1	106.4	0.0
厚48mm 混凝土C40	偏载	-156.0	4.2	140.3	-588.1	96.9	-281.0	-585.8	166.6	-337.2	-188.5	8.3	256.2	-278.6	112.0	0.0

7.4 小结

本章对六(安)武(汉)高速公路的工程概况进行阐述,针对多种尺寸类型的装配式管涵结构设计提出了设计建议:(1)遇到软弱地基,应进行地基处理。针对地基中的土体取样进行室内单元体试验,了解土体的结构性特征,采用本书建议的修正多层结构软土模型进行土体变形的预测,以减少发生不均匀沉降造成的管涵结构损害问题。(2)管涵结构设计不仅包括横断面的设计,同时应对纵向管涵结构的受力特性进行详细分析,采用合理的纵向力学模型进行结构的纵向力学计算。

基于管-土相互作用配合设计院成功完成了不同尺寸的埋地管涵结构设计标准图,采用有限元手段分析不同尺寸类型的埋地管涵在正载和偏载工况下的结构受力特性,得到以下规律:同一尺寸类型的管涵结构,正载条件下顶板中点弯矩最大,偏载条件下边板竖直段弯矩最大。FC-01、FC-02、FC-03、FC-04四种类型的管涵在同一荷载条件下各板最大弯矩增大均随着几何尺寸的增大而增大。

8 结论和展望

8.1 本书主要工作

本书研究了埋地管-土相互作用及管涵结构横纵向受力特性,完成了以下工作:

(1) 利用大型物理模型槽开展了埋地管-土的原比尺物理模型试验。制定试验方案,进行填载和加载试验,跟踪量测试验过程中的管-土响应,详细阐述试验结果,包括管涵土压力的分布、管涵结构应力应变的变化等。

(2) 基于试验实测结果,提出浅埋式埋地管涵土压力的计算模型和计算公式,将理论计算结果和实测结果进行对比分析。同时采用有限元分析方法研究了埋地管涵各影响因素对管涵土压力的影响规律。

(3) 针对模型试验中的管涵结构内力采用不同的计算方法进行计算对比分析,采用有限元分析方法研究交通荷载下的埋地管涵受力特性,进而对地震荷载下的多孔联拱管涵结构受力特性进行分析研究。

(4) 详细阐述多层结构软土本构计算模型,并对土体各向异性和结构性在模型中的数值实现给予描述,采用动态链接库的编辑方法在PLAXIS程序里实现程序化计算,采用室内试验数据验证了模型的准确性,将模型应用于典型结构性海积软土的变形分析计算。

(5) 基于Pasternak双参数地基模型,建立了较为合理的考虑地基差异沉降的埋地管涵纵向力学理论模型,对埋地管涵的纵向力学性状要素进行了分析,得到其规律,最后提出埋地管涵的安全性判别方法。

(6) 针对六(安)武(汉)高速公路的埋地管涵结构设计提出了设计建议,并对不同尺寸的埋地管涵型式在交通荷载下的受力特性进行了计算分析。

8.2 主要结论

通过上述研究,得到以下结论:

(1) 管涵和管周土体刚度的差异导致管顶和管涵两侧填土的变形不同,从而引起管顶土压力集中的现象；管-土界面法向土压力呈顶部最大，边墙与弧形段连接处最小的帽子形分布，底板呈倒马鞍形分布；在交通荷载作用下，偏心加载对结构受力更加不利，边板的设计主要由偏心荷载控制；路面车辆荷载作用下路基中应力扩散明显，从减少涵洞结构不利荷载的角度出发路基层应保持一定的覆土厚度；模型试验结果表明碎石和粉土填土工况下按30°扩散分布是偏于不安全的，而黏土工况较为安全；随着循环动荷载的增大，土体竖向累积变形随之增大；相同的竖向动荷载循环作用下，土体竖向累积变形随着振次的增加而增大，而当振次达到一定次数后，竖向累积变形趋于稳定。

（2）管涵土压力计算结果和试验结果对比表明本书提出的管涵土压力计算模型较好地反映了实际的管涵受力状态。同时和按规范计算结果对比发现，当填高较高时，按铁路设计规范比较保守，而按公路设计规范得到的计算结果略偏小。

（3）针对上埋式管涵，管顶土压力与管涵高宽比基本成线性关系。回填土的各参数对管涵土压力的影响较为明显，地基土仅模量的影响较为显著，其他参数影响较小。管涵刚度对管涵土压力的影响比较明显，碾压荷载对土压力分布的影响程度很大程度上取决填土的性质。沟谷地形对管涵土压力的影响也十分显著。

（4）地基土模量越大，地基刚度越大，管顶土压力集中效应越明显。管顶土压力随着地基土模量增加先急剧增大，而后趋于稳定。地基土泊松比对土压力和土压力集中效应基本没有影响。地基土黏聚力对土压力和土压力集中效应基本没有影响。地基土内摩擦角对管顶土压力和管顶土压力集中系数影响较小。

（5）混凝土强度等级对管涵各板的最大弯矩影响不明显，管涵各板最大弯矩随着板厚的增大而增大，随着覆土厚度的增大而增大。正载下管顶土压力、偏载下管顶最大土压力与设计车速均呈线性关系，两者随设计车速的增大而增大。然后对地震荷载下的多孔联拱管涵结构的受力特性进行了研究，表明地震荷载对涵孔之间的连接柱的弯矩增量最大。

（6）采用考虑土体各向异性和结构性的多层结构软土模型能较好地模拟海积软土的结构性特征，准确预测海积软土在堆填荷载作用下的变形特性。

（7）管涵纵向力学性状各要素在地基不均匀沉降处均发生突变，且受地基不均匀沉降的影响范围有限。地基不均匀沉降、地基模型参数、管涵抗弯刚度是影响管涵纵向受力性状的三个主要因素，而地基不均匀沉降的影响最大。

（8）基于管-土相互作用成功地完成了不同尺寸类型的装配式埋地管涵结构标准图的设计工作。

8.3　下一步工作的建议

本书研究了埋地管-土相互作用及管涵的横纵向结构受力特性，但由于时间限制，书中的研究工作尚不够全面、透彻，还有很多工作可做进一步研究：

（1）本书的埋地管涵填埋状态属于浅埋上埋式，提出的管涵土压力计算模型和计算公式也是针对浅埋上埋式埋地管涵，这在平原区应用较为广泛。同时山区高填方的埋地管涵应用也较多，其管-土作用可做进一步研究和探讨。

（2）埋地管涵与道路运行方向斜交条件下的管涵土压力和管涵受力特性可做进一步研究的方向。

（3）本书研究的多层结构软土本构模型考虑土体各向异性和结构性的特征，实现了程序化计算。但该模型仅适用正常固结或微超固结土，对高超固结土特征在模型中的体现还未涉及，这是进一步改进多层结构模型并提高模型适用性的一个研究方向。

（4）埋地管涵纵向力学分析模型是基于 Pasternak 地基模型建立的理论模型，建议今后通过试验及现场数据对模型参数做进一步的研究。

参考文献

[1] Abdel-Karim, A. M., Tadros, M. K., Benak, J. V. Structural response of full-scale concrete box culvert [J]. Journal of structural engineering, 1993, 119 (11): 3238-3254.

[2] American Association of State Highway and Transportation Officials, Inc. (AASHTO). AASHTO standard specifications for highway bridges [S]. 17th Ed., Washington, D. C. 2002.

[3] Arockiasamy, M., Chaallal, O., Limpeteeprakarn, T.. Full-scale field tests on flexible pipes under live load application [J]. Journal of Performance of Constructed Facilities, 2006, 20(1):21-27.

[4] Baudet, B., Stallebrass, S.. A constitutive model for structured clays [J]. Geotechnique, 2004, 54(4):269-278.

[5] Bennett, R. M., Wood, S. M., Drumm, E. C., Rainwater, N. R.. Vertical loads on concrete box culverts under high embankments [J]. Journal of Bridge Engineering, 2005, 10(6):643-649.

[6] Casagrande, A, Carrillo, N.. Shear failure of anisotropic soils [J]. Journal of the Boston Society of Civil Engineering, Contribution to Soil Mechanics, 1944, 1941-1953.

[7] Chen, W. F. Limit analysis and soil plasticity [R]. Developments in geotechnical engineering, 1975, Vol. 7. Elsevier.

[8] Chung, S. G., Kwag, J. M., Giao, P. H., Back, S. H., Prasad, K. N.. A study of soil disturbance of Pusan clays with reference to drilling sampling and extruding [J]. Geotechnique, 2004, 54(1):61-65.

[9] Cudny, M., Vermeer, P. A.. On the modelling of anisotropy and destructuration of soft clays within the multi-laminate framework [J]. Computers and Geotechnics, 2004(31): 1-22.

[10] Dasgupta, A., Sengupta, B.. Large-scale model test on square box culvert backfilled with sand [J]. Journal of geotechnical engineering, 1991, 117(1):

156-161.

[11] El-Sawy, K. M.. Three-dimensional modeling of soil-steel culverts under the effect of truckloads[J]. Thin-Walled Structures, 2003, 41(8):747-768.

[12] Galavi, V., Schweiger, H. F.. A multilaminate model with destructuration [C]. Proc. 6th European Conference on Numerical Methods in Geotechnical Engineering. 2006: 41-47.

[13] Galavi, V., Schweiger, H. F.. Strain softening analysis of tunnel excavation with a multilaminate model[C]. Proc. 10th Int. Symp. Numerical Models in Geomechanics (NUMOG). 2006: 353-358.

[14] Galavi, V., Schweiger, H. F.. The effect of strength anisotropy on slope stability analysis in soils[C]. Proc. 13th Danube-European Conference on Geotechnical Engineering. 2006:587-592.

[15] Galavi, V.. A Multilaminate Model for Structured Clay incorporating Inherent Anisotropy and Strain Softening [D]. Austria: Graz University of Technology, 2007.

[16] Gilley, C. W., Gabriel, L. H., Standley, R. S.. Field-test of 72 in-diameter cast-in-place nonreinfored concrete pipe[J]. Journal of Transportation Engineering-Asce, 1992, 118(1):1-19.

[17] Kavvadas, M., Amorosi, A.. A constitutive model for structured soils [J]. Geotechnique, 2000, 50(3):263-273.

[18] Kawabata, T., Mohri, Y., Tamura, H., Shoda, D., Oda, T.. Field test for buried large steel pipes with thin wall[C]. ASCE, Pipelines 2006.

[19] KIM, K, YOO, C. H.. Design loading on deeply buried box culverts [J]. Journal of Geotechnical and Geoenvironmental Engineering, 2005, 131(1): 20-27.

[20] Kitane, Y., McGrath, T. J.. Three-dimensional modeling of live loads on culverts[C]. ASCE, Pipelines 2006.

[21] Koskinen, M., Karstunen, M., Wheeler, S. J.. Modelling destructuration and anisotropy of a natural soft clay [C]. Proc., 5th European Conf. Numerical Methods in Geotechnical Engineering, 2002:11-20.

[22] Kunecki, B.. Full-scale test of corrugated steel culvert and FEM analysis with various static systems[J]. Studia Geotechnica et Mechanica, 2006(XXVIII): 5-19.

[23] Ladanyi, B. a. H.. A study of the trap-door problem in a granular mass [J]. Canadian Geotechnical Journal, 1969, 6(1): 1-14.

[24] Li Li, Michel Aubertin.. An improved analytical solution to estimate the stress state in subvertical backfilled stopes[J]. Canadian Geotechnical Journal, 2008(45): 1487-1496.

[25] Liu, M. D., Carter, J. P.. A structured cam clay model[J]. Canadian Geotechnical Journal, 2002, 39(6): 1313-1332.

[26] Liyanapathirana, D S, Carter, J P, Airey, D. W.. Numerical Modeling of nonhomogeneous behavior of structure soils during triaxial test [J]. International Journal of Geomechanics, ASCE, 2005, 5(1): 10-23.

[27] Marston A.. The theory of external loads on closed conduits in the light of the latest experiments[J]. Iwoa Engineering experiment station, Bulletin 96, 1930(9): 138-170.

[28] Maston, A., Andserson, A. O.. The theory of loads on pipe in ditches and tests of cement and clay drain tile and sewer Pipe [R]. 1913, Iowa Engineering Experiment Station Bulletin, Iowa State College, Ames, Iowa.

[29] Mesri, G., Roskhsar, A., Bohor, B. F.. Compostiion and compressibility of typical samples of Mexico Cityclay[J]. Geotechnique, 1975, 25(3): 527-554.

[30] Meyerhof, G. G. a. A., J. I.. The ultimate uplift capacity of foundations [J]. Canadian Geotechnical Journal, 1968, 5(4): 225-244.

[31] Nagaraj, T. S., Murthy, B. R. S., Vatsala, A., et al.. Analysis of compressibility of sensitive soils[J]. Journal of Geotechnical Engineering, ASCE, 1990, 116(GT1): 105-118.

[32] Nova, R., Castellanza, R., Tamagnini, C.. A constitutive model for bonded geomaterials subject to mechanical and/or chemical degradation [J]. International Journal for Numerical and Analytical Methods in Geomechanics, 2003 (27): 705-732.

[33] Pande, G. N., Sharma, K. G.. Multilaminate model of clays-a numerical evaluation of the influence of rotation of principal stress axes[J]. International Journal of Numerical and Analytical Methods in Geomechanics, 1983, 7(4): 397-418.

[34] Pestana, J. M., Whittle A. J.. Formulation of a unified constitutive model for clays and sands[J]. International Journal of Numerical and Analytical Methods in Geomechanics, 1999, 23(12): 1215-1243.

[35] Pietruszczak, S., Mroz, Z.. Formulation of anisotropic failure criteria incorporating a microstructure tensor[J]. Computers and Geotechnics, 2000(26):105-112.

[36] Pietruszczak, S., Mroz, Z.. On failure criteria for anisotropic cohesive-frictional materials[J]. International Journal of Numerical and Analytical Methods in Geomechanics, 2001(25):509-524.

[37] Pietruszczak, S., Niu, X.. Numerical evaluation of bearing capacity of a foundation in strain softening soil[J]. Computers and Geotechnics, 1992(13):187-198.

[38] Pietruszczak, S., Pande, G. N.. Description of soil anisotropy based on multilaminate framework[J]. International Journal of Numerical and Analytical Methods in Geomechanics, 2001(25):197-206.

[39] Rajani, B., Zhan, C., Kuraoka, S.. Pipe-soil interaction analysis for jointed water mains[J]. Canadian Geotechnical Journal, 1996, 33(3):393-404.

[40] Rouainia, M., Muir Wood, D.. A kinematic hardening constitutive model for natural clays with loss of structure[J]. Geotechnique, 2000, 50(2):153-164.

[41] Rowe, P. W.. The stress-dilatancy relation for static equilibrium of an assembly of particles in contact[C]. Proc. Mathematical and Physical Sciences, 1962, Series A(269):500-557.

[42] Sargand, S. M., Hazen, G. A., Hurd, J. O.. Structural evaluation of box culverts [J]. Journal of structural engineering, 1992, 118(12):3297-3314.

[43] Sargand, S., Masada, T., Moreland, A.. Measured field performance and computer analysis of large-diameter multiplate steel pipe culvert installed in Ohio [J]. Journal of Performance of Constructed Facilities, 2009, 22(6):391-397.

[44] Selig, E. T., Packard, D. L.. Buried concrete pipe embankment installation analysis [J]. Journal of Transportation Engineering-Asce, 1986, 112(6):576-592.

[45] Selig, E. T.. Subsurface soil-structure interaction: A synopsis [J]. Highw. Res. Rec., 1972(413):1-4.

[46] Sezen, H., Yeau, K. Y., Fox, P. J.. In-situ load testing of corrugated steel pipe-arch culverts[J]. Journal of Performance of Constructed Facilities, 2008, 22(4):245-252.

[47] Søreide O. K., Nordal, S., Bonnier, P. G.. An implicit friction hardening model for soil materials[C]. Proc. 5th European Conference on Numerical Methods in Geotechnical Engineering (NUMGE), 2002:155-161.

[48] Spangler, M. G.. A theory on loads on negative projecting conduits [C]. Proc. Highway Research Board, 1950(30):153-161.

[49] Steven R. Saye.. Assessment of soil disturbance by the installation of displacement sand drains and prefabricated vertical drains[J]. ASCE STP 119(2001):325-362.

[50] Tanahashi H.. Formulas for an Infinitely Long Bernoulli-Euler Beam on the Pasternak Model[J]. Journal of the Japanese Geotechnical Society. 2004, 44(5):109-118.

[51] Taylor, G. I.. Plastic strain in metals[J]. Journal of the Institute of Metals, 1938(62):307-324.

[52] Trautmann, C. H., O'Rourke T. D and Kulhawy F. H.. Uplift Force-Displacement Response of Buried Pipes[J]. Journal of Geotechnical Engineering, 1985, 111(9):1061-1076.

[53] Vaslestad, J., Johansen, T. H., Holm, W.. Load reduction on rigid culverts beneath high fills: Long-term behavior [J]. Transp. Res. Rec., 1415, Transportation Research Board, Washington, D. C., 1993:58-68.

[54] Vesic, A. S.. Breakout resistance of objects embedded in ocean bottom [J]. Journal of Soil Mechanics and Foundation Engineering, ASCE, 1971, 97(9):1183-1203.

[55] Whittle, A. J., Kavvadas, M. J.. Formulation of MIT-E3 constitutive model for overconsolidated clays[J]. Journal of Geotechnical Engineering, ASCE, 1994, 120(1):173-198.

[56] Wiltafsky, Ch.. A multilaminate model for normally consolidated clay [D]. Austria: Graz University of Technology, 2003.

[57] Yang, M. Z., Drumm, E. C., Bennett, R. M., Mauldon, M.. Measurement of earth pressures on concrete box culverts under highway embankments[J]. Field Instrumentation for Soil and Rock, ASTM STP 1358, 1999:87-100.

[58] Zdravković, L., Potts, D. M.. Advances in modelling soil anisotropy[C]. In: Kolymbas (Ed.), Proc. Constitutive Modelling of Granular Material, Horton, Greece. Springer, Berlin, 1999:491-521.

[59] 艾英钵,柯朝辉,胡辉,等. 排水板施工对软黏土扰动的现场试验研究[J]. 河海大学学报(自然科学版),2006,34(3):311-314.

[60] 陈保国. 山区高速公路涵-土作用机理及路基处理研究[D]. 武汉:华中科技大学,2008.

[61] 成国保,王志进.地下排水拱涵的有限元分析[J].安徽建筑.2003,10(5):59-60.

[62] 邓国华,邵生俊.填埋式涵洞上覆土压力的有限元分析[J].岩石力学与工程学报,2004,23(增1):4356-4360.

[63] 邓永锋,刘松玉,洪振舜.水泥土搅拌桩施工扰动评价的一种方法[J].岩土力学,2009,30(3):717-720.

[64] 冯忠居,顾安全.大型沟埋式管道侧向土压力的研究[J].西安公路学院学报,1995,15(1):27-30.

[65] 工程地质手册编委会.工程地质手册[M].北京:中国建筑工业出版社,1982.

[66] 顾安全.上埋式管道及洞室垂直土压力研究[J].岩土工程学报,1981,3(1):3-15.

[67] 关云飞,赵维炳,俞缙.水泥搅拌桩施工引起的超孔隙水压力[J].固体力学,2008,29(S1):122-126.

[68] 韩伟平.涵洞土压力有限元施工分层填筑模拟与试验研究[D].太原:太原理工大学,2007.

[69] 何淳健.装配式管型通道土压力和结构内力分析[D].杭州:浙江大学,2009.

[70] 华东水利学院.水工设计手册[S].北京:中国水利水电出版社,1984.

[71] 黄义,何芳社.弹性地基上的梁、板、壳[M].北京:科学出版社,2005.

[72] 姜民,边学成,吴建国,等.海堤荷载下海积软土沉降的现场测试和数值模拟[J].岩石力学与工程学报,2010,29(5):1060-1067.

[73] 姜民.盾构穿越新建海堤工后沉降研究[D].杭州:浙江大学,2010.

[74] 蒋明镜,沈珠江.结构性黏土试样人工制备方法研究[J].水利学报,1997,(1):56-61.

[75] 克列恩.地下管计算[M].金吾,译.北京:中国工业出版社,1964.

[76] 克列恩.散粒体结构力学[M].陈万佳,译.北京:中国工业出版社,1964.

[77] 蒯行成,任毕乔,田建华,等.拱涵有限元应力分析[J].中南公路工程,2002,27(3):38-40.

[78] 李静静,吴刚.装配式涵洞的有限元模型分析与比较[J].工程与建设,2005,20(5):415-419.

[79] 李俊连,姚仰平.结构性黄土临界状态力学性状[J].岩土力学,2008,29(1):63-68.

[80] 李俊伟,李永刚,黄宏伟,等. 涵洞施工全过程弹塑性有限元模拟分析[J]. 岩石力学与工程学报,2005,24(增1):5634-5640.

[81] 李玲玲. 结构性软土的性状研究及其应用[D]. 杭州:浙江大学,2007.

[82] 李小山. 上埋式地下管道横向力学形状研究[D]. 杭州:浙江大学,2003.

[83] 李永刚,孙建生. 软基涵洞土压力分析[J]. 土木工程学报,2003,36(6):96-99.

[84] 李永刚,张善元. 矩形沟埋涵洞顶部垂直土压力试验和理论研究[J]. 岩土力学,2008,29(4):1081-1086.

[85] 李祝龙. 公路钢波纹管涵设计与施工技术研究[D]. 西安:长安大学,2005.

[86] 刘恩龙,沈珠江. 结构性土的强度准则[J]. 岩土工程学报,2006,28(10):1248-1252.

[87] 刘恩龙,沈珠江. 结构性土强度准则探讨[J]. 工程力学,2007,24(2):50-55.

[88] 刘吉福,杨春林. 珠江三角洲地区竖向排水体施工扰动初探[J]. 岩石力学与工程学报,2003,22(1):142-147.

[89] 刘静. 高填路堤涵洞土压力理论及减荷技术研究[D]. 西安:长安大学,2004.

[90] 刘全林,杨敏. 上埋式管涵上竖向土压力计算的探讨[J]. 岩土力学,2001,22(2):214-218.

[91] 刘维正,石名磊,缪林昌. 基于扰动状态概念的结构性土压缩特性分析[J]. 岩土力学,2010,31(11):3475-3479.

[92] 刘用海,朱向荣,吴健,等. 宁波软土结构性成因及其对工程特性影响的研究[J]. 工业建筑,2008,38(3):68-114.

[93] 娄奕红,王秉勇. 涵洞顶填土压力的计算分析[J]. 岩土力学,2003,24(3):475-478.

[94] 钱家欢,殷宗泽. 土工原理与计算[M]. 2版. 北京:中国水利电力出版社,1996.

[95] 上海市政设计研究院,等. 给水排水工程结构设计手册[M]. 北京:中国建筑工业出版社,1984.

[96] 施建勇. 砂井施工对软黏土扰动的研究[J]. 河海大学学报,1997,25(2):30-33.

[97] 谭永波. 高填方涵洞结构的优化研究[D]. 长春:吉林大学,2007.

[98] 田文铎. 地下管垂直土压力计算探讨[J]. 水利水电技术,1994(3):9-14.

[99] 田文铎. 对近年来国内外上埋式管涵垂直土压力计算理论的述评[J]. 浙江水利科技,1989(1):13-21.

[100] 铁道部第一勘测设计院,兰州铁道学院. 铁路工程设计手册[S]. 北京:中国铁道出版社,1994.

[101] 王常明,匡少华,王钢城,等. 结构性土固结不排水剪特性的一种描述方法[J]. 岩土力学,2010,31(7):2035-2038.

[102] 王立忠,丁利,吴承章. 施工扰动对软土强度的影响[J]. 工业建筑,2001,31(9):48-50.

[103] 王立忠,李玲玲. 结构性土体的施工扰动及其对沉降的影响[J]. 岩土工程学报,2007,29(5):697-704.

[104] 王旭,刘一通,刘晓曦. 基不均匀沉降对特长涵洞结构的影响[J]. 路基工程,2008,(5):3-4.

[105] 王志鹏. 高填方涵洞竖向荷载分布的试验研究[D]. 长春:吉林大学,2009.

[106] 魏红卫,张起森. 考虑位移协调的上埋式圆管涵设计方法[J]. 岩土工程学报,2003,25(6):737-741.

[107] 魏红卫,邹银生,谢献忠. 公路涵管结构设计方法研究[J]. 公路交通科技,2005,22(12):31-35.

[108] 魏红卫. 加筋高陡路堤稳定性及其涵管受力特性研究[D]. 长沙:湖南大学,2004.

[109] 吴小刚. 交通荷载作用下软土地基中管道的受力分析模型研究[D]. 杭州:浙江大学,2004.

[110] 颜丹青. 装配式钢筋混凝土管型通道现场试验及数值模拟研究[D]. 合肥:合肥工业大学,2009.

[111] 杨锡武. 山区公路高填方涵洞土压力计算方法与结构设计[M]. 北京:人民交通出版社,2006.

[112] 杨锡武. 山区公路高填方涵洞土压力理论及加筋减载研究[D]. 重庆:重庆大学,2004.

[113] 殷杰,高玉峰,洪振舜. 连云港软黏土的不排水强度试验研究[J]. 岩土力学,2009,30(11):3297-3301.

[114] 曾国熙. 土坝下涵管竖向土压力的计算[J]. 浙江大学学报,1960(1):83-102.

[115] 张妹为. 高填路堤下涵洞垂直压力性状试验研究[D]. 西安:长安大学,2001.

[116] 张土乔,李洵,吴小刚. 地基差异沉降时管道的纵向力学性状分析[J]. 中

国农村水利水电,2003(7):46-48.

[117] 折学森. 对沟谷地形中埋设管道的研究[D]. 西安:西安公路学院,1986.

[118] 浙江大学岩土工程研究所. 温州发电厂2#、3#煤场工程试验研究报告[R]. 杭州,2000.

[119] 中华人民共和国电力工业部. 水工建筑物荷载设计规范:DL 5077—1997[S]. 北京:中国电力出版社,1998.

[120] 中华人民共和国交通运输部. 公路工程抗震规范:JJG B02—2013[S]. 北京:人民交通出版社,2014.

[121] 中华人民共和国交通运输部. 公路涵洞设计细则:JTG/T 3365-02—2020[S]. 北京:人民交通出版社,2021.

[122] 中华人民共和国交通运输部. 公路桥涵设计通用规范:JTG D60—2015[S]. 北京:人民交通出版社,2015.

[123] 周世生. 高路堤涵洞空间竖向压力理论及结构型式优化研究[D]. 西安:长安大学,2008.

[124] 朱吾中. 涵洞土压力的数值模拟分析[D]. 太原:太原理工大学,2009.